人物叢書

新装版

上杉謙信《うえすぎけんしん》

山田邦明

日本歴史学会編集

吉川弘文館

上杉謙信像（神保蘭室筆，上杉神社蔵）

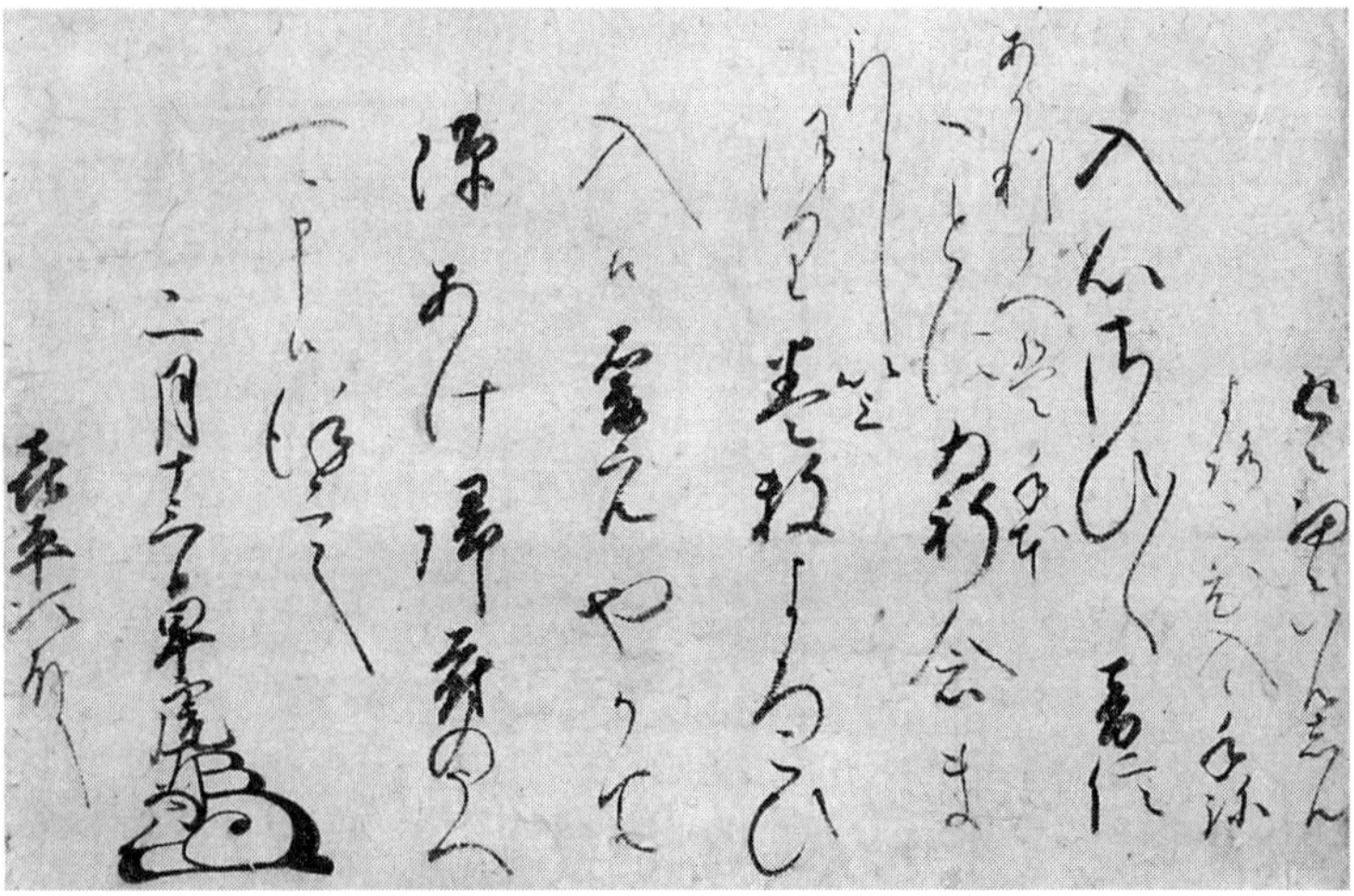

上杉輝虎（旱虎）書状（喜平次あて，新潟県立歴史博物館蔵）

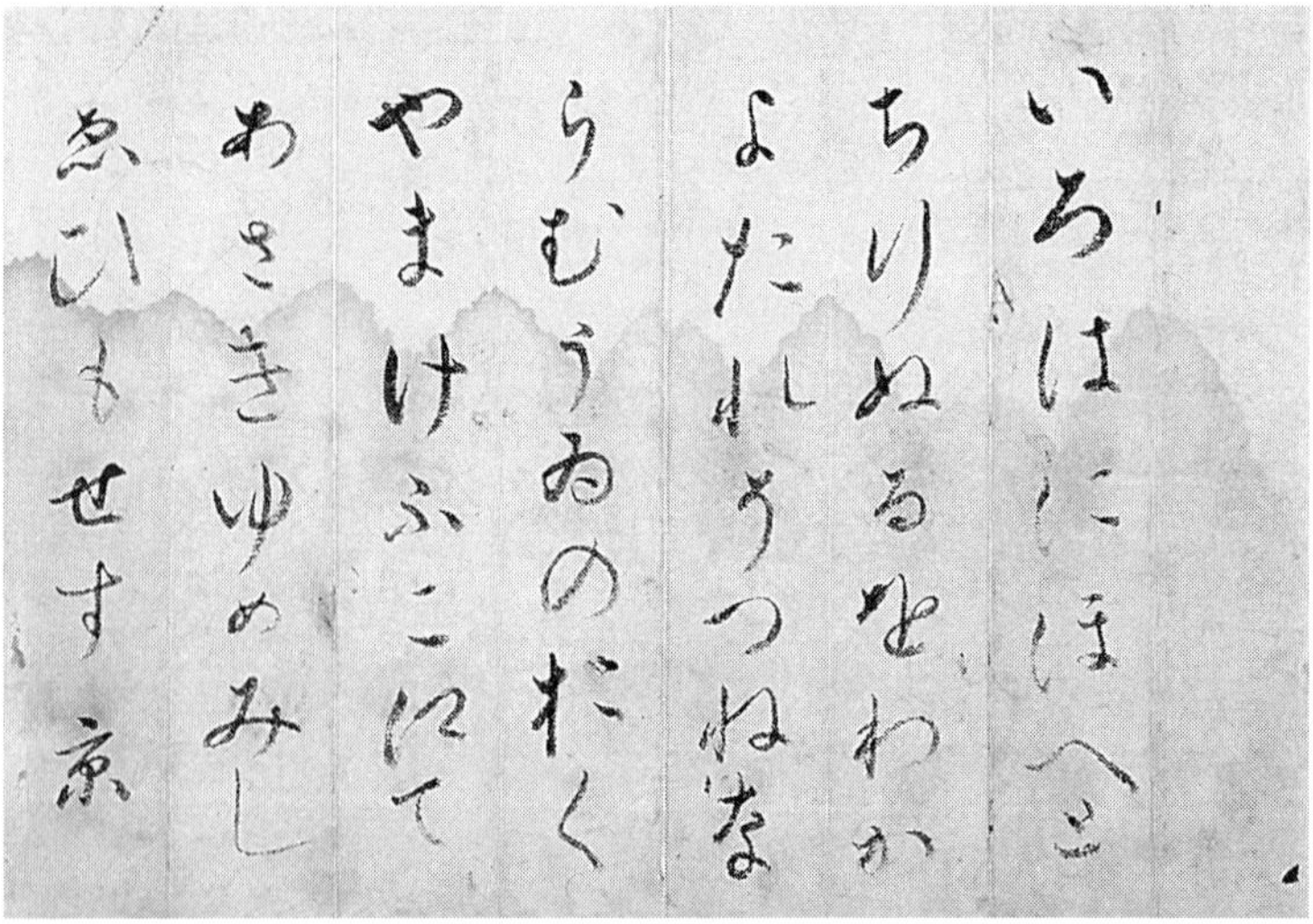

上杉謙信いろは折手本（米沢市上杉博物館蔵）

はしがき

並み居る戦国武将の中でも、上杉謙信《うえすぎけんしん》の知名度はかなり高く、人気もある。理由はさまざまあるだろうが、イメージがわきやすいことが作用しているのはまちがいないだろう。「毘沙門天《びしゃもんてん》」を背にして立ち、困っている人たちを救うために戦いを続けた「義の武将」というイメージは確立されていて、生涯妻帯しなかったことも神秘性を添える。ふつうの戦国大名にはない、風変わりなキャラクターの持ち主で、ＮＨＫの大河ドラマでも個性的な俳優が好演している。

ただこうしたイメージは、江戸時代以降に作られた書物やメディアによって形成されてきたもので、現実の謙信の姿そのものではない。そもそも謙信はどんな人物で、何をしたのか。このことを考えるためには、彼が生きた当時の史料を丹念に読み解き、その中から特徴を拾い出す作業が必要となる。本書は古文書を中心とする史料を分析しながら謙信の事績を跡づけ、その個性に迫ろうとした一つの試みである。

謙信に関わる史料はかなり多い。もともとは越後《えちご》の戦国大名だが、関東・信濃・北陸に攻め入って、かなり広範囲の人々と関わりを持ったから、関係する史料は相当の数にのぼる。特に注目されるのは、謙信自身が発給した文書が多いことで、その大半は書状である。しかもその書状の文面は単調ではなく、細かなことをあれこれ指示していて、政治的事実が具体的にわかるだけでなく、彼の個性をうかがう手がかりにもなる。本書ではこうした書状を主として利用し、面白いと思われるものは文章をそのまま引用した。

史料を利用するには「史料集」が必要だが、ありがたいことに謙信に関わる史料はほとんど翻刻されていて、充実した史料集が積み重ねられてきている。昭和初年に編纂された『越佐史料《えつさしりよう》』は、『大日本史料』に倣って年月日の順に綱文を作り、関連史料を収載していて、地域を限定した史料集としては先駆的なものだった。米沢藩上杉家に伝えられた文書は、『大日本古文書　家わけ第十二　上杉家文書一～三』としてまとめて公開された。新潟県の事業として進められた県史編纂においては、関係史料を所蔵者別に収録する形が取られ、三冊の史料集が刊行された（『新潟県史　資料編3～5　中世一～三』）。この段階で、史料を年月日順に並べた史料集と、所蔵者別に並べた史料集の双方が揃うことになったのである。

『新潟県史』は主として原文書を収載したが、米沢藩上杉家などで作成された書物の中に文書の写が多数あり、これらのデータの公開は課題として残された。写の文書の公開にあたっては、個々の文書について写本のデータを対校して示す方法と、とりあえず書物の内容をそのまま翻刻《ほんこく》する方法がありうるが、後者の方法を取った史料集が続々と刊行されることになった（『歴代古案』『別本歴代古案』『謙信公御書集』『上杉家御書集成』）。そしてこうした写も含めて、関連史料を年月日順に収載した『上越市史　別編1　上杉家文書集一』が刊行され、謙信に関わる史料が一冊にまとめて示された。近年では高野山にある『越後過去名簿』などの翻刻がなされ、研究が大きく進展している（本書の記述にあたっては、根拠となる史料の出典をいちいち示すことはしていない。史料本文にあたりたい場合は『上越市史』などを参考にしていただきたい）。

研究環境は整備されており、その成果を享受できたのは、まことにありがたいことである。課題は残されているが、いちばん難しいのは書状の年次比定であろう。年の書かれていない書状があるとき、これがいつのものか決めるのはなかなか高度な作業で、年が決まらないと政治過程を叙述できないのである。研究は進んでおり、年次の特定もなされているが、これからも議論は続くことだろう。史料の年次比定をすべて終了させてから執筆にとりかかるわけにもいかないので、本書ではとりあえず妥当と思われる年次に史料を置いて叙述を進めた。研究の進展によって誤りがみつかり、論旨が破綻することもありうるが、そこはご寛恕いただきたい。

上杉謙信は生涯何度も名前を変えている。長尾《ながお》景虎《かげとら》—上杉政虎《まさとら》—上杉輝虎《てるとら》—上杉謙信という流れで、宗心《そうしん》と名乗った時期もあった。同じ人なので、「上杉謙信」の名前で統一して叙述することもありうるが、年齢を重ねていく中で何が起きたか、臨場感を持って述べてみたいという思いもあり、当時の名前を用いて表記することにした。いろいろな名前が出てきて読みにくいかもしれないが、これも一つのこだわりなので、ご理解いただければ幸いである。

二〇二〇年七月

山田邦明

目次

口絵

挿図

挿　表

第一　偉大なる父

——長尾為景の功業——

一　父と母、兄と姉

誕生

享禄《きょうろく》三年（一五三〇）正月二十一日、越後《えちご》府内の春日山城《かすがやまじょう》で、長尾景虎《ながおかげとら》（のちの上杉謙信《うえすぎけんしん》）は生まれた。新暦でいえば二月から三月のはざまにあたる。雪に閉ざされた長い冬もようやく終盤、重苦しい灰色の空に光がただよい、深雪の下から温かな大地が顔を出す、心弾む季節である。

父は長尾為景

父親は越後守護代の長尾為景《ためかげ》、母親は長尾房景《ふさかげ》の娘、あるいは長尾顕吉《あきよし》の娘と伝えられている。為景にはすでに数人の子女があり、嫡子《ちゃくし》の晴景《はるかげ》は数年前に元服して、家督継承者の地位を約束されていた。この日に生まれた子は為景にとって何人目かの男子で、やがて虎千代《とらちよ》と命名されたが、もともと長尾家を継ぐべき存在ではなかったのである。

為景の没年をめぐる諸説

長尾為景は越後守護代《しゅごだい》の地位にありながら、主君である守護《しゅご》の上杉房能《ふさよし》を滅ぼして実権を握り、戦国大名長尾氏の基盤を築いた英傑だが、彼がいつ死去したか、そのとき何歳だったかということについては、確たる史料がなく、古くから議論の対象とされてきた。長尾家の菩提寺である林泉寺《りんせんじ》（山形県米沢市）の過去帳に「大龍寺殿前越州太守道七沙弥、天文五年丙申十二月廿四日、長尾信濃守為景」とみえ、天文《てんぶん》五年（一五三六）十二月に死去したことになっているが、米沢上杉家が編纂した『上杉年譜』（謙信公御年譜）では「天文十一年壬寅冬十二月廿四日、顕考長尾信濃守為景逝去。大龍寺殿紋竹庵主譲恕道士と諡《おくりな》す」と、天文十一年死去と伝えている。命日は十二月二十四日だが、何年に死去したかははっきりしなかったのである。

上杉謙信研究の先駆けといえる布施秀治の『上杉謙信伝』では、林泉寺過去帳の記述に従って為景は天文五年に死去したとし、越後と佐渡《さど》の中世史料を集成した『越佐史料』においても、天文五年十二月二十四日条に為景の死没記事と関連史料を載せている。このように為景の没年はとりあえず天文五年とされてきたが、『新潟県史』の編纂の過程で天文九年に為景が存命だったことを示す史料が確認され、天文五年死去説が疑問視されることになった。これは「上杉家文書」の中にある後奈良天皇女房奉書《にょうぼうほうしょ》で、端裏《はしうら》に「仰、天文九　八　五」、本文に「ながをのしなののかみためかげりんじの御れいとして、五千疋しん上いたし候」とみえる。天皇からの綸旨《りんじ》下賜《かし》の返礼として、長尾信濃守為景が五千疋を進上したことに対する礼状だが、この史料から天文九年八月段階で為景が存命であることがわかり、天文五年死去説は成り立たなくなったのである。

高野山清浄心院の過去名簿

　そうなると『上杉年譜』の天文十一年死去という記事が再評価されることになるが、これも後世の編纂物の記載なので確信は持てないでいた。ところが近年、高野山清浄心院の過去帳の調査の過程で『越後過去名簿』が発見され、内容紹介がなされたことにより、研究は大きく進展をみせる。これは戦国期に高野山で供養を受けた越後の人々の名前と供養日を列記したものだが、その中に「道七沙弥 府中長尾トノ御菩提タメ立之天文十辛丑十二月廿四日」という記事があり、為景が死去したのは天文十年であることが判明したのである。

没年は天文十年

　もちろんこれも過去帳の記載にすぎないから、確証とはいえないが、『越後過去名簿』に列記された人の数は膨大で、その記載内容は信頼に値するし、天文十年の末に為景が死去したとすると内容が理解しやすくなる文書も遺されている。天文十一年四月五日に越後守護の上杉定実《さだざね》（入道玄清）が長尾晴景（弥六郎）にあてて起請文《きしょうもん》を書き、「晴景事は申すに及ばず、御舎弟達においても別条あるまじく候」と誓約しているが、前年末に長尾為景が死去したとすると、晴景が長尾家の実質的当主になったので、守護の定実が晴景との関係確保のために起請文を書いたということで、無理なく理解できるのである。

為景の死去が天文十一年十二月だったとすると、起請文を出したときには為景は存命ということになり、定実が晴景に誓約をする意味がみえにくくなる。こうした裏づけもあるので、長尾為景の死去は天文十年十二月二十四日のこととみてまちがいないだろう。

為景の享年をめぐる諸説

次に為景の享年であるが、これも確たる史料がなく、長く不明とされてきた。『長尾系図』の為景の項に、天文十一年四月二十四日に越中千壇野で戦死したとき「六十六歳」だったというのが、わずかにみえる記事だが、為景が越中で戦死したというのは誤伝で、しかも系図の記載なのでこの享年は信用できない。文書上の所見としては、弘治《こうじ》二年（一五五六）六月に長尾景虎（入道宗心）が長慶寺長老（天室光育）にあてて出した長文の書状に「亡父二八の頃、正統に随いて関東へ出陣、信州・越中、当国においても戦功」とみえるのがわずかな拠りどころとなる。景虎の「亡父」にあたる為景が、十六歳（二八）の頃に「正統」（為景の父の能景）に従って関東に出陣したというわけだが、長尾能景《よしかげ》が越後軍を率いて関東に攻め入ったのは永正《えいしょう》元年（一五〇四）で、このとき為景も関東に出陣していたことが、七月二十五日付の上杉房能書状（穴沢新右兵衛尉あて）にみえる（「関東口何にも無事に候。定めて為景も引き除くべく候」）。「二八の頃」に為景が関東に出陣したというのがこのときだとすると、永正元年当時為景は十六歳ということになる。

長尾景虎の書状の記載をもとに、かつて筆者は上記のように為景の年齢を推測した

(『十日町市史』通史編1)が、これも推測にすぎず、決定的証拠はなかった。ところが近年、奈良春日社の神官の家に伝わった「大宮文書」の中に、為景の年齢を明記した史料が発見された。永正十六年五月十八日に上杉房安・長尾為景・長尾安景の三名が連署して出した文書で、春日社の毎月の神楽《かぐら》への御供、御剣と御馬の進上、今後七年間の参詣などを約束しているが、連署している三名について「上杉殿房安、御年三十五歳」「長尾弾正左衛門尉為景、生年三十四歳」「長尾泰蔵軒安景、三十二歳」というように、当時の年齢が明記されていて、永正十六年に為景が三十四歳だったことが判明したのである。

為景の年齢を記す史料

享年は五十六歳

この計算でいくと、永正元年には十九歳で、かつての筆者の推測より三年年長になる。為景の生年は文明《ぶんめい》十八年(一四八六)で、家督を継いだ永正三年には二十一歳、翌年上杉房能を滅ぼしたときは二十二歳にあたる。そして天文十年に死去したときには五十六歳になっていたことになる。

生母についての諸説

新たな史料の発見によって長尾為景の生没年はほぼ解明されたが、長尾景虎(上杉謙信)の生母については史料が乏しく、その実像はつかみにくい。『上杉年譜』(謙信公御年譜)に景虎の母は「古志郡栖吉《こしぐんすよし》城主長尾肥前守房景の女」と記されているので、これが通説になっているが、「長尾肥前守顕吉女」とする記録(『謙信公御書集』)もあって、確実なところはわからない。この女性は当時の史料にほとんど登場せず、永禄《えいろく》六年(一五六三)

七月十八日の上杉輝虎《てるとら》（長尾景虎）の願文《がんもん》に「吾これ幼稚にして父母に後《おく》る」とみえることから、景虎が幼いときに死去したことがうかがえる程度である。景虎の母については確実なことがあまりいえないので詳しい考察はあとにまわし、まずは長尾為景の妻室と子女について、近年の片桐昭彦氏の詳細な研究（「謙信の家族・一族と養子たち」）に導かれながらまとめてみることにしたい。

兄弟姉妹

兄の晴景

景虎の兄弟姉妹としては、兄の長尾晴景と、長尾政景に嫁いで喜平次顕景《あきかげ》（上杉景勝《うえすぎかげかつ》）を生んだ女性（仙洞院）がよく知られている。為景の長男で家督を継いだ晴景については、米沢の林泉寺所蔵の位牌に「千巌寺殿華嶽光栄大禅定門 天文廿二癸丑二月十日卒 長尾弥六郎晴景公」とみえ、天文二十二年二月十日に死去したとされてきた。しかし前述した『越後過去名簿』に「華嶽光栄 府中長尾弥六郎トノ 天文廿 二月十日」という記載があり、晴景の没年は天文二十年だったことが明らかになった。晴景の幼名は道一で、大《たい》永《えい》七年（一五二七）に将軍足利義晴《あしかがよしはる》から「晴」の一字を拝領して弥六郎晴景と名乗った。元《げん》服《ぷく》の儀は十五歳でなされることが多いから、このとき十五歳と仮定すると、永正十年の生まれで、景虎より十七歳年長ということになる。

姉の仙洞院

長尾政景の妻室（仙洞院）は長寿を保ち、慶長《けいちょう》十四年（一六〇九）に米沢で死去している。『平姓長尾氏系図』に八十六歳とみえるので、大永四年の生まれで、景虎より六歳年長ということになるが、系図の記載なの

三歳年長の兄

で確証とはいえない。

景虎には晴景のほかにも兄がいたことが、当時の史料からわかる。当代一流の文化人で為景とも親交のあった三条西実隆《さんじょうにしさねたか》の日記（『実隆公記《さねたかこうき》』）の大永七年六月十日条に、「早朝神余《かなまり》来たる。所望の歌ども書き、これを遣わす。長尾男子誕生の事これを賀し、太刀これを遣わす。今朝これを付け遣わす」という記事がみえ、これ以前に為景に男子が誕生したことがわかるのである（ちなみにこのとき実隆のもとに赴いた「神余」は、京都で外交事務などにあたった神余昌綱である）。景虎よりも三歳年長の兄である。前述した天文十一年の上杉定実起請文にも晴景の「御舎弟達」とみえ、当時晴景の弟が複数いたことがうかがえる。

為景の妻室に関わる史料

為景の妻室についても、当時の文書にわずかな手がかりが残されている。享禄三年九月、為景は将軍足利義晴から唐織物《からおりもの》を賜わっているが、このとき出された義晴の御内書《ごないしょ》（大館常興あて）には「唐織物の事、晴景母に遣わす分、その意を得、申し下すべく候なり」とみえ、これを受けて大館常興《おおだちじょうこう》が為景あてに出した書状には、「唐織物の事、弥六郎殿母儀に対され下さるる分に、その意を得、申し下すべきの旨、私へ御内書をもって仰せ出だされ候」と書かれていた。この唐織物は長尾晴景の母に下賜するという形で届けられたのである。また十一月に京都雑掌《ざつしょう》の神余昌綱が吉田孫左衛門尉にあてて出した条《じょう》書《しょ》には、「御新造様へ唐織物下さるるの旨、大館与州に対し御内書を成され候」とみえ、晴景の母（為景の妻室）が「御新造様」といわれていたことがわかる。

高野山過去名簿の記事

以上が当時の文書や記録からわかることだが、前述した『越後過去名簿』には為景の家族に関わる記事が多くみえ、具体的なことを伝えてくれる。晴景の記事については前にみたが、「松巌明貞 府中長尾為景息女道八 天文九 八月四日」「玉嶺金公 府中長尾為景ソク女道五 天文十一 閏三月六日」という記載があり、為景に「道五」「道八」という娘がいて、道八は天文九年、道五は天文十一年に死去したことがわかる。

為景の妻室に関わるものとしては、まず「春円慶芳 越後長尾為景御新蔵御腹様 永正十一 五月三日 上杉トノ上条殿上」という記事がみえる。為景の「御新蔵《ごしんぞう》」（御新造）の「御腹様《おはらさま》」の供養記事だが、江戸時代には女性を生んだ母親を「御腹様」と呼んでいるので、為景の妻室の母親ということになる。「上杉トノ上条殿上《かみ》」はこの女性に関わる注記なので、彼女は上杉一門の上条殿の妻室にあたり、上条殿の娘が為景に嫁いで「御新蔵」（御新造）と呼ばれていたことになるのである。

また「小姫 越後長尾トノヲツホネ立之 大永八 十一月十日大納言トノ御ムスメ子逆修」という記事もある。大永八年に「越後長尾殿」の「御つぼね」が「大納言殿の娘」のために逆修供養《ぎやくしゅくよう》（生前に行う供養）をしたということだが、この「御つぼね」も為景の妻室と考えてよかろう。

天甫喜清

さらに「天甫喜清 府中御新造サマ 天文十二五月七日」という記事も目を引く。天文十二年に「府中御新造様」と呼ばれる女性が死去して供養がなされたということだが、この「府中御新造様」は誰かが問題になる。長尾為景は天文十年に死去し、晴景の時代になっているから、ふつうに考えれば晴景の妻室ということになろうが、「府中長尾弥六郎御新造様」ではなく「府中御新造様」とあるだけなので、為景の妻室の可能性もある。前述したように、為景の妻室は享禄三年段階で「御新造様」と文書にみえ、長年にわたって「府中の御新造様」と人々から呼称されていたものと思われる。為景が死去したあとも「府中の御新造様」と呼ばれていたとも考えられるので、天文十二年に死去したのは為景の妻室ではないかと思える。

長尾政景夫妻画像に記された戒名

ここまでが『越後過去名簿』によって知られることがらだが、前記した片桐氏の研究によってほかにも史料が提示され、新たな知見が導かれることになった。まず米沢の常慶院に所蔵されている長尾政景夫妻の画像に記された戒名《かいみょう》が確かな手がかりになる。この画像には政景と仙洞院の位牌のほかに、「天甫喜清大姉」「松巌妙貞大姉」「華嶽光栄禅定門」「実岑一貞禅定門」「光室妙智大姉」の名が記されているが、「松巌妙貞大姉」は前述の「道八」、「華嶽光栄禅定門」は晴景にあたる。また「天甫喜清大姉」は前述のように『越後過去名簿』にもみえるが、為景の戒名（紋竹庵主道七沙弥）の左横に記されて

天甫喜清の子女

長尾政景・仙洞院像（常慶院蔵）

いることからみて、為景の妻室で仙洞院の母親にあたると考えられる。この画像は仙洞院の生前に作成されたもののようで、ここに名前をみせるのは仙洞院の直接の親族とみられるから、「天甫喜清大姉」は仙洞院の母、仙洞院と晴景・道八・「実岑一貞禅定門」・「光室妙智大姉」は為景と「天甫喜清」の間に生まれた子女と考えられるのである。この中に景虎の名はないから、景虎は晴景や仙洞院の異母弟だったと推測される。

公族及将士戒名書上

続いて片桐氏が注目されたのは「伊佐早謙氏採集文書」の「林泉寺文書」の中にある「公族及将士」の戒名書上の写である。ここには為景や晴景の家族の戒名が列記されているが、戒名の左横に実名《じつみょう》や呼称が仮名で注記されていて、それぞれの人物の属性を知る手がかりになる。まず注目されるのは「朴峰永淳庵主」のところに「てんほさま御そんふ」と注記があることで、彼が「天甫喜清」の父親だったことがわかるが、『越後過去名簿』に「朴峰永淳庵主 上杉弾正少弼御新蔵立 上条入道天文四 十月七日」という記事があり、「朴峰永淳」は上杉弾正少弼《だんじょうしょうひつ》（上条《じょうじょう》入道）にあたることが判明するのである。前記したように、『越後過去名簿』には為景の妻室（御新造）の母（御腹様）が「上杉

天甫喜清は上条家の娘

トノ上条殿上」だったことがみえるが、この「上杉トノ」「上条殿」は上杉弾正少弼（上条入道）にあたると考えれば矛盾なくおさまる。為景の妻室の「天甫喜清」は上杉一門の上条家の娘だったことが確かめられたわけだが、主君筋の出身であり、「御新造」と

為景の正室か

呼ばれていることからみても、彼女は為景の正室だったとみてまちがいなかろう。

為景の子女たち

この戒名書上には前記した「実岑一貞禅定門」と「光室妙智大姉」もみえるが、「実岑一貞禅定門」は「ないし殿様」と注記があり、長尾内記《ないき》（内史）と称した可能性もある。また「光室妙智大姉」は「上条の上様《かみさま》」とみえるので、上条家に嫁いだものと思われる。またこのほか「昌屋明玖大姉（赤田の上様）」「秀林永種大姉（小四郎殿御老婆様）」「陽林喜春

大禅定尼（柿崎殿御上《おかみ》）」の名がみえるが、彼女たちも為景の娘である可能性が高い。「昌屋明玖大姉」は赤田の斎藤朝信《さいとうとものぶ》、「陽林喜春大禅定尼」は柿崎景家《かきざきかげいえ》の妻室で、「秀林永種大姉」は長尾小四郎（景直）の母であろうが、柿崎の妻室についてはほかにも所見がある。元亀《げんき》元年（一五七〇）に上杉輝虎（長尾景虎）が北条氏と和睦したとき、柿崎景家の子息（晴家）が証人（人質）として小田原に送られたが、このとき輝虎から北条氏康《ほうじょううじやす》・氏政《うじまさ》にあてた条書に「愚老めい進《まい》らする儀、いささかも相違存ぜず候事」という一文があり、晴家が輝虎の姪（甥）だったことがうかがえる。姉妹の一人が柿崎景家に嫁いで晴家を生んでいたわけで、戒名書上の記載が文書によって裏づけられたものとみてよかろう。

以上みたように、長尾為景には複数の妻室がいて、子女も多かった。上杉弾正少弼（上条入道）の娘（天甫喜清）が正室で、晴景・仙洞院（長尾政景室）・道八と「実岑一貞」「光室妙智」（上条の室）がその子女にあたる。為景の妻室には「御つぼね」という女性と、景虎の母にあたる女性がいた。正室以外の女性との間にもうけられた子女もいて、景虎もその一人だったのである。

ここで長尾景虎（上杉謙信）の母親についてあらためて考察を加えたい。『上杉年譜』（謙信公御年譜）には「上杉弾正少弼藤原輝虎公は、越後長尾信濃守為景の二男、母は古志郡栖吉城主長尾肥前守房景の女なり」と、景虎の母は越後栖吉城（新潟県長岡市）城主長尾房景の娘と書かれていて、これが通説になっているが、同じく米沢藩上杉家で編纂された『謙信公御書集』には「母堂越州古志郡栖吉城主長尾肥前守顕吉女」とみえ、「長尾肥前守房景」ではなく「長尾肥前守顕吉」の娘であるとしている。記事は一定していないので、「長尾肥前守房景」「長尾肥前守顕吉」とはどういう人か考察してみたい。

長尾肥前守房景と肥前守顕吉

越後魚沼郡《うおぬまぐん》浦佐《うらさ》（新潟県南魚沼市）の普光寺に、この二人に関わる文書が伝えられている。「長尾肥前守房景」の発給文書は三点あり、年次は寛正《かんしょう》二年（一四六一）、文明五年、文明七年である。また「長尾肥前守顕吉」の発給文書は二点で、年次は延徳《えんとく》三年（一四九一）と明《めい》応《おう》五年（一四九六）である。いずれも普光寺の別当職《べっとうしき》などに関わる証文で、房景と顕吉の間に「清景」という人物が文書を発給しているから、顕吉は房景の孫にあたると推測される。房景の活動時期は為景が誕生する前なので、房景の娘が為景に嫁いだとは考えられないが、顕吉は為景の父能景と同じ時期に活動しているので、顕吉の娘が為景の室となり景虎を生んだという説は妥当性がある。

長尾顕吉は上田長尾氏

房景―清景―顕吉と続く一流は、魚沼郡の寺院や武士にあてて文書を発給しているので、上田荘を拠点として統治にあたった上田長尾氏とみてよかろう。「長尾肥前守顕吉」

古志郡栖吉城主という記載

は上田長尾氏の当主だが、『謙信公御書集』には「越州古志郡栖吉城主長尾肥前守顕吉」とあり、越後古志郡にいた「古志長尾氏」の人物であると記されている。顕吉が活動し

上田長尾か古志長尾か

た時期の古志長尾氏の当主は長尾孝景（豊前守）で、そのあとを継いだ長尾房景（弥四郎）は為景と同世代かやや年少と考えられる。古志長尾氏の当主に「長尾肥前守」はいないので、『上杉年譜』や『謙信公御書集』の編者が「長尾肥前守」を古志長尾氏と誤認して注記を加えてしまったのかとも思えるが、このような記載が生まれた事情はよくわからない。「古志郡栖吉城主」の記事のほうが先にあった（景虎が古志長尾氏の出身であるとの伝承がまずあった）ということもありうるが、景虎の生母が「長尾肥前守」の娘であるとの伝えがまずあり、「古志郡栖吉城主」の注記はのちに加えられたとみたほうが自然なので、景虎の生母は上田長尾氏の出身（顕吉の娘）である可能性が高いと考えたい。ただ確証はないので、議論は今後に委ねたい。

二　越後長尾氏の足跡

景虎書状にみえる先祖の功績

長尾景虎（上杉謙信）は越後守護代長尾為景の子として生まれ、結果的に長尾家の家督を継ぐことになる。弘治二年（一五五六）六月、二十七歳の景虎は突如引退を表明、天室光育《てんしつこういく》にあてた長文の書状で自身の気持ちを書き連ねたが、その中で自らの先祖の功績について次のように言及している。

惣体、曩祖魯山（長尾高景）、その頃無双の勇将、既に震旦までもその隠れなく候。絶海和尚入唐の刻、その武功を問われ、魯山の形像所望により、和尚帰朝の後、ついに絵図と成し、大唐へこれを渡さると云々。しかのみならず、野州結城御退治の時、因幡守（長尾実景）赤漆の御輿を御免、京都の御代官として発向。彼の要害、東国第一の名地たりといえども、これを責め落とさる。御感他に異なり、綸旨ならびに都鄙《とひ》代々において御内書数通頂戴、今に所持。通窓（長尾頼景）ならびに実渓（長尾重景）、関東在陣、所々において軍功。祖父正統（長尾能景）事も、当方の代として関左《かんさ》へ越山。椚田・真田落居の砌、当手の者ども手を砕き、その武威、恐れながら誉れを天下に振わる。

長尾高景が遠く明や朝鮮までその名を知られた名将だったこと、長尾実景が将軍（足利義教）から赤漆《あかうるし》の輿《こし》に乗ることを許され、結城城《ゆうきじょう》攻略に功績を挙げて綸旨や御内書をもらったこと、長尾頼景・重景・能景が関東での戦いで活躍したことというのが、この段階で景虎が認識できた先祖の功業で、景虎自身も長尾家の名声を高めるために努力してきたと述懐している。そもそも越後長尾氏とはどのような一門で、いかなる経緯で力を伸ばしたのか、簡単に概説してみたい。

長尾氏は相模長尾郷の出身

長尾氏は相模国《さがみのくに》鎌倉郷長尾郷（横浜市戸塚区）を本貫地とする武士で、桓武平氏《かんむへいし》の流れ

上杉氏に仕える

と伝える三浦氏の一族にあたる。鎌倉前期には三浦氏に従っていたが、宝治《ほうじ》元年（一二四七）に三浦の本宗家が滅亡すると長尾氏も没落し、やがて上杉氏に仕えることになった。上杉氏は藤原一門勧修寺《かじゅうじ》家の末流で、重房が丹波国《たんばのくに》上杉荘（京都府綾部市）を所領としたことから上杉氏と称したと伝えられている。重房は宗尊親王に従って京都から鎌倉に下向し、やがて有力御家人の足利氏と関係を結ぶことになる。鎌倉時代の末、長尾氏は足利に従う上杉氏に仕えていたわけだが、詳しいことはわからない。

上杉氏と長尾氏の越後入部

ところが正慶《しょうきょう》二年（一三三三）に鎌倉幕府が滅亡すると状況は大きく変わる。足利尊氏《あしかがたかうじ》は幕府討滅に功績を挙げ、後醍醐《ごだいご》天皇からも重んじられたが、結果的には天皇に反旗を翻し、京都を押さえて新たな武家政権（室町幕府）を樹立した。ただ後醍醐天皇が吉野に逃れて京都の朝廷に対抗したため、北朝方（足利方）と南朝方の戦いが続くことになる。こうした中、上杉一門の中心にいた上杉憲顕《のりあき》（尊氏の母方のいとこにあたる）は、鎌倉の統治を行いながら、越後に攻め入って南朝方との戦いを進め、数年の間に敵を押さえて越後の平定を実現させた。そして憲顕の重臣筆頭であった長尾景忠は主君に従って活動し、憲顕が鎌倉に帰ったあとも越後に留まって地域の統治にあたった。

越後守護代長尾景忠

この長尾景忠こそ、長尾氏の勢力拡大を実現させた功労者である。上杉憲顕の重臣として上野の守護代になり、そのあと越後に入って守護代をつとめたのである。上野も越後も守護は上杉憲顕で、長尾景忠は守護代として現地の経営にあたった。やがて上杉憲顕は関東管領《かんとうかんれい》として鎌倉にありながら関東の統治を担い、その子孫が関東管領の職を継承することになる（山内上杉氏）が、越後守護職は憲顕のあと子息の憲栄に継承され、越後上杉氏という一流が守護として国内支配にあたる時代が続いた。長尾景忠の子孫は関東にあっていくつかの家を興し、上野の惣社や白井などを拠点としながら上杉氏（山内上杉氏）を支えていくが、越後守護代の職は景忠のあと弟の景恒が受け継ぎ、彼の子孫が守護代を世襲した。これが越後長尾氏の本流にあたる。

歴代の越後守護代

長尾景恒のあと、越後守護代の職は景春―高景―邦景と継承された。またこの時期に長尾一門が越後国内の各所に広がって新たな家を興し、地域支配の担い手となった。魚沼郡上田荘を拠点とする上田長尾氏、古志郡を本拠とする古志長尾氏はその代表的存在である。守護代をつとめた長尾高景は景虎の書状にその名をみせ、明や朝鮮まで知られた名将だったと称賛されている。越後守護の上杉房方は基本的には幕府の所在する京都にいて、越後国内の政務は守護代の長尾氏に委ねていたから、長尾氏の影響力はおのずと強まり、やがて守護上杉氏との間に対立関係が生じることになる。

長尾高景の名声

長尾邦景が家督と守護代職を継承したのは康応《こうおう》元年（一三八九）だが、これから三十五年あまりの間、守護代として国内統治にあたり、確固たる勢力を築いた。応永《おうえい》三十年（一四二

長尾邦景の勝利

三)、守護の上杉頼方は幕府の許可を得て邦景を討伐しようとし、上杉頼藤を大将とする軍勢が山吉久盛《やまよしひさもり》(邦景の重臣)の籠る三条城に攻め寄せ、越後北部(揚北)の国人《こくじん》たちも軍勢に加わった。邦景は窮地に陥ったが、国人たちの分断に成功して危機を脱し、政局の転換の中、結果的には勝利を収めてしまう。

長尾実景の活躍

永享《えいきょう》六年(一四三四)、長尾邦景は将軍足利義教《よしのり》に謁見してその地位を認められ、永享十年には邦景の子息の長尾実景が将軍の命により関東に出陣して、関東管領の上杉憲実《のりざね》を救援した。鎌倉《かまくら》公方《くぼう》の足利持氏《もちうじ》が上杉憲実を討伐しようとし、京都の義教が憲実を支援して長尾に出兵を求めたわけだが、長尾邦景・実景父子は将軍の期待に応えたのである。持氏が鎌倉で滅亡したのち、遺児の安王・春王を奉じた結城《ゆうき》氏朝《うじとも》が下総《しもうさ》結城城で決起し、将軍の命で討伐軍が派遣されることになるが、ここでも長尾実景は越後の軍勢を率いて城の包囲に加わり、嘉吉《かきつ》元年(一四四一)に城が陥落した際には安王・春王を捕縛するという功績を挙げた。実景は安王と春王を京都まで護送することになったが、途中で将軍の命を受け、美濃《みの》の垂井《たるい》で両名の処刑を執行している。

長尾邦景・実景父子は、将軍義教の権威を背景にしながら功績を挙げ、栄光を手にしたが、まもなく将軍が暗殺されると情勢は転回し、邦景父子の立場は不安定なものになる。京都にいた守護の上杉房朝は、長尾頼景(実景のいとこ)らに支えられながら力を蓄えた。宝徳《ほうとく》元年（一四四九）に房朝が死去すると、長尾頼景らの近臣たちは、上杉清方《きよかた》（憲実の弟）の子息の房定を擁立して新たな守護とした。翌宝徳二年、新守護上杉房定は越後に乗り込み、長尾邦景父子を追い詰めた。老齢に達していた邦景は自害して果て、子息の実景は信濃に逃れて抵抗したが、復権は叶わなかった。

邦景の滅亡

長尾頼景

　五十年に及ぶ実績をもとに、長尾邦景はその勢力を誇示していたが、守護の上杉房定と長尾頼景らの近臣は、素早い対応によって邦景を滅ぼし、秩序の崩壊をくい止めたのである。房定は京都に戻ることなく越後府中に居を定め、四十五年もの間守護の地位にあって、越後上杉氏の最盛期を現出させた。長尾頼景は越後守護代の地位につき、文明元年（一四六九）に頼景が死去すると、子息の重景が長尾の家督と守護代職を継承した。文明十四年には重景が死去し、子息の能景が十九歳であとを継いだ。

長尾重景

長尾能景

上杉と長尾の関係

　上杉房定の時代、越後守護代の職は長尾頼景―重景―能景と継承され、守護と守護代の関係は比較的安定していた。かつて長尾邦景が守護と敵対して、結果的には敗れ去ったことを認識していた歴代の長尾家当主は、主君にあたる房定との関係確保に意を注ぎ、そのため守護と守護代の争いは回避されていたのだろう。

　しかし守護上杉氏と守護代長尾氏という二つの権力者が、長年にわたって協調関係を保つことは難しかった。守護の上杉が長尾邦景を滅ぼしたのは確かだが、この政変劇を

上杉氏系図

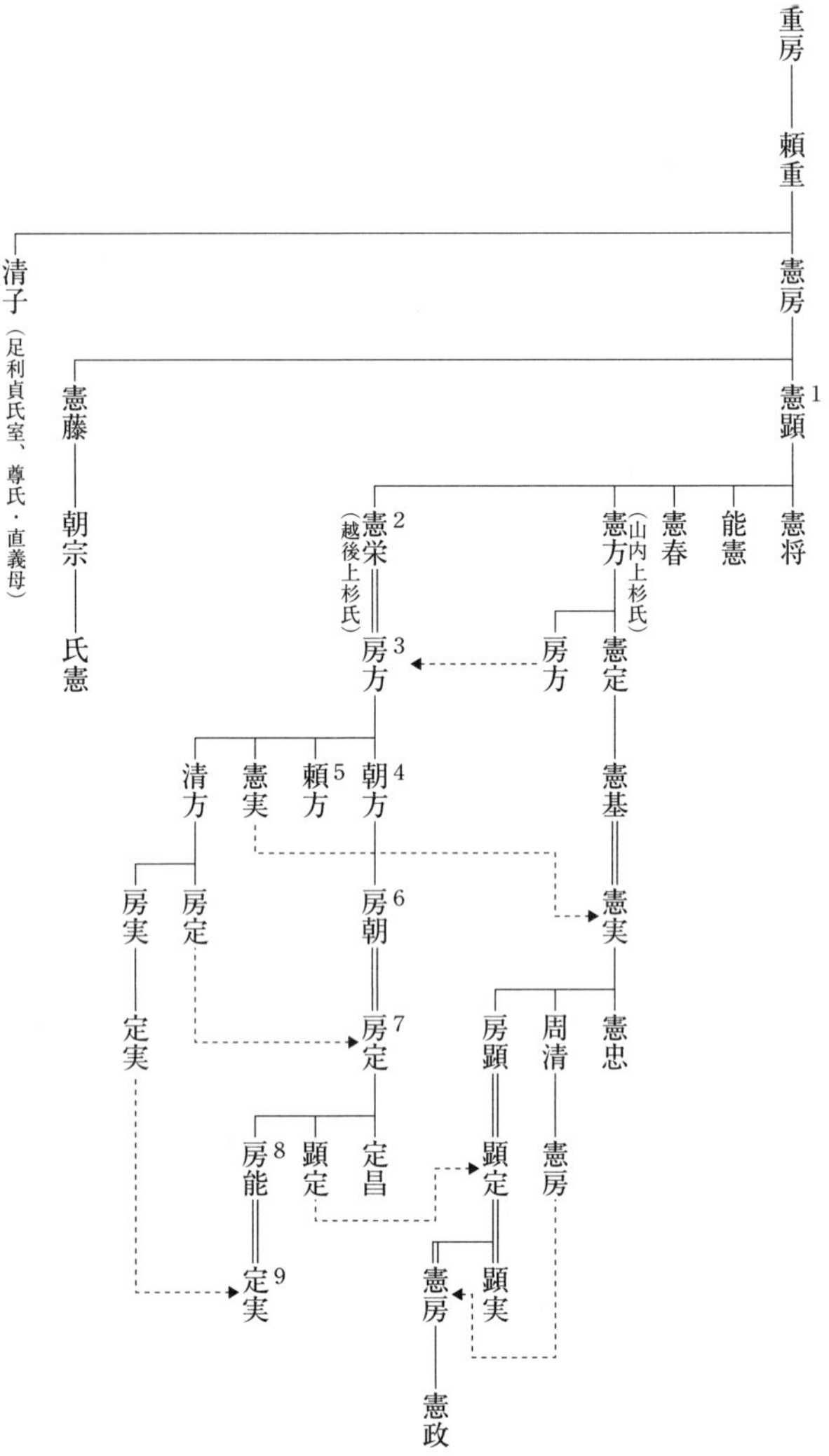

（注）数字は越後守護の就任順、‖は養子または家督継承を示す。

長尾氏系図

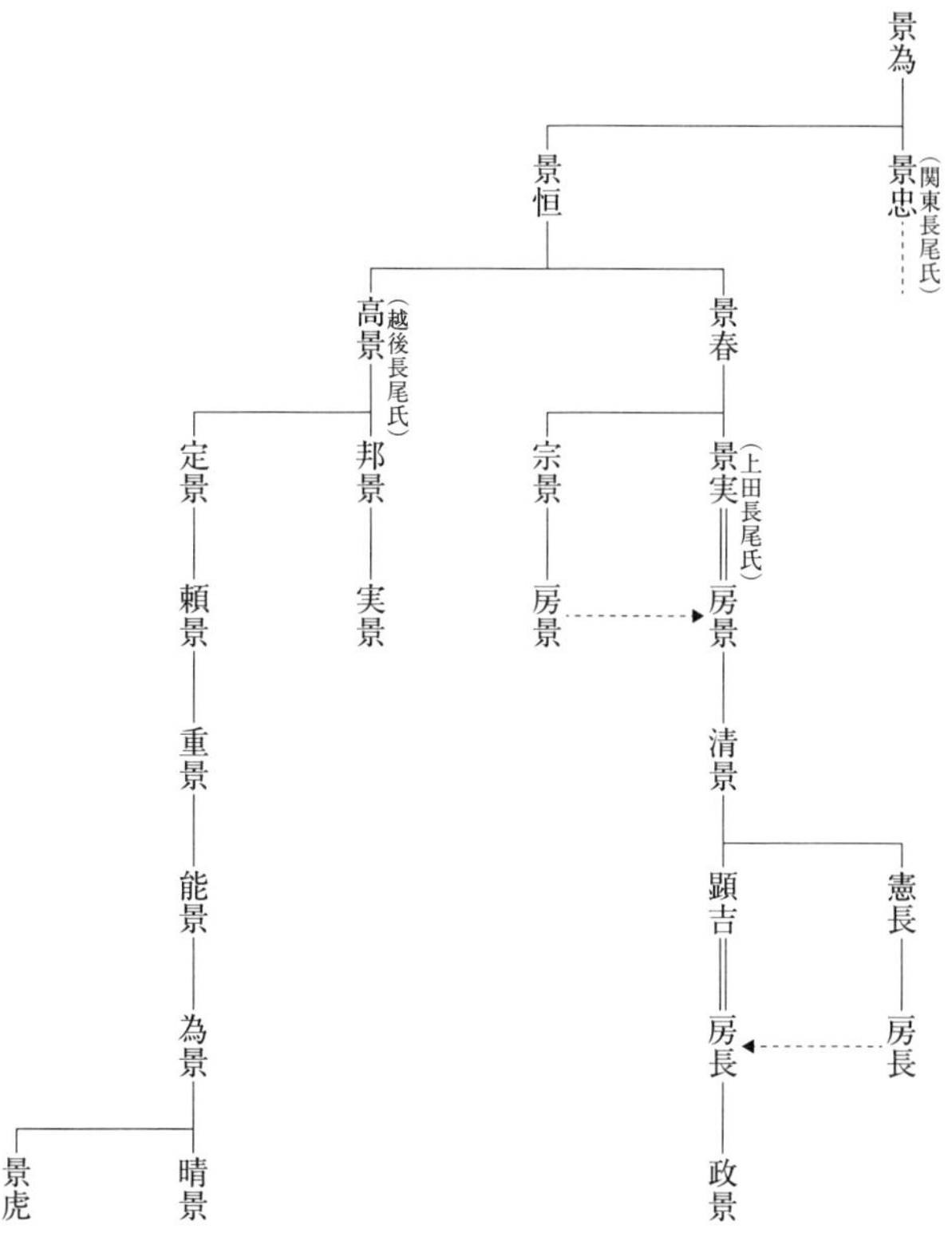

（注）　上田長尾氏の父子関係は推測による。

主導したのは邦景の甥にあたる長尾頼景で、彼が当主に収まったから、長尾家の権益自体は保持されたものと思われる。守護の上杉房定は越後の統治者であり、その一門や近臣の勢力も侮れなかったが、長年にわたって守護代をつとめてきた府内長尾氏の実力は、簡単には抹殺できないまでに肥大化していたのである。

上杉房能と長尾能景

明応三年（一四九四）、上杉房定は六十四歳で死去し、子息の房能が二十一歳で越後守護の座についた。守護代の長尾能景はこのとき三十一歳で、房能より十歳年長になる。新守護の上杉房能は、年長者である長尾能景を重んじながら政治を進めたが、両者の間の矛盾はしだいに深まっていったようである。明応七年、房能は越後国内の御料所の支配を推し進めるべく強硬な指示を出し、能景もこれにとりあえず従ったが、一方で自らの権益を守ろうとする動きもみせている。そして永正三年（一五〇六）、長尾能景が越中で戦死し、子息の為景が若年で家督を継ぐと、長尾氏に対する守護の圧力はいっそう強まり、やがて決裂の日を迎えるのである。

矛盾の深まり

三　長尾為景の興起

長尾為景の登場

長尾為景の史料上の初見は、永正元年（一五〇四）と推定される、七月二十五日付の上杉房能書状である。越後魚沼郡の武士である穴沢新右兵衛尉にあてて出された書状で、穴沢の上野での戦功を賞しているが、その文中に「関東口何にも無事に候。定めて為景も引き除くべく候」という一節がある。「関東方面の情勢が安定しているので、為景も陣を引くだろう」ということだが、長尾為景が一方の大将として関東方面に出陣していたことがわかるのである。ときに十九歳の青年だった。

当時関東では上杉顕定《あきさだ》（山内家）と上杉朝良《ともよし》（扇谷家）の争いが続いていた。顕定は越後守護上杉房定の子息で、本家にあたる山内家の家督を継ぎ、関東管領の地位にいたが、しだいに力を伸ばした一門の扇谷家と長享《ちょうきょう》元年（一四八七）から戦いを始め、両者の争いは十七年に及んでいた。越後守護の上杉房能は本家で実兄にあたる顕定を支援し、長尾為景も房能の命を受けて関東に出陣したのである。

このあと九月末に武蔵《むさし》の立河原で決戦があり、山内方は敗北するが、顕定からの要請を受けて長尾能景を大将とする越後の軍勢が関東に攻め入り、武蔵の椚田要害や相模の実田要害などを攻め落とした。越後軍の活躍によって上杉顕定は攻勢に転じ、翌永正二年の春には河越城《かわごえじょう》に迫って上杉朝良を降伏させた。

軍勢を率いて関東に攻め入ったとき、長尾能景は四十一歳だった。一定の経験を積み重ね、信望も厚かった能景は、隣国からの求めに応じて出兵するという行動をこのあと

長尾能景の討死

も続けた。永正三年、越中で一向宗《いっこうしゅう》門徒が蜂起し、守護畠山氏被官《ひかん》の遊佐《ゆさ》や神保《じんぼ》が越後の上杉に救援を求めると、能景は軍勢を率いて越中に入り、敵徒と戦いを交えた。ところが九月十九日、般若野《はんにゃの》の一戦で能景は討死を遂げてしまう。父親の急逝により、子

為景家督を継ぐ

息の六郎為景が二十一歳で家督を継ぎ、越後守護代の職も継承した。

反徒を討伐する

米沢の上杉家に伝えられた古文書の中に、越後の諸将（飯沼日向守以下の二十八人）が太刀を献上したことに関わる注文《ちゅうもん》が遺されているが、その冒頭には「長尾為景様、永正三年の時、五十嵐・石田・大須賀・高家一党逆心の輩ども追罰ありて、屋形御本意安堵の御祝儀につきて、霜月十五日御太刀の次第」という一文がみえる。「五十嵐・石田・大須賀・高家の一党」が「逆心」したが、「長尾為景様」がこれを討伐し、「屋形」（守護の上杉房能）も安堵したので、飯沼以下の諸将が祝儀として太刀を献上したということである。文書自体は後世の作成かもしれないが、こうした事実は存在したとみていいだろう。長尾能景の急死を好機とみて五十嵐ら越後中部（蒲原郡）の武士たちが決起したが、家督を継いだばかりの為景は軍勢を率いて出陣し、反乱の鎮圧に成功したのである。翌永正四年の正月、為景は越中に攻め入り、牛尾要害を陥落させている。若年ながら為景は早々と戦功を挙げ、その実力を人々に示した。

房能と為景の戦い

為景が越中から帰国した半年あまりのち、府中で大事件が起きる。上杉房能と長尾為

景の間で戦いが起き、敗れた房能が逃走の途次、松山郷《まつのやまごう》の天水《あまみず》で討死したのである。八月八日に為景は志駄山城入道に書状を出しているが、「今度の一儀、是非なき次第に候」（今度のことは、致し方ないことです）と書き出したあと、「上様《うえさま》は昨日未の刻、松山の入りあまみぞにて御生害。尾州父子・山本寺殿・まご六・平子、そのほか御供の衆、一人も残らず討ち死に」と、房能の最期のありさまを具体的に伝えている。八月七日の未《ひつじの》刻《こく》（午前十時ごろ）、房能と供衆は討手に襲われて討ち取られたのである。

供衆の冒頭にみえる「尾州父子」については、森田真一氏の近年の研究によって多くのことが解明されている（『上杉顕定』）。「尾州」は上杉一門八条家の尾張守房孝で、京都近郊から越後に下向し、守護の上杉房定・房能のもとで政治に参与し、幼い子息を房能の養子としていたというのである。守護の房能には男子がなかったので、一門にあたる八条房孝の子息を迎え入れたというわけだが、これによって房孝の地位は上がり、守護代長尾家を脅かす存在になっていた。長尾能景が死去して若年の為景があとを継ぐと、八条房孝はその政治的影響力を強めたので、これを排除しようと為景は政変を起こした。八条家の台頭と為景のクーデターとの関わりについて、森田氏はこのように推測されている。この一件の背景はよくわからないが、八条房孝とその勢力の打倒が直接的な目的だった可能性はかなり高いとみていいだろう。

上杉定実の擁立

房能との戦いにあたり、為景は上杉一門上条家出身の上杉定実を新たな主君として擁立している。上条家は越後刈羽郡《かりわぐん》鵜《う》川荘《かわのしょう》を本拠とする一門で、系図によれば定実は房能のいとこにあたり（房定の弟房実の子）、房能からみればいちばん近い親族といえる。こうした一族がありながら、房能は八条房孝の子を養子にしたわけで、上条家の側も不満を持っていたと想定される。こうした状況の中、長尾為景は上条家と結びついて八条房孝の排除を試みたが、守護の房能はあくまで房孝の側に立ち、結果的に落命してしまったということではないだろうか。

内乱とその収束

房能が討たれたことはまもなく周辺にも伝わり、越後各地の国衆《くにしゅう》たちもそれぞれの判断で動きをみせた。越後北端の国衆である本庄時長《ほんじょうときなが》・色部《いろべ》昌長《まさなが》・竹俣清綱《たけのまたきよつな》は、為景の行動を非難していっせいに決起し、中条藤資《なかじょうふじすけ》や築地忠基は為景方になってこれに対抗した。本庄・色部ら北越後の国衆たちは、守護に従ってはいたが、府中から遠く離れた地にいることもあって自立心が強く、府中政権の混乱を好機とみて決起に及んだものと思われる。しかし中条らの活躍もあって事態は沈静に向かい、翌永正五年の夏ごろには内乱も収まった。為景は国内をまとめることにとりあえずは成功したのである。

幕府との交渉

国内での戦いを続けながら、為景は京都の幕府に渡りをつけて、上杉定実の守護職継承を認めてもらうよう尽力した。京都や畿内は政争の渦中にあったが、永正五年四月に前将軍足利義尹《よしただ》が周防《すおう》から船出し、細川高国《ほそかわたかくに》が京都を押さえたことで状況は定まり、敗れた将軍足利義澄《よしずみ》は近江《おうみ》に逃れた。やがて義尹は上洛を果たし、征夷大将軍《せいいたいしょうぐん》の地位も回復した。細川高国は細川氏一門の一人にすぎなかったが、細川本宗家（京兆家）の家督の地位に立ち、大内義興《おおうちよしおき》とともに将軍を補佐して政治を担うことになる。足利義尹・細川高国・大内義興を中心とする政権が発足したわけだが、このメンバーは為景の働きかけに応じ、定実を守護として認めるという将軍の御内書が出されることになる。

将軍足利義尹の御内書

十一月六日、将軍義尹の花押《かおう》を据えた御内書が二通発給された。一つは上杉定実（兵《ひょう》庫頭《ごのかみ》）にあてたもので、「越後国守護職・家督の事、存知せしめ、忠節を抽んづれば、本意たるべく候。委細右京大夫申さるべく候なり」という文面だった。「越後国守護職と（守護上杉家の）家督のことを存知してがんばってほしい」ということだが、定実の家督継承と越後守護職就任を正式に認めたものとみてよかろう。

定実の補佐を命じられる

もう一通は長尾為景（六郎）にあてられた御内書で、「越後国守護職・家督の事、兵庫頭に仰せられ候。毎事意見を加え、補佐せしむれば、忠節たるべし。委細貞宗申すべく候なり」と書かれていた。「越後国守護職と家督のことについて、定実に下命したので、事ごとに意見を加えて補佐してほしい」というわけである。将軍義尹や政権関係者は上杉定実の家督継承と守護職就任を認めるとともに、長尾為景が定実の補佐役をつとめることも同時に承認したことになる。

幕府関係者とのつながり

上杉房能は幕府から認められた越後守護だったから、これを滅ぼした為景の行為は、幕府に対する反逆に相当するものだった。しかし為景は房能に代わる新たな主君を擁立し、幕府の要人たちともわたりをつけて、このたびの一件の経緯を理解してもらい、自らの地位（守護の補佐役）も認めてもらうことに成功したのである。新たに政権を樹立した足利義尹や細川高国も、敵対勢力との争いを有利に進めるためにも、越後の長尾との関係を保つことは大切だと考え、こうした処置をしたものと思われる。

主殺しの汚名を回避

長尾為景は国内の内乱を鎮め、幕府のお墨付きも取り付けて、上杉定実と自らの地位を社会的に認知させることに成功した。為景の行為はいわゆる「下剋上《げこくじょう》」の典型ともいえるが、努力と幸運に支えられて、主殺しの汚名を着せられることを回避したのである。

関東管領上杉顕定の動向

しかしこのころ、為景は新たな危機に直面していた。武蔵の鉢形《はちがた》を居城としながら関東一帯ににらみをきかせていた関東管領上杉顕定と、その養子の憲房が、軍勢を率いて越後に攻め寄せてきたのである。顕定は房能の実の兄なので、「弟の仇を討つ」という名分もあったようだが、顕定と房能は異母兄弟で年齢も離れていたから、親密な関係だったとは考えられず、房能の滅亡を知って顕定自身が嘆き悲しんだとも思えない。反乱を起こした色部昌長が自らの「進退」について顕定に頼みごとをしたとき、顕定は「時節をみて長尾六郎（為景）に伝えるつもりだ」と書状で返答しているが、この文面から当時顕定が為景の存在を否定していなかったことがわかる。為景方の攻撃にさらされていた色部に対して、「穏便に赦してやるよう為景に頼んでおくから心配するな」と言っているわけで、自分が動けば為景も従うだろうと、顕定は考えていたようなのである。為景としても主君筋にあたる上杉顕定に敵対するつもりは毛頭なく、両者の関係は円満だったように思えるが、永正六年になって事態は動き、大軍が越後に乱入することになる。

顕定の越後進攻

顕定が軍勢を率いて越後に攻め込んだのは七月下旬のころだった。上杉定実と長尾為景は、主君筋にあたる顕定に対して反抗していたわけではないから、顕定が越後に攻め入るのは筋違いといえなくもない。ただ前代と比べて越後との関係が疎遠になったことは確かだから、この機会に軍事力を動員して力を示し、越後一国を自らの管轄下に置こうと顕定が考えたことは充分ありうる。「弟の仇を討つ」というスローガンも出兵を正当化する効果を持つだろうし、越後には自分の配下の武士たちもいるので、簡単に事は進むだろうと考えて出陣に及んだのではあるまいか。

為景越中に逃れる

顕定と憲房の軍勢は順調に攻め進み、顕定は府中を押さえることに成功した。上杉定実と長尾為景は不利を悟って西に逃れ、越中で再起を期すことになる。顕定は越後の西部と中部の大半を勢力下に収めたが、三条城にいた山吉久盛（為景の被官）は城を死守して敵の攻撃に耐え、北越後の中条藤資《なかじょうふじすけ》は為景方の立場を崩さなかった。そして奥羽の大名である伊達尚宗も定実や為景に味方する姿勢を示した。越後府中は押さえたものの、顕定の行動は周辺の大名や国人の理解を得られたわけではなく、定実や為景の立場を認めた幕府の姿勢が変わることもなかった。

為景の反撃

こうした状況を足がかりとして、長尾為景はまもなく反撃に転じた。永正七年四月、為景は定実とともに越中から船で佐渡に渡り、ここから船出して越後の蒲原津《かんばらのつ》に到着した。六月になると為景は寺泊《てらどまり》に布陣し、椎屋の一戦で上杉憲房を撃破した。

顕定の討死

府中にいた顕定は関東に戻ろうと軍勢を進めたが、上田荘の長森原で為景と高梨政盛の軍勢の襲撃を受け、無念の討死を遂げてしまう。六月二十日のことだった。上杉憲房はしばらく妻有荘に留まったが、こらえきれずに上野の白井に帰っていった。

上杉憲房の書状

八月三日、憲房は京都の上乗院公済にあてて長文の書状を書き、為景の追討令を出してもらえるよう幕閣の面々に披露してほしいと頼んだ。憲房は書状の中で長尾為景の悪行に言及し、「長尾六郎、民部大輔房能を弑するのみに非ず。重ねて可諄《かじゅん》（上杉顕定）の身体かくの如きの条、家郎として両代の主人を亡ぼし候事、天下に比類なき題目に候

幕府は定実と為景を支援

か」と述べている。「家郎」の分際で「両代の主人」を滅ぼした悪逆人なのだから、速やかに処断してほしい、というわけである。しかし将軍や幕閣の面々はこの訴えを受理せず、憲房の願いは叶わなかった。勝利を収めた定実と為景は早速これを幕府に報告し、八月二十四日、将軍義尹は定実あてに御内書を出して祝意を伝えている。将軍や幕府の重鎮たちは顕定の行動の正当性を認めず、定実と為景を支援する姿勢を貫いたのである。

反抗勢力の存在

長尾為景は危機を乗り越えて府中に戻り、上杉定実を推戴しながら国内統治を進めていった。しかし越後の各地には反抗勢力もあり、国内の統一は容易には実現されなかった。永正九年の正月には長尾平六が反乱を起こし、為景は自身出陣してなんとか勝利を収めて、平六を討ち取った。永正十年の秋には信濃北部の国衆たちが団結して越後に攻め入る動きをみせた。そして十月十三日、守護の上杉定実が突如として春日山城に登り、ここを押さえた。長尾為景は出陣中で城を留守にしていたが、報せを聞いて急ぎ府中に引き返し、春日山城に迫って定実を窮地に追い込んだ。二十二日、ついに定実はあきらめて城から降り、その身を為景に委ねた。

上杉定実の反抗

宇佐美房忠の抵抗と滅亡

為景の権勢が強まる中、自らの立場の不安定さに気づいた定実は、宇佐美房忠《うさみふさただ》らの誘いに応じて決起のときをうかがっていたのである。しかしこの企ては結局失敗に終わり、定実の敗北は決定的となった。宇佐美房忠は小野要害に籠って抵抗したが、為景は早速兵を進めて要害の近くに陣取った。翌永正十一年正月十六日、上田荘の六日市で決戦があり、為景方の長尾房長が勝利を収めて、八条左衛門佐や石川・飯沼をはじめとする敵の武将たちが討死を遂げた。宇佐美房忠は小野要害から逃れて岩手要害に籠るが、五月の末にここも攻め落とされて自害した。

為景の勝利

宇佐美房忠の滅亡によって長尾為景に敵対する勢力はなりをひそめた。主君にあたる上杉定実はクーデターの失敗によって実権を失うが、越後上杉家の家督を剝奪されることもなく、そのまま守護の座にあり続けた。守護代にすぎない為景の勢力拡大を心よく思っていない人々（上杉一門など）もかなりいたので、彼らの不満を抑えるためにも、定実を守護として推戴し続けることが得策だと為景も判断したのだろう。

四　戦国大名長尾為景の外交

戦国大名長尾為景

長尾為景が上杉房能を滅ぼしてから、越後の国内は内乱の連続で、関東から大軍が攻め込んでくることもあった。しかし七年ほどの歳月を経て、対抗勢力はなりをひそめ、為景の政治的地位は確固たるものとなった。越後一国をまとめあげ、国衆たちを統括する、「戦国大名」ともいうべき存在になったのである。

越中の内乱

越後が安定を取り戻したころ、周辺の諸国では諸勢力の争いが継起していて、長尾為景は隣国の問題に関わらざるを得ない立場に置かれた。まず直面したのは越中の内乱である。越中守護の畠山尚慶《ひさのり》（入道卜山）は細川高国の盟友で、河内《かわち》・紀伊《きい》・越中の守護を兼ねていたが、京都から遠く離れた越中の支配は困難で、守護代の神保慶宗が自立の動きを示し、守護方の武将たちが敗れて国外に逃れるという事態になった。為景と同じように、神保慶宗も守護に対して戦いを挑み、畠山卜山の領国支配は危機に直面したのである。困った卜山は越後の長尾為景に出兵を要請し、為景もこれを受け入れた。

為景の越中出陣

永正十六年（一五一九）の秋、為景は越中に向かって出陣し、国境の境川で戦ったのち、進んで真見・富山に陣取り、二上城の麓に放火して敵を追い詰めた。ところが能登《のと》方面で問題が起きたので、長く越中に留まることができず、為景は越後に帰国する。翌永正十七年六月、為景は再び越中に向かい、八月三日に境川で勝利を収めた。神保慶宗とその与党は神通川《じんずうがわ》を越えて太田荘に陣取り、両軍が向かい合う形になったが、為景は優勢に戦いを進め、新庄城を押さえた。十二月二十一日、神保らは一団となって新庄城に押し寄せたが、為景はこれを撃退して、神保慶宗を討ち取った。こうして為景は越中の混乱を収め、畠山卜山から越中新川郡《にいかわぐん》の守護代に任命された。

為景の信濃出陣

大永四年（一五二四）になると、こんどは信濃でもめごとが起きる。北信濃の国衆たちの間で争いが起り、高梨政頼が為景に救援を依頼してきたのである。為景は早速求めに応じて信濃に出陣し、内乱を鎮定させることに成功した。そしてこの同じ時期に関東でも北条氏と上杉氏の戦いが起き、為景は関東の政治にも介入することになる。

関東の情勢

関東管領上杉顕定が越後で戦死したのち、養子の上杉顕実（古河公方足利政氏の子）と上杉憲房が争い、憲房が勝利を収めて山内《やまのうち》上杉氏の家督となり、上野の平井を拠点とした。扇谷《おうぎがやつ》上杉家では上杉朝良が死去して甥の朝興があとを継ぎ、武蔵の河越を居城として勢力を保っていた。武蔵や上野は両上杉氏の勢力下にあったわけだが、ここに南から新興の伊勢氏（北条氏）が戦いを挑んできたのである。

北条氏の台頭

伊勢宗瑞《いせそうずい》（いわゆる北条早雲）は永正十三年に三浦義同《みうらよしあつ》（道寸）を滅ぼして相模の統一を果たし、伊豆《いず》と相模を領国とする大名となった。宗瑞は永正十六年に死去し、子息の氏綱《うじつな》があとを継いだが、氏綱は相模の小田原を拠点としながら勢力の拡大を試み、扇谷上杉氏の拠点の一つだった武蔵の江戸城に攻め寄せた。そして大永四年正月、太田資高の内通によって、氏綱は江戸城の奪取に成功し、勢いにまかせて河越城に攻め寄せた。上杉朝興は河越城を脱出して平井の上杉憲房に支援を求め、山内・扇谷上杉氏の反撃が開始されることとなる。両上杉氏側は戦いを優勢に進め、朝興は河越城への帰還を果たした。

北条氏綱の使者

越後の長尾為景は関東の内乱を静観していたようだが、北条氏綱（氏綱はこのころ、伊勢

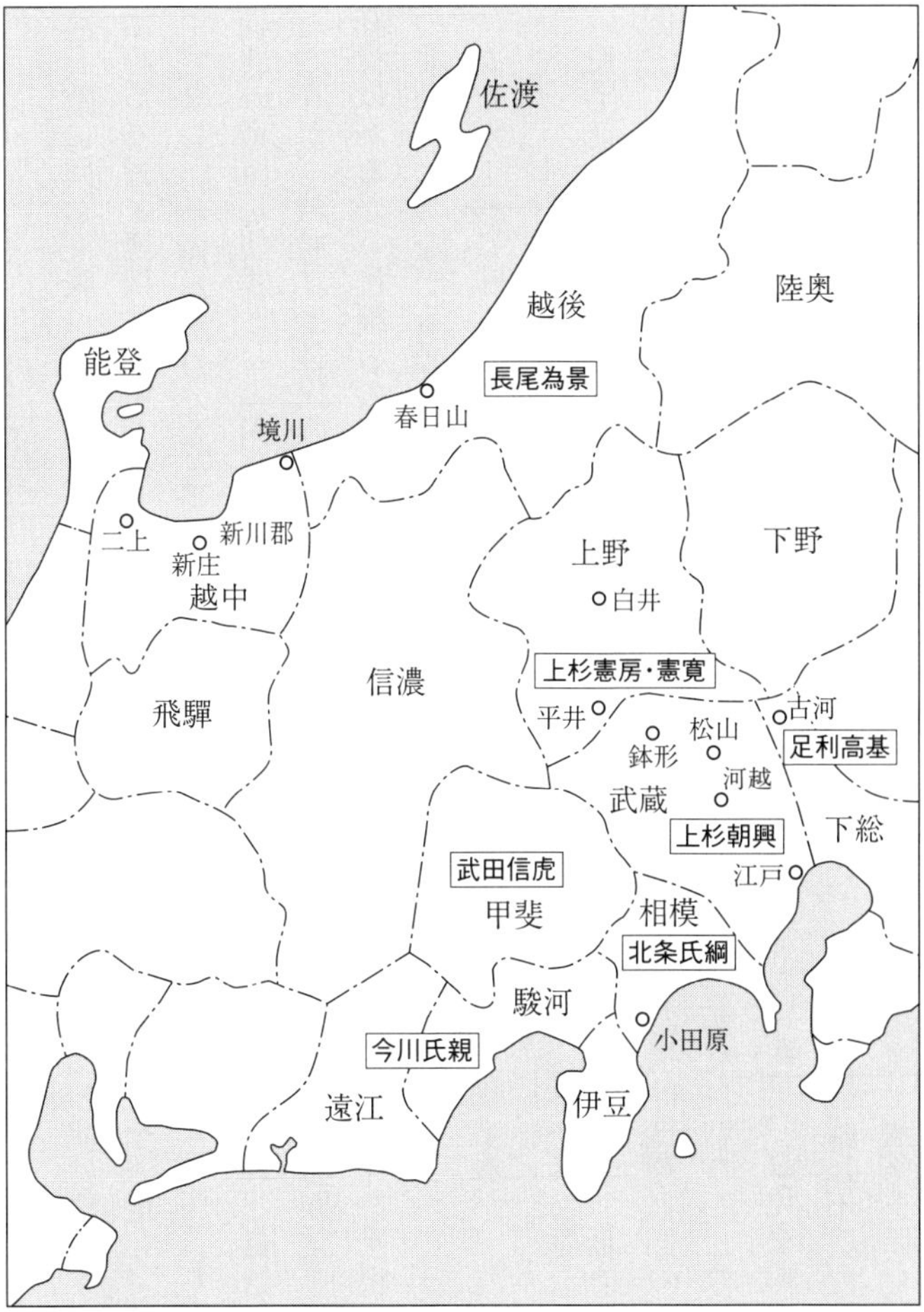

長尾為景の時代（越後・越中・関東）（『六日町史』通史編1をもとに作成）

から北条へ改姓している）の使者が現われて、対応を迫られることになる。山内・扇谷の両家を敵に回して戦っている氏綱にしてみれば、両上杉氏の勢力圏の北に位置する越後を治める為景と連携したいと考えるのは自然のなりゆきで、遠路使者を派遣して味方になってほしいと頼んだのである。一方の上杉氏側からも支援要請がなされ、上杉（扇谷）朝興の家臣が使者として来着した。北条と上杉の双方から合力を頼まれ、為景も迷っただろうが、結局は上杉氏の側に立つことにした模様である。かつて上杉顕定を滅ぼした経緯はあるが、後継者の憲房とは鉾を交えていないし、これまでの関係を無視して新興の北条氏とつながる必要性はないと判断したのだろう。

上杉朝興の使者

為景の判断

為景が上杉に味方したことも影響して、北条の動きはいったん収まるが、内乱の余波は続き、上野国内の国衆をめぐる問題が表面化した。上杉と北条の戦いに際して、白井の長尾景誠は上杉氏に従い、惣社の長尾顕景は北条とつながっていたが、北条の動きが止まったことで顕景は苦境に立たされた。そうした中、長尾為景は自身上野の草津に赴いて長念寺の長老と会談し、顕景を救うための算段をする。大永六年のことである。為景は白井の長尾景誠に対し、平井の上杉憲寛（憲房の後継者）に顕景の赦免を願うよう要請し、景誠もこれを受けて憲寛に対する申請を進めた。この後の経緯は不明だが、長尾顕景の赦免は実現をみたようである。長尾為景は平井の上杉憲寛と関係を保ちつつ、上野の混乱を収めるうえで一定の役割を果たしたのである。

古河公方からの依頼

このころ古河公方《こがくぼう》足利高基《たかもと》の嫡男亀王丸の元服が予定されていたが、前例に従って将軍に一字下賜《いちじかし》を願うことになり、その仲介役に長尾為景が選ばれた。高基の依頼を受けて上杉憲寛が動き、このことを将軍に申し入れてほしいと為景に頼みこんだのである。将軍や幕府中枢部とパイプを持つ為景の実績を評価して、仲介役を願ったということだろう。為景も結局これを受け入れて将軍（足利義晴）に一字下賜を願い、享禄元年（一五二八）十月、亀王丸は「晴」の字を与えられて足利晴氏《はるうじ》と名乗った。越後の大名長尾為景は、古河公方や関東管領からも信頼される存在になっていた。

京都と畿内の混乱

しかしこのころ京都と畿内は内乱の渦中にあった。将軍足利義稙《よしたね》（義尹の改名）と細川高国の連携のもと、幕府は安定を保っていたが、やがて義稙と高国の間に対立が生まれ、大永元年に義稙が京都を出奔《しゅっぽん》、高国は足利義晴（前将軍義澄の子）を迎えて新たな将軍とした。こうして細川高国を中心とする政治体制が固まるが、大永七年になって事態は急変する。丹波の柳本賢治《やなぎもとかたはる》が高国に叛いて挙兵し、京都に攻め込んだのである。不利を悟った高国は義晴とともに京都を逃れて近江に入った。また混乱に乗じて足利義維《よしつな》（義晴の兄弟）が細川晴元《はるもと》や三好元長とともに四国から堺に船で渡り、新たな政権を樹立する。

為景は幕府の支援を約束

こうした京都の異変を知った長尾為景は早速書状を義晴や高国のもとに遣わして協力を

約束した。義晴や高国にとっても為景は頼みの綱で、毛氈鞍覆や白笠袋の使用を許可するという特典を与え、為景の子息道一の元服にあたっては義晴が「晴」の一字を下賜し、道一は晴景と名乗っている。このころ義晴と高国は京都に戻っていたが、翌享禄元年に和睦交渉が決裂し、将軍義晴は近江朽木《くつき》を拠点とし、高国は出雲《いずも》に赴いて再起を期すことになった。長尾為景が足利高基の子息のために偏諱下賜を願ったとき、将軍義晴は近江の朽木にいたのである。

将軍からの栄典下賜

こうした情勢の中、長尾為景は将軍義晴や大館常興などとの関係を保ち、幕府の再興のために尽力する意志を伝えていた。京都にいた神余実綱が自身朽木に赴いて連絡役を果たしていたようである。享禄三年二月、義晴は為景・晴景父子に小袖を下賜し、九月には為景の妻室に唐織物を賜わった。為景の側の申請に応えて、さまざまな栄典を与えたわけだが、為景もその返礼として多額の銭を献上して将軍を経済的に支えた。長尾為景は将軍やそのとりまきから絶大なる信頼を受け、幕府再興のために立ち上がることを期待されていたのである。

五　内乱とその収束

上条定憲の決起

将軍義晴や幕閣の面々から期待されて、為景も何らかの行動に出ようと考えていたようだが、国内で思いがけない事件が起き、幕府の支援は叶わない状況になってしまう。享禄三年（一五三〇）十月、上杉一門の上条定憲《じょうじょうさだのり》が決起して、為景と戦う姿勢を示したのである。為景は早速上条に向けて出陣し、柏崎《かしわざき》に布陣したところで、陸奥蘆名氏家臣の山内舜通にあてて書状を出し、越後の情勢を伝えている。この書状には「召し仕い候大熊備前守、上条播磨守と為景の間、種々申し妨らわし候間、ついに鉾盾せしめ、上条に向かい馬を出だし、ただいま柏崎の地張陣せしめ候」とみえ、為景に仕えていた大熊政秀（備前守）が上条定憲（播磨守）と為景が仲違いするようにしむけたので、こういうことになったと為景が認識していたことがわかる。

内乱の鎮静化

戦いは翌年に持ち越されたが、幕府が為景支援の姿勢を示したこともあって、越後の国衆たちの多くも為景に従い、事態は鎮静に向かうことになる。享禄四年の正月、中条・黒川・加地・水原《すいばら》・安田・新発田・五十公野《いじみの》・本庄・色部・鮎川・竹俣といった揚北《あがきた》の国衆や、越後中部の国衆の斎藤・毛利（安田と北条）、さらには上杉一門の山浦や山《さん》本寺《ぼんじ》らが連署して、陣取りに際しての決まりを定めた壁書《かべがき》を作成しているが、為景はこの壁書の裏面に花押を据えて、内容を確認している。このとき越後の国衆のほとんどは為景に従い、軍事行動に参加していたのである。その後の経緯は不明だが、上条定憲もあきらめて鉾を納めたものと思われる。

細川高国の敗死

定憲再び決起する

こうして為景は危機を乗り越えたが、まもなく情勢は転回し、再び内乱が起きることになる。将軍義晴は近江、細川高国は出雲にいたが、やがて高国は出雲から備前に進んで摂津《せっつ》に攻め込み、天王寺に布陣した。しかし堺から出撃した三好元長の軍勢に攻められて大敗を喫し、高国は捕えられて尼崎《あまがさき》で切腹させられた。享禄四年六月八日のことである。悲報を受けた長尾為景は近江長光寺にいる将軍義晴のもとに使者を派遣して慰問したが、為景の支援者だった高国の敗死は、越後国内の反為景勢力を勇気づけることになり、上条定憲が再び決起して、国内は内乱状況に陥った。

内乱の広がり

天文元年（一五三二）二月、京都の三条西実隆は神余昌綱と面会し、「越後の乱逆の事」を語ったと日記に書いている。このころには越後の内乱は広がりをみせ、京都でも話題に上っていたのである。天文二年になると上田の長尾房長や揚北の国衆たちも上条方となり、為景は窮地に立たされた。この年の十月、上条方の兵士たちが府内の居多神社《こたじんじゃ》と刈羽の鵜川八幡宮に放火し、為景は両社の神主にあてて願文を呈して戦勝を祈願しているが、この願文には「当敵上条播磨守ならびに同名越前守、叛逆の張本人中条越前守・新発田一類」を退治したいと書かれていて、当時為景に敵対していた人たちの顔ぶれがわかる。上条定憲（播磨守）と長尾房長（越前守）が中心にいて、中条藤資や新発田など揚北の国衆たちも為景に叛いていたのである。

三分一原の戦い

その後為景方と上条方のにらみあいが続くが、天文四年になると情勢が大きく動く。上田衆・妻有衆・藪神衆といった魚沼郡の武士たちや、宇佐美定満《さだみつ》（駿河守）・大熊政秀らが、こぞって上条に集結し、六月には上条定憲が越後北部の蒲原郡に赴き、国衆たちをまとめようとした。やがて上田の五十沢口や刈羽郡の琵琶島城《びわじまじょう》で戦いがなされ、一進一退の状況が続いた。為景は苦境を乗り切るために朝廷の権威を仰ごうとつとめ、天文五年二月には内乱を平定させよとの綸旨を下賜された。そして四月十日、頸城郡《くびきぐん》夷守郷の三分一原で為景方と上条方の決戦がなされた。三分一原は府内のすぐ東に位置するから、敵軍は為景の本拠のそばまで攻め込んできたことになる。まさに正念場だったが、為景はこの一戦に勝利を収め、窮地を脱することに成功した。

長尾房長との戦い

戦いから半月近く過ぎたころ、上条定憲（当時は定兼と名乗る）がこの世を去った。大将の死去により敵方は勢いを失ったが、上田の長尾房長は簡単には鉾を納めず、その後も為景との戦いを続けた。上田軍の標的となったのは魚沼郡北部の下倉城だったが、城将の福王寺《ふくおうじ》彦八郎は攻撃に耐えて城を守った。八月には三条の山吉久盛が下倉城を支援するために駆けつけ、上田の軍勢と戦って勝利を収めている。戦いは翌年に持ち越され、天文六年にも下倉城やその周辺で戦いが繰り広げられた。八月四日、為景は福王寺にあてて書状をしたため、揚北の国衆たちがなかなか出陣してくれないので催促していると、当時の状況を伝えている。上田との戦いはこのときも続いていたわけだが、まもなく長尾房長も鉾を納め、内乱は一段落したようである。

内乱の終息

一時は国内の面々の過半を敵に回しながら、為景は勝利を手にし、内乱の鎮定も果たした。守護上杉氏に仕える身でありながら、政権を握って国主のように振る舞う為景に対し、不満を持つ人もいて、京都の混乱をきっかけとして反対勢力が決起したということだろうが、核となる上条定憲が死去すると、宇佐美や大熊らの動きもなりをひそめ、いったんは団結して上条方になった揚北の国衆たちも結局は為景に従い、最後まで抵抗した上田の長尾房長も、戦いをやめて為景と和睦したのである。

朝廷の権威を利用

内乱を収めるために為景は朝廷の権威を利用した。錦の御旗を新調してもらい、天皇から綸旨をもらって自らの立場を正当化しようとしたのである。自分と敵対する者は朝敵だとアピールして、国衆たちの心を動かそうとしたわけだが、これが一定の効果を発揮し、上条方の勢いを止めたとみることもできる。また守護の上杉定実を自らの陣営につなぎとめていたことも、為景の勝利の一因だった。上条定憲は定実の近い一門だから、定実が定憲を後援することは充分ありえたが、為景はこれを阻止して、守護の定実は自分の味方だと周囲に示していたのである。為景の勝利は軍事力によるものというより、天皇や守護の権威を有効に利用した結果という側面の大きいものだった。

上杉定実の後継者問題

そういう事情もあり、いったん実権を失っていた守護上杉定実はその発言力を増した。そして間もなく定実の後継者問題が議論されることになる。定実は高齢に達していたが、あとを継ぐべき男子がいなかったので、奥羽の大名である伊達稙宗《だてたねむね》の子の時宗丸を養子としてもらい受ける相談が進められたのである。天文七年十月、伊達から「御曹司様」が越後に上られるための費用調達のため、越後国内に段銭《たんせん》が賦課されているから、このときには話がまとまっていたことがうかがえる。翌天文八年、伊達の使者が越後府内に到着し、今後のことが論じられたが、このときすでに揚北で内紛が起き、政治的問題になっていた。今回の養子縁組を主導したのは中条藤資だったが、色部をはじめとする揚北の国衆たちはいっせいに反発し、地域は緊張に包まれたのである。長尾為景は中条と近い立場にあったようだが、子息の晴景は色部とつながっていて、府内の政権も一枚岩ではなかった。窮地に立った中条は伊達氏に支援を求め、伊達氏の軍勢が越後に攻め入って本庄や鮎川の要害に攻め寄せた。本庄らは敗れて出羽《でわ》の大宝寺に逃れたが、色部をはじめとする諸将は中条の行為を非難し、天文九年になって中条城に攻め寄せた。こうした中、伊達氏の内部で稙宗と子息晴宗の争いが起こり、時宗丸を越後に送る話は沙汰《さた》止《や》みになってしまう。

晴景に家督を譲る

天文九年の八月三日、長尾為景は子の晴景に家督を譲った。このとき晴景に与えた書状は「日柄好く候間、今日より旗・文書、重代あい譲り候。所帯等の儀、別紙日記にこれあり。子孫に至り、万劫も相続繁昌目出たかるべく候。恐々謹言」という文面で、錦の御旗や代々の文書と相伝の所領を晴景に譲ったことがわかる。上杉定実の後継者を伊達家から迎えることについて、為景は主導的役割を果たしていたようだが、子息の晴景は父と態度を異にし、これを阻止しようとする勢力とつながっていたらしい。そして伊達家の内紛によって計画は頓挫し、為景は立場を失ってしまったのではあるまいか。こうした事情もあり、引退を決意することになったのだろう。

為景の逝去

晴景の家督相続は早速京都に伝えられ、敵を追討せよとの綸旨が晴景にあてて下された。父親と同じく、晴景も自らの立場の正当化のために朝廷の権威を戴いたのである。揚北では戦いが続いていたが、やがて沈静化に向かった。こうした中、長尾為景は五十六年の生涯を閉じる。天文十年十二月二十四日のことだった。

第二　長尾景虎の登場

一　晴景から景虎へ

長尾晴景の時代へ

長尾為景《ながおためかげ》の死去によって、長尾晴景《はるかげ》は名実ともに越後《えちご》長尾家の中心に立った。守護の上杉定実《うえすぎさだざね》は健在だったが、すでに老齢に達し、出家して玄清と名乗っていた。天文《てんぶん》十一年（一五四二）四月、定実（玄清）は晴景にあてて起請文《きしょうもん》を書いているが、その文面は「晴景事は申すに及ばず、御舎弟達においても別条あるまじく候。今度仏詣と申すも、連々世上退屈、安閑無事に残世過ごしたきばかりに候」というものだった。後継者決定の望みも絶たれ、守護上杉氏も自分の代で断絶するだろうと諦観していた模様である。伊達氏から養子を迎えることに反対した晴景との関係は微妙だったが、対立をあらわにすれば国内の混乱を招くと判断し、このような起請文を呈したものと思われる。

この定実の起請文には、晴景だけでなく「御舎弟達」に対しても別条はないと記されており、当時晴景に複数の弟がいたことがわかる。享禄《きょうろく》三年（一五三〇）に生まれた少年（長尾景虎）もその一人で、このとき十三歳だった。

長尾景虎の幼少期

景虎《かげとら》の幼少期については文書などの史料がなく、確かなことはわからないが、『謙信公御書集』の冒頭に、景虎の出生と幼少時の逸話に関わる記事がみえる。

伝えに曰く、御誕生の刻、大奇瑞想あるゆえ、巫覡者吉凶を占い奉る。甚だ吉なり。覆卦の六を得たり。その詞に曰く、「虎の尾を踏むは凶なり。武人ならば大君となる」の語あるゆえ。字名をもって虎千代君と号す。ようやく長じて志あり。誠に勝孝慈覚大いにして、自然と仁心備わりたまう。天文五年丙申三月、時に七齢にして、春日山林泉寺に入らしめ、現住天室和尚を師として書を読み学びたまう。然りといえども、勇猛才智にして御心を武術に寄せらるるゆえ、唯人に非ず。この事をもって、父為景公のもとにこれを送り返さしめられたまう。

幼名虎千代

誕生のときの占いに基づいて虎千代《とらちよ》と命名された。七歳のときに春日山の林泉寺《りんせんじ》に入り、天室光育《てんしつこういく》のもとで学んだが、勇猛で武術に心を寄せているのを見てただものではないと悟った天室が、父の為景のもとに送り返した。記事の内容はこのようなものである。後世に作られた逸話だろうが、「虎」の文字には何らかの意味があるかもしれないし、景虎と天室光育の親交（詳細は後述）をみると、幼少期に林泉寺で天室に師事したというのも現実味がある。家督を継ぐ立場ではなかったから、寺に入って僧侶となる将来もありえたわけだが、政治状況がそれを許さなかった。兄の求めによって、十四歳の若さで地域の統治を委ねられるのである。

景虎の名の初見

　景虎の名がみえる最初の史料は、天文十二年に比定される、八月十八日づけの長尾晴景書状である。栃尾城主の本庄実乃《ほんじょうさねより》（新左衛門尉）にあてられたもので、「病気も治ったので安心してほしい。そちらの陣所を堅固に守ってほしい」と書かれていて、当時本庄が栃尾の近くに陣を構え、敵に対していたことがわかるが、この書状の追而書《おってがき》に「追って、景虎近日取り出すべく候由、勝利眼前に候」という一文がある。「景虎」、すなわち弟の長尾景虎が近日中に「取り出す」予定だから、勝利は疑いないと、晴景は本庄に伝えているのである。景虎は十四歳の少年だが、すでに元服《げんぷく》を遂げ、長尾平三景虎と名乗っていた。

景虎の古志郡下向

　おそらくこのとき景虎は春日山《かすがやま》の近くにいて、まもなく古志郡《こしぐん》に下向することになっていたのだろう。予定どおり景虎は栃尾に赴いたようで、九月二十日には三条の本成寺《ほんじょうじ》（住持の日意）にあてて、寺領安堵《じりょうあんど》の判物《はんもつ》を与えている。景虎の発給文書の初見で、その文面は「今度実景以後の判形等、紛失なく所持なされ、神妙に存じ候。先代判形の旨に任せ、殊更御忠信ゆえ、亡父数ヶ所の御寺領、末代において相違あるべからず候なり。

よって件の如し」というものだった。景虎が古志郡に下向すると、本成寺の関係者がただちに相伝の文書を携えて景虎のもとに赴き、寺領を安堵するとの内容を記した判物をいただきたいと頼み、景虎もこれに応じたということだろう。「長尾実景の判物をはじめとして、代々の文書を紛失しないで所持しているのは、神妙なことです」というような、臨場感のある文言がみえ、新たな支配者として臨んだ景虎とその関係者が、地域の人々の求めに丁寧に対応しようとしていたさまがうかがえる。なお現存の文書の花押《かおう》は、当時の景虎の花押とは形を異にする（もっとあとの時代のもの）ので、天文十二年に景虎が与えた文書は何らかの理由で失われ、後日あらためて作成されたものとみられる。厳密にいえば当時のものではないが、内容は信用できるとみてよかろう。

古志郡下向の経緯

景虎が古志郡に下向した経緯については、弘治《こうじ》二年（一五五六）六月に景虎が天室光育にあてて出した長文の書状（詳細は後述）の記事からもいくらかうかがうことができる。まず書状の前段で長尾為景の活躍とその葬儀について述べたあと、「その以後、兄に候晴景病者ゆえか、奥郡の者上府を遂げず、間の宿意と号し、わがままの働き際限なく候」という一文がみえ、長尾晴景が病身だったためか、奥郡の国衆《くにしゅう》たちが府内に来てくれないという状況があったことがわかる。そして書状の後段でも為景の活躍を述べたあと、「去りてまた、宗心事、幼稚の時分父に後れ、程なく古志郡に罷り下り候ところ、若年と見懸け、近郡の者ども方々より椽生に向かい地利を取り立て、あるいは不慮の動《はたら》きを致し候間、その妨戦に及び候」と、自身の体験を書き連ねている。宗心（景虎）は幼くして父を失い、まもなく古志郡に下ったが、若年と侮って、近郡の者たちが椽生（栃尾）に向かって要害を築き、ときには攻め込んできたりした、というのである。

為景が死去した天文十年、景虎は十二歳の少年で、古志郡（栃尾）に下向したのは二年後だから、父の死後「程なく」下向したという景虎の述懐は文書の記載とも符合する。長尾為景は越後国内の内乱を収めたが、反抗勢力はなくなったわけではなく、為景の葬儀もみな甲冑をつけて執り行ったという（これも景虎の書状にみえる）。為景が死去したあとも敵対する者が多くいて、越後の中部一帯で蜂起が続いた。栃尾の本庄実乃らが晴景の命により陣所を構えて敵に対していたが、反徒を抑えるためには象徴的存在が必要だということで、十四歳の景虎が現地に下向することになったのである。

景虎の地域統治

栃尾に入った景虎に対して、近郡の者たちが従わず、緊張が続いたと景虎は回想しているが、彼らの動きもやがて収まったらしく、景虎の地域統治は順調に進められた。天文十三年二月、景虎は守門大明神に蒲原郡《かんばらぐん》内の地（玉虫新左衛門分一跡）を寄進し、天文十四年三月には刈羽郡《かりわぐん》の専称寺に対して、郡司不入や諸役免除を認める内容の判物を発給している。本拠の栃尾は古志郡にあるが、北の蒲原郡や西の刈羽郡を含む、かなり広い範囲を統括する存在として、地域の人々から認知されていたことがうかがえる。

黒田秀忠の謀反

こうした中、天文十七年（一五四八）になって府内で大事件が起きる。長尾晴景の重臣として政権を支えてきた黒田秀忠が謀反を企てたのである。この一件については、天文十七年十月十二日の景虎書状（村山弥七郎あて）と、天文十八年二月二十八日の景虎書状（小河長資あて）から概要を知ることができる。前者の景虎書状には「兄に候弥六郎兄弟の者に、黒田慮外の間、上郡を遂げ候。その断りにおよび候ところ、桃井方へ御談合をもって、景虎同意に和泉守成敗を加うべき御刷《つくろい》、是非なき次第に候」とみえ、黒田秀忠が晴景兄弟に「慮外」なことをしたので、景虎が自身「上郡」を遂げ、黒田を討とうとしたが、晴景は桃井と相談して、景虎の意見も聞いたうえで秀忠の成敗について判断しようとしていた、ということがわかる。景虎は栃尾から府内に赴いたが、黒田秀忠の処置については決まっていない状況だったのである。

このあたりの事情については、先にあげた後者の書状（天文十八年二月の小河あての景虎書状）から具体的にうかがえる。これは秀忠の討伐が終了したあとに書かれたものだが、この一件の経緯についてまとめて述べられている。その文面は以下のとおりである。

> 晴景に対し、黒田和泉守、年来慮外の刷連続の間、去る秋、この口へ打ち越し、成敗を加うべき分に候ところ、その身異像の体をもって他国に遁るべきの由、累《かさ》ねて

これを歎き候間、その旨に任せ、旧冬当地へあい移り候ところ、幾程なく逆心の企て現形の条、即ち御屋形様の御意をもって、黒田一類悉く生害させられ候。これにより、本庄方へ御書を成され候。ここもとの儀、定めて御満足たるべく候。恐々謹言。

黒田討伐のため府内に赴く

景虎が黒田討伐のために府内に向かったのは去年（天文十七年）の秋だということだが、これは前にみた景虎書状（十月十二日付）の記事と符合する。景虎は秀忠を「成敗」しようとしたが、秀忠が「異像の体」で他国に移ると申し出てきたので、いったん赦した。ところが景虎が冬に「当地」に移ったあと、秀忠の「逆心」が露顕し、「御屋形様」、すなわち守護上杉定実の「御意」によって、黒田秀忠とその一類はみな討ち取られ、本庄実乃にあてて御書（定実の感状か）が与えられた。ここには景虎の行動は直接書かれていないが、本庄に感状が下されていることからみて、景虎の重臣の本庄実乃が事にあたったのは確かなようである。

黒田一類の成敗

この文書は景虎が春日山に入城する前の、天文十七年二月のものと考えられてきたが、「旧冬当地へあい移り候ところ」という文言が景虎の春日山入城（天正十七年十二月）を指すと考えられるから、黒田秀忠がいったん降伏したあとに景虎が春日山に入り、その後また黒田の逆心が露顕して、守護上杉定実の命を受けて景虎が黒田一類を誅伐したというのが、黒田秀忠をめぐる事件の経緯だったようである。

景虎の春日山入城

景虎の春日山入城は天文十七年の大晦日のことだった。このあたりの事情は、翌天文十八年（一五四九）の正月四日に本庄実乃が上野《うえの》家成《いえなり》にあてて出した書状からうかがうことができる。上野から景虎に対して家督相続を祝う書状が届き、これを景虎に披露したところ、景虎も喜んで返書を書いたと述べたあと、「よって仰せの如く、屋形様御諚《ごじょう》をもって、御無事あい調い、旧冬晦日、当地鉢嶺へ御移り候」と、景虎の家督継承の経緯が示されているのである。「屋形様」（守護の上杉定実）の「御諚」によって晴景と景虎との間の「御無事」が調い、去年の大晦日に「鉢が嶺」（春日山城）に景虎が移ったというわけで、晴景と景虎の間には争いが起きていたようだが、対立の解消にあたって守護上杉定実の行動が大きな力を及ぼしたことがわかる。

上杉定実の調停

定実はすでに出家していて、晴景に起請文を呈して引退をほのめかしたが、その後も守護の地位にあって文書を発給している。自身が病弱ということもあって、長尾晴景の政権は不安定な状況にあり、守護の存在意義があらためて評価されたのではないかと思われる。おそらく定実自身も自らの立場を認識し、ときには政治的発言をしていたのだろう。そして兄弟の対立も守護の調停によって解決をみたのである。晴景が素直に家督を譲与した理由はよくわからないが、重臣の大熊朝秀はその地位を保ち、景虎の政権でも中枢を担う存在となった。病身の晴景が身を引いてくれれば問題は解決すると多くの人が考え、晴景もこうした意向に従ったということではないだろうか。

二　新政権の船出

本庄実乃と大熊朝秀

長尾平三景虎が春日山城に入ったのは、彼が十九歳の年の暮れだった。栃尾にいた時期に景虎を支えて活躍した本庄実乃は、新たな政権の担い手となり、長尾晴景の重臣として長く政治に関わってきた大熊朝秀《おおくまともひで》は、景虎の代になっても政権の中枢に残った。長尾景虎の新政権は、本庄と大熊の二人に支えられながらその歩みを始めることになる。

上田の長尾政景

越後国内の武将たちにも家督交代のことは伝えられ、国衆たちの多くは慶賀の意を示したものと思われる。ただ上田荘の一帯に勢力を張る長尾政景は、景虎のもとに使者を派遣することもなく、静観を決め込んでいて、府内（景虎）と上田（政景）の関係はおのずと緊張した。上田の長尾房長（政景の父）が長尾為景と戦いを交えたのは二十年ほど前で、結局は和睦しているが、このたびの景虎の家督相続にあたって、たやすく府内には従わないという上田の人々の自立心が再び目覚めたということだろう。

府内と上田が手を結ばない状況が続く中、両者の間に位置するところにいる国衆たちは、府内と上田のどちらに味方するか、去就に迷うことになる。天文十八年の六月五日、宇佐美定満《うさみさだみつ》（駿河守）が平子孫太郎《たいらくまごたろう》にあてて長文の書状を出しているが、この書状は当時の緊迫した状況をよく伝えてくれる。

宇佐美定満の書状

重ねて示し預かり候。具に披見せしめ候。上田御無事、もし相違の様に候らわば、上田大儀たるべきの由、仰せ越され候。我等もその分に存じ置き候。さりながら、この上において事切れあるべからざる由と存じ候。ただし、人質上させられざる上、一所帯方あい渡されず候らいては、その曲《きょく》なく候か。千万に一つも事切れ候らわば、この口の儀、畢竟御かせぎにあい極まり候。我等一人に差し任せられ候らわば、必ず御後悔たるべく候。

先に書状を出したのは平子で、「上田の御無事が相違したら、上田はたいへんなことになる」と心配していた。これに対して宇佐美は「私もそう思うが、事切れる（府内と上田が断交する）ことはないだろう」といいながら「ただ、（上田から）人質を出さず、所領も少しも渡さないというようだと、問題が残る。万一事切れたときには、こちらの方面のことについては、あなたにがんばってもらうしかありません」とつけ加えている。

平子と宇佐美

平子は魚沼郡《うおぬまぐん》北部の薭生城《ひうじょう》を居城としていたと伝えられる。宇佐美の在所はよくわからないが、掘之内のあたりを拠点としていたものと思われる。いずれも府内と上田の間にいるので、両者の間で戦いが起きればすぐに対処しなければならない宿命にあった。宇佐美は府内の景虎に従う姿勢を明らかにしていて、平子にも協力してほしいと頼んでいるのである。この宇佐美の書状から、府内と上田の関係は手切れ（断交）の状況にあるわけではないが、上田の長尾政景は人質を送ることも、一部の所領を渡すこともしていなかったことがわかる。

宇佐美要害放火事件

宇佐美の書状の後段には、上田の者たちが自分の在所に放火しようとたくらんでいるらしいと記されているが、これはまもなく現実のものとなる。このしばらくあと、宇佐美の要害に火がつけられ、平子孫太郎はこれを府内にいる本庄実乃のもとに伝えた。知らせを受けた本庄は景虎にこの一件を披露し、その結果を書状で平子に伝えた。宇佐美の要害への放火の件について本庄がありのまま申したところ、景虎が「上田を成敗する」と言い出したと、この書状には記されている。

関東の政治情勢

その後の経緯は不明だが、ただちに政景を成敗するわけにもいかず、しばらく様子見の状況が続くことになる。そしてちょうどこのころ、景虎は上杉憲政《うえすぎのりまさ》の要請に応えて、関東に出兵する準備をしていた。上野《こうずけ》や武蔵《むさし》で山内《やまのうち》・扇谷《おうぎがやつ》上杉氏と北条氏の戦いが展開したことは前述したが、北条氏綱《ほうじょううじつな》の攻勢はその後も続き、扇谷家の上杉朝定《ともさだ》（朝興の子）は本拠の河越城《かわごえじょう》を奪われ松山城に退いた。山内上杉家では憲政（憲房の子）が当主となっていたが、北条氏の勢いを抑えるべく、古河公方足利晴氏《こがくぼうあしかがはるうじ》や上杉朝定と結んで、河越城を奪い返そうと試みた。しかし北条氏康《うじやす》（氏綱の子）は河越城の救援に向かい、足利・上杉の連合軍を撃破した。天文十五年四月のことである。上杉朝定の戦死により扇谷上杉家は滅亡し、上杉憲政は上野の平井に戻って再起を図るが、このままでは事態は打開できないと考え、北にいる越後の景虎に支援を要請し、景虎もこれに応えて出陣の準備をしたのである。

河越の戦い

上杉憲政の支援要請

平子の所領をめぐる問題

憲政の意向を伝えたのは平子孫太郎だった。このとき平子は越後を拠点としていたが、平子氏はもともと武蔵の国人《こくじん》で、山内上杉氏に仕える立場にあった。こうした関係が長く続いていたので、憲政も平子に話をもちかけたのである。平子は景虎の重臣である本庄実乃に憲政の意向を伝え、本庄が景虎に披露した。景虎は関東出兵の件は了承したが、憲政から景虎にあてた「御書」をいただきたいと語った。これを受けて本庄は七月四日に平子あてに書状を認め、鳥の子の立派な紙を使い、自身の花押を据えた「御書」を作るよう、憲政に上申してほしいと要請している。越後長尾家の身分を尊重して、それなりに厚礼の文書を届けてほしいと、景虎は要求したのである。この本庄の書状には、来月十日ごろまでには景虎が出陣するので、参陣の準備をしてほしいと書かれていて、関東出陣が予定されていたことがわかるが、なかなか軍勢が集まらなかったためか、このときの出陣は沙汰止みとなっている。

このころ平子孫太郎は府内の政権に対して、自身の所領に関わる要望を続けていた。西古志郡《にしこしぐん》内山俣の三十貫文の地を松本河内守が知行しているが、ここは平子の本領なので、自分に返してほしいと訴えていたのである。天文十八年十一月六日、景虎は平子にあてて「西古志郡内山俣三拾貫分の事、本地として連々御侘言《わびごと》の間、まずもって御知行あるべく候。御屋形様御判の儀は、追って申し成すべく候。恐々謹言」という文面の文書を出し、平子の知行を認めている。「御屋形様」（守護の上杉定実）の判物は後日用意するから、とりあえずは自分の安堵状《あんどじょう》で満足してほしいというわけである。このときも守護は健在で、その役割も認知されていたが、実際の政務は景虎がとりしきり、国人に対する所領安堵状も景虎のものだけで問題ないような状況になっていた。

重臣の連署書状

こうして平子は宿願を果たしたが、この所領は松本河内守が知行しているので、松本をいかに納得させるかが課題となった。二日前の十一月四日、景虎は松本あての書状を書き、山俣の地を早く平子に引き渡すよう命じたが、四日後の十一月八日には、大熊朝秀・小林宗吉・本庄実乃の三人が連署して、やはり松本あての書状を作成している。「平子殿御本領山俣の儀につき、殿様より御書を成され候。その旨に任せられ、相違なく早々進め渡され候らわば、然るべく候。そのため一筆啓せしめ候。恐々謹言」という文面で、「殿様」（景虎）の「御書」のとおりに山俣を平子に引き渡してほしいと頼んでいる。景虎だけでなく三人の重臣も松本あての文書を作成したわけだが、これは平子の要請によって書かれた文書のようである。詳細は不明だが、松本を説得させるためには、景虎の書状だけでなく重臣の書状も必要だと平子が考え、こうした文書を作ってもらったのだろう。長尾景虎は越後の支配者の地位に立ち、守護に代わって統治の主体となっていたが、実際の政務を担っていたのは本庄や大熊のような重臣たちで、彼らの存在は越後国内の人々からも認知されていたのである。

街道整備の指令と奏者

この年の冬、守護の上杉定実《さだざね》が府内を出て魚沼方面に旅をする計画が立てられた。松山《まつのやま》の温泉で湯治《とうじ》をするのが目的だったようである。道ぞいの要所を押さえる国衆たちに対して、定実一行が安全に通行できるよう準備をするようにとの命令が出された。上野家成の所領（上野村）も街道ぞいにあったので、大熊朝秀がきちんと準備せよと命じたが、上野は「前に（自分の）御奏者に聞いたところ、その必要はないと言われた」と主張してこれを拒んだ。困った大熊が上野の奏者にあたる本庄実乃に事情を尋ねたところ、「そんなことを言った覚えはない」という返答だった。そこで大熊はあらためて上野にあてて書状を認め、本庄もこう言っているから決まりどおり準備をせよと命じている。

奏者をめぐる問題

上野家成は長尾景虎が栃尾にいた時分から本庄実乃とつながりを持ち、景虎が春日山に入ったあとは、本庄を「奏者《そうじゃ》」としてその「指南」を受けていた。本庄実乃のもとには上野だけでなく多くの国衆たちが結集していったし、以前から政権の中枢にあった大熊朝秀も多くの国衆をまとめる立場にあった。そして府内において問題が起きたときには、国衆たちはとりあえず自らの「奏者」と相談していたのである。大熊は政権を代表する存在として上野に役負担を命じたが、上野は「奏者」にあたる本庄の発言を根拠にしてこれを拒否している。このたびは上野の主張が否認されて（本庄が大熊に同調して）問題は解決したようだが、大熊と本庄の意見が異なる場合には政権全体としての方針がなかなか定まらないということもありえたのである。

三　長尾政景との戦いと和睦

幕府をめぐる政治情勢

長尾家の家督を継いだ景虎は、早速このことを幕府に伝えたが、当時の幕府も安定した状況にはなかった。将軍足利義晴《よしはる》は京都に戻り、細川晴元《ほそかわはるもと》とともに政治を進めていたが、天文十五年（一五四六）に義晴は晴元と断交し、近江《おうみ》の坂本に下向して子息の義藤《よしふじ》（のちの義輝）に将軍職を譲った。こののち義晴・義藤父子は近江にあって晴元と争い、結局和睦するが、やがて細川氏の被官にあたる三好長慶《みよしながよし》が勢力を増し、天文十八年には細川晴元に叛いて勝利を収めた。足利義晴はまた京都を逃れて近江に入り、翌天文十九年（一五五〇）五月に穴生《あのう》で死去する。

幕府からの栄典下賜

長尾景虎の家督相続が伝えられたのは、こうした混乱のさなかだったが、近江に逃れた将軍とその関係者は、現在の苦境を乗り切るためにも越後の長尾の支援は不可欠と考え、為景や晴景と同等の栄典を景虎に与えた。義晴・義藤父子は景虎に対して白笠袋と毛氈鞍覆《もうせんくらおおい》の使用を許可し、景虎は礼として太刀一腰と三千疋の銭を献上した。おそらく京都にいた神余《かなまり》氏が調達して坂本まで持参したのだろう。そして天文十九年二月二十八日、献上品に対する礼を述べる内容の将軍足利義藤の御内書《ごないしょ》が作成された。このころ足利義晴は病中だったので、子息の義藤が御内書を出すことになったのである。

将軍足利義藤の御内書

大覚寺義俊の書状

この同じ日に大館晴光と大覚寺門跡義俊《だいかくじもんぜきぎしゅん》も景虎にあてて書状を書いているが、義俊の書状には「白傘袋・毛氈鞍覆御免の事、愛宕下坊申すに付き、上聞に達し候ところ、すなわち御内書を成され候」とみえ、景虎の依頼を受けた愛宕山下坊の幸海が大覚寺義俊に申請し、義俊から義晴（あるいは義藤）に披露した結果、義藤の御内書が出されたという経緯がわかる。またこの義俊書状の後段には「いよいよ本意に属し、在京を遂げ、忠功を抽んづべき儀、肝用に候なり」と書かれていた。近江逃亡中の将軍家を支える一員だった義俊は、自身京都に上って忠節を励んでほしいと景虎に要望したのである。

上杉定実の逝去

ちょうどこのころ、越後守護の上杉定実が逝去した。天文十九年二月二十六日のことである。定実には後継者がなかったので、越後守護家はこれで断絶したが、政務にはいささかの支障も起きなかった。すでに守護の権威は必要とされない時代になっており、

越後の国主

長尾景虎は名実ともに越後の国主ともいうべき存在になったのである。

景虎と政景の対立

家督を継いで一年あまり、景虎の政権は着実にその歩みを進めていたが、上田の長尾政景は簡単には景虎に従う姿勢をみせず、府内と上田の間の緊張は日増しに高まっていった。上田の北に位置する下倉城が景虎方の一つの拠点で、福王寺《ふくおうじ》彦八郎《ひこはちろう》らが城将として守りを固めており、天文十九年の九月、景虎は守将たちにあてて書状をしたため、苦労をねぎらっている。この段階では大きな戦いはなかったようだが、天文二十年（一五五一）になると、いよいよ両者の戦いが始まることになる。

景虎と政景の戦い

上田の北に位置する藪神《やぶかみ》の領主である発智《ほっち》長芳《ながよし》は上田の政景に属していたが、景虎方の軍勢に居城を攻められた。上田からも支援の軍勢が迫り、景虎方の軍勢は撤退したが、そのとき発智は自らの老母・妻室や子息たちを敵方に渡さざるを得なかった。宇佐美定満は景虎方だったが、広瀬の穴沢新右兵衛尉や小平尾・須加の小屋に籠る土豪たちは上田に与して戦い、政景から感状を与えられている。

中条と上野の攻防戦

やがて上田の軍勢が動き、二月二十一日、山を越えて中条玄蕃允《なかじょうげんばのじょう》の居城（中条城）に

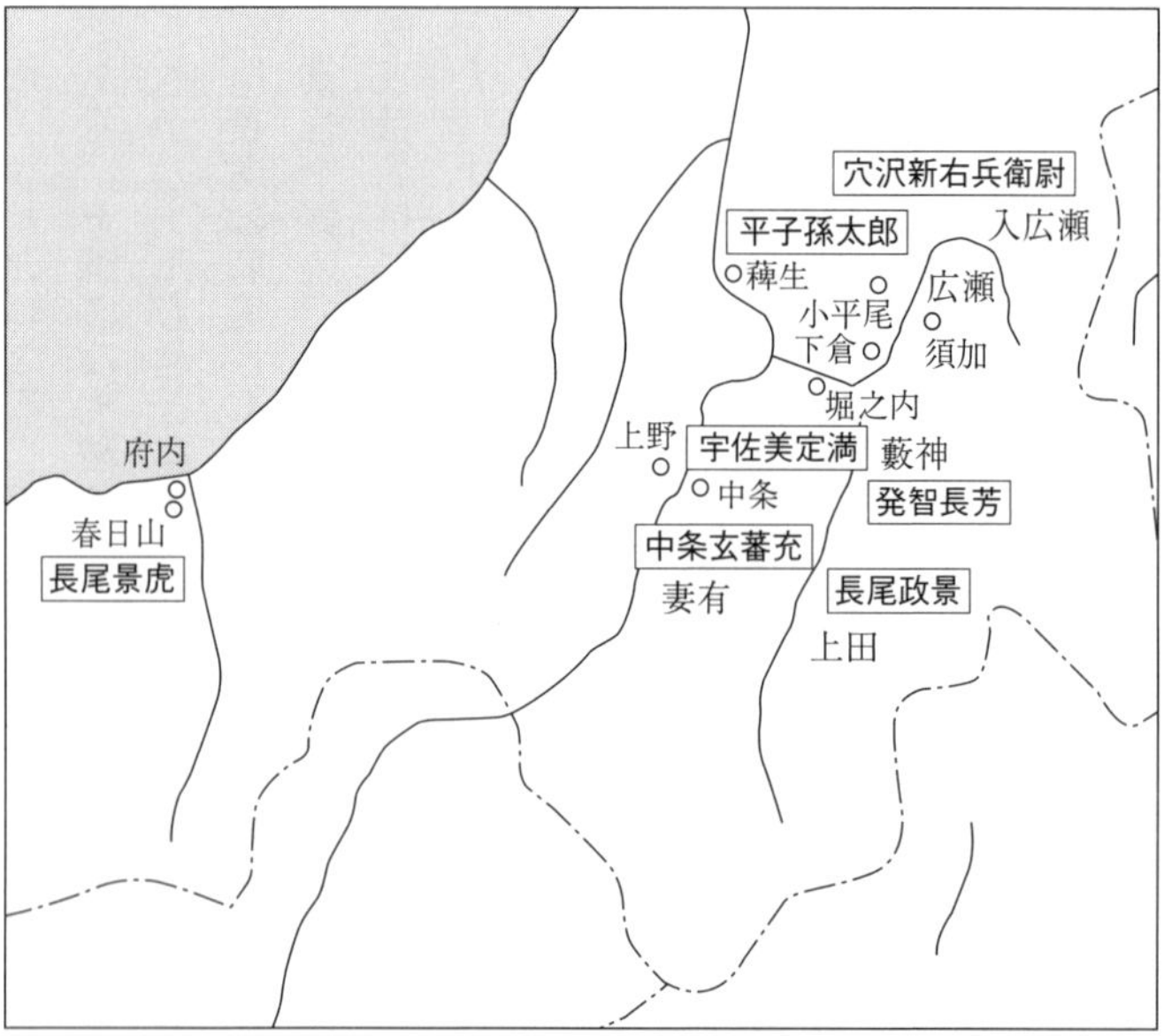

長尾景虎と長尾政景の戦い（『六日町史』通史編１をもとに作成）

攻め寄せた。このあと上田軍は信濃川を越えて上野を攻めたが、ここでの戦いでは敗北した模様である。三月十三日に景虎が中条玄蕃允にあてて出した書状に「今度上田の人数、上野の地動《はたら》きを成し候ところ、勝利を得、地利堅固にあい拘えらるる由、比類なく候」とみえ、中条らが奮戦して勝利を収め、「地利」を守りきったことがわかるのである。中条城主の中条玄蕃允は、上田勢に敗れたあと、信濃川を渡って上野城（現在の節黒城跡）に入り、上野家成と協力して上田軍を撃退したのだろう。

和睦の模索

上田の軍勢は信濃川《しなのがわ》を越えたものの、上野城を攻略することができず、あきらめて上田に帰っていった模様である。戦いを交えてみたものの、簡単には勝利できないと悟った政景は、和睦の道を模索しだし、景虎もこれに応じて「御無事」が調うかにみえたが、簡単に事は進まなかった。五月十五日に宇佐美定満が平子孫太郎にあてて出した書状の文面から、当時の状況をうかがうことができる。「上田と府内の御無事が調うというのはうれしいことです」と述べながら、「政景の御舎弟が御出府されると、御奉行衆から聞かされました。それで私も待っていたのですが、いっこうにその沙汰がありません。いったいどうなることでしょうか」と不安を漏らしている。政景の弟が府内に出仕するというのが和睦の条件として提示されたが、政景はなかなか実行しなかったのである。

景虎の出陣指令

こうした態度に堪えかねた景虎は、上田を攻めるために出陣すると公表し、国衆たちに準備を要請した。平子孫太郎は府内に飛脚《ひきやく》を遣わしていつ出兵がなされるが質問したが、七月七日に景虎重臣の大熊朝秀・本庄実乃・小林宗吉が連署の返書をしたため、詳しいことは使者が口頭で伝えるから、みなと相談して出陣してほしいと要請している。七月二十三日には景虎自身が平子あてに書状を書き、来たる八月一日に出陣するよう指示した。またこの書状で景虎は「去る春以来、上田のほうから和議を望んできたので、これに応じようと思っていたが、なにやかやと引き延ばして、困ったことをしている。

相手の計策が明らかになったので、とにかく早く攻め込むつもりだ」と、出陣に至ったいきさつを述べている。

景虎と政景の和睦

このように景虎は上田への出陣を予定していたが、まもなく和睦工作が進んだらしく、上田出兵は中止となった。不利を悟った政景の側が動いて、景虎もこれに応じることにしたのだろう。こうして景虎と政景の和睦が成立するが、両者の結びつきを確たるものにするため、景虎の姉が政景のもとに嫁ぐことになった。政景の年齢を示す確実な証拠はないが、享年が三十九歳であるという『羽前米沢上杉家譜』の記事を信ずれば、このとき二十六歳で（政景の死去は永禄七年〈一五六四〉）、景虎より四歳年長になる。政景に嫁いだ景虎の姉も、おそらく同じような年齢だったものと思われる。

国内の統一

長尾政景の帰順によって、越後国内に景虎に反抗する勢力はいなくなった。享禄三年（一五三〇）の上条定憲の挙兵以来二十年の間、しばしば内乱が起き、国内が完全に安定することはなかったが、ここに至って戦いは収まり、平和がもたらされた。年若い長尾家の当主は、ついに国内統一を実現させたのである。

四　関東と信濃への出陣

上杉憲政を越後に迎える

天文十八年（一五四九）の夏のころ、上野平井を本拠とする上杉憲政が越後の長尾景虎に出兵を要請し、景虎もこれに応えて出陣の準備をしたことは、前述のとおりである。この出陣は結局沙汰止みとなり、そのまま数年が経過したが、天文二十一年（一五五二）になって情勢は大きく転回する。北条氏の攻勢に耐えきれないと判断した憲政が、自ら平井城を出て越後府内の景虎のもとに逃れてきたのである。『武蔵国龍淵寺年代記』という書物に「天文廿一年正月十日、憲政平井を出で、北州越山」という記事があり、憲政が平井を出た日がわかる。景虎は憲政を迎え入れ、府内の一角に館を建てて憲政の邸宅としたが、ここはやがて「御館《おたて》」と呼ばれるようになる。

関東出兵の準備

早く関東に出陣してほしいと頼まれた景虎は、とりあえず使僧を上野に派遣して現地の情況を探らせ、この僧が帰国すると、関東出兵の準備に着手した。五月二十四日に憲政は上田の長尾政景に書状を出し、出陣の用意をしながら、あわせて「山中の路次」の整備をするようにと要請している。景虎の軍勢が関東に進む場合、一行は政景の本拠である上田に到り、上田からは山道（三国峠）を通って上野に入ることになる。この山道の整備は政景の役目と認識されていたのである。

景虎の関東出陣

七月三日に憲政は平子孫太郎にあてて書状を出したが、「爰元《ここもと》あい調い候間、近日上州打ち入るべく候。長尾弾正少弼談合あり、一途稼がるべく候」と書かれていて、近日中に景虎が上野に向けて出陣する算段になっていたことがうかがえる。そしてまもなく景虎は軍勢を率いて国境の山を越え、上野に入った模様である。武蔵北部の国衆である岡部左衛門尉の申請に応じて、その在所（北河辺矢嶋）において越後の軍勢が濫妨狼藉を行うことを禁じる内容の制札《せいさつ》を発給しているが、これが書かれたのは天文二十一年七月なので、景虎が七月のうちに上野に在陣していたことがうかがえるのである。

景虎の帰国

このように景虎は上野に出陣したが、敵と戦うこともなく、まもなく越後に帰った模様である。ただ越後の軍勢はしばらく関東に在陣していたらしく、十月二十二日に景虎は関東在陣中の庄田定賢《しょうださだかた》に書状を書いて慰問している。このときは景虎の重臣たちも連署の書状を庄田あてに書いたが、そのメンバーは大熊朝秀・本庄実乃と直江実綱《なおえさねつな》だった。かつて大熊・本庄とともに書状に連署していた小林宗吉は姿を消し、直江実綱が代わりに執行部に加わったのである。

北条氏と戦うことはなかったが、景虎はとりあえず憲政の要請に応えて関東出兵を果たした。主君筋にあたる山内上杉家を支援し、その再興を図っているという姿勢を具体的に示すことで、自らの存在をアピールしようとしたのだろう。そして同じようなことが信濃でも起こり、景虎は信濃にも出兵することになる。

武田晴信の信濃進攻

信濃の南にある甲斐国《かいのくに》では、守護の武田信虎《たけだのぶとら》が国内の統一を果たし、戦国大名として領国統治を進めていたが、天文十年に信虎の長男の武田晴信《はるのぶ》が家臣に擁立され、信虎が駿河《するが》に逃れるという大事件が起きた。武田家の家督を継いだ晴信は、まもなく信濃への出兵を始め、まず諏訪頼重《すわよりしげ》を滅ぼし、佐久郡《さくぐん》や伊那郡《いなぐん》も手中に収めて、深志の小笠原長時《おがさわらながとき》や葛尾《かつらお》の村上義清《むらかみよしきよ》と対峙した。天文十七年二月、村上義清は上田原で武田軍を破ったが、晴信はすぐに再起を図って七月には塩尻峠で小笠原の軍勢を破り、天文十九年には府中を制圧して小笠原長時を追い出した。

村上義清越後に逃れる

村上義清はしばらく戦いを続けていたが、天文二十二年（一五五三）四月、ついに葛尾城を出て越後に逃れ、長尾景虎のもとに身を寄せた。

信濃出陣の準備

越後の長尾家とは昵懇の間柄だった高梨政頼も居城を追われ、結局は景虎を頼ることになった。そしてこうした北信濃の国衆たちの要請を受けて、景虎も信濃出陣の準備を始めた。直江実綱が高梨政頼にあてて出した書状（七月三日）に「近日東条に向かい行《てだて》を致さるべきの由、これを申され、ただいまその調義半ばに候」とみえ、景虎が信濃の東条に向かって出陣すると言明して、準備を進めていたことがうかがえる。

信濃出陣の理由

武田晴信像（高野山持明院蔵）

最初の信濃出陣に関する史料は乏しいが、前にも取りあげた弘治二年（一五五六）六月の景虎（宗心）書状（天室光育あて）の信濃関係の記事の冒頭に次のようにみえ、その経緯がうかがえる。

　信州の儀、隣州勿論に候といえども、村上方を始めとして、井上・須田・島津・栗田、そのほか連々申し談じ候。ことに高梨事は、とりわけ好《よしみ》ある儀に候条、かたがたもって見除せしむべきに非ず。彼の国過半晴信手に入れられ、既に一変あるべき体に候間、両度出陣、（後略）

村上と高梨だけでなく、井上・須田・島津・栗田といった北信濃の国衆たちが、まとまって景虎に救援を求めてきていたのである。父親の為景も北信濃の内紛を収めるため自ら出陣したことがあったが、越後の府内と北信濃とは近隣なので、府内の長尾氏にとって北信の動向は、他国の問題として片づけられないという宿命を帯びていた。北信濃の国衆たち、特に高梨氏との関係は古くから密接だったので、彼らを救うために出兵するというのは、景虎にとってごく自然なことだったと思われる。

景虎の信濃出陣

まもなく景虎は信濃に出陣し、武田軍と戦いを交えた。この戦いについては越後側の史料はなく、相手の武田晴信が遺した文書にわずかな手がかりがあるのみである。弘治三年の三月二十八日、武田晴信は大須賀久兵衛尉という家臣にあてて感状を出しているが、その内容は「去る癸丑の八月、越後衆出張の砌、信州布施において、頸一つ討ち捕るの条、比類なき戦功の旨、いよいよ忠節神妙たるべきものなり。よって件の如し」というもので、癸丑の年（天文二十二年）の八月に「越後衆」が信濃に攻め入り、「信州布施」の地で戦いがなされたことがわかるのである。

布施において武田と戦う

先にみた直江実綱書状（七月三日）には、「東条」に向かって出陣することが予定されているとみえるが、この「東条」は尼飾城《あまかざりじょう》（東条城）のあるところで、海津城《かいづじょう》（松代城）の東北の要地にあたる。このとき尼飾城主は武田軍の攻撃に耐えており、景虎は救援のために東条まで進軍しようと計画していたのである。そして信濃に出陣した景虎は、「布施」の地で武田軍と一戦を交えた。「布施」は現在の川中島《かわなかじま》の一帯を含む地域で、長尾と武田の戦いが川中島の地で展開されたことがわかる。いわゆる第一次川中島合戦である。

五　一度目の上洛

北信濃の国衆たちの依頼を受けて景虎は信濃に出陣し、川中島で武田軍と戦ったが、まもなく越後に帰り、すぐに京都に向かった模様である。関東や信濃での戦いを進めるためにも、京都やその近辺の関係者とのつながりを確保する必要があると考え、こうした行動に出たのだろう。

弾正少弼に任じられる

長尾家の家督を相続した景虎が、近江にいる足利義晴・義藤父子との関係をただちに結び、白笠袋・毛氈鞍覆の使用を許可されたことは前述したが、続いて景虎はしかるべき官途に就けるよう交渉を重ね、天文二十一年（一五五二）五月には弾正少弼の官途を与えられた。将軍義藤から御内書を下された景虎は、義藤に太刀・馬と銭三千疋、さらに大鷹一本を進上したが、将軍だけでなく、大館晴光とその家臣の富森信盛、大覚寺義俊とその被官の渡辺盛綱と津崎光勝といったさまざまな人々に、それぞれ別途に太刀や銭などを進上し、六月には将軍義藤の妻室に樽代として五百疋を献じている。幕府の関係者とまんべんなくつながりを持とうという景虎の姿勢とこだわりがうかがえる。

上洛し後奈良天皇に謁見

天文二十二年の秋、景虎は上洛を決行する。北陸道を進んで京都に入り、天皇（後奈良天皇）への謁見を果たして、御剣と御盃を賜わった。天皇の女房がしたためた女房奉書《にょうぼうほうしょ》（宛所は広橋中納言）には「先度長尾景虎御覧ぜられ候。御剣・御盃賜び候につきて、別して奉公いたし候べき由申し候。神妙におぼしめし候。ことに長々在京し候、御感の事にて候由、よくよく仰せ聞かせられ候べく候。かしく」と記されていた。天皇は直接書状を出せないので、女房が特定の公家（ここでは広橋国光）にあてて奉書（女房奉書）を出し、景虎への伝達を頼む形を取ったのである。天皇に拝謁して御剣・御盃を賜わった景虎は、「別して奉公する」と約束し、天皇も感謝の気持ちを表わした。

綸旨の発給

女房奉書だけでなく、正式な綸旨《りんじ》も発給された。奉者は「権中納言」、宛所は「広橋大納言」（広橋兼秀）で、「平景虎、住国ならびに隣国において、敵心を挿《さしはさ》むの輩、治罰せらるるところなり。威名を子孫に伝え、勇徳を万代に施し、いよいよ勝ちを千里に決し、よろしく忠を一朝に尽くすべきの由、景虎に下知せしめ給うべし、てえれば、天気によって言上、件の如し」という文面だった。ここでも天皇から景虎にあてた文書は作れず、公家（広橋兼秀）に景虎への伝達を指示する形を取っているが、「住国ならびに隣国」において敵を治罰するように、天皇が自分に命令したことを示すお墨付きを、景虎は手にすることができたのである。

将軍義藤には会えず

景虎はこのように天皇や朝廷との関係を確保したが、将軍義藤やその関係者と交流した形跡は残されていない。長く近江にいた義藤は、やがて三好長慶と和睦して上洛を果たしたが、すぐに長慶との不和が表面化し、天文二十二年の三月、義藤は霊山城に籠って三好と戦う姿勢を示した。しかし三好長慶は反撃を始め、八月一日の戦いで義藤を撃破、敗れた義藤は竜華越《りゅうげごえ》を通って近江の朽木《くつき》に逃れた。長尾景虎が上洛したのは、将軍の敗戦からまもないころで、勝者である三好長慶も摂津《せっつ》の芥川にいた。京都には天皇しかいなかったのである。景虎はしばらく京都に滞在したが、戦い敗れて朽木に逃れたばかりの将軍に会いにいける状況ではなかったということだろう。

本願寺証如との交流

高野山参詣

宗心と号する

十一月十三日、京都を出て堺に着いた景虎は、石山（大坂）の本願寺の法主証如《しょうにょ》に音信として太刀・馬と銭千疋を進上し、証如は返礼として太刀と段子・嶋織物（実際には代物の銭）を景虎のもとに届けた。このあと景虎は堺を出て高野山に参詣し、京都に戻ったあと、徹岫宗九《てっしゅうそうきゅう》（大徳寺の前住）のもとに参禅して、「衣鉢法号」と「三帰五戒」を授けられ、「宗心《そうしん》」と号している。天皇との謁見を果たしただけでなく、本願寺や高野山、あるいは大徳寺派の僧侶といった宗教界のさまざまな勢力と関係を結び、一定の成果を収めたうえで、景虎は帰国の途についた。二十五歳の冬のことである。

第三　出奔事件とその前後

一　国衆たちの争い

家督を継いで数年のうちに、長尾景虎《ながおかげとら》は越後《えちご》国内の統一を果たし、隣国の人々の要請を受けて関東や信濃《しなの》に出陣、さらには自身京都に上って天皇に拝謁した。その政権は順調に歩みを進めているかにみえたが、越後の国内ではさまざまな問題が起きていた。ことに各地に勢力を張る国衆《くにしゅう》どうしの争いはなかなか収まらず、景虎にとって大きな悩みの種となってゆく。

中条と黒川の争い

越後北部の奥山荘を本拠とする中条氏と黒川氏は、ともに三浦氏の一族で、鎌倉時代以来の歴史を誇る名門だった。互いの所領の境界部分にある土地をめぐって争いを繰り返してきた経緯があり、景虎の時代になってこれが再燃したのである。景虎もこのことを気にかけて、内々に周囲の人から事情を聞き、越後中部の拠点にあたる三条にいる山《やま》吉政久《よしまさひさ》に、両者の調停をしてほしいと頼んだ。府内は遠いので、比較的近くにいる山吉に依頼したのである。天文《てんぶん》二十一年（一五五二）六月、山吉は使僧を黒川清実《くろかわきよざね》のもとに遣わし、清実も山吉にあてて返書を書いているが、事は簡単には収まらなかった。

景虎の和睦工作

この年の十二月五日、景虎は北越後の国衆の色部《いろべ》勝長《かつなが》にあてて書状を書き、自分の調停に従って、中条と和睦するよう、黒川を説得してほしいと頼んでいる。色部は黒川のすぐ北にいたので、このような依頼をしたのである。この書状の中には「間の宿意と号し、取りあい尽期なきにおいては、大途として然るべからず候」という一文がある。「大途」は広い領国を統治する公権力を指す言葉だが、景虎は越後一国を統べる「大途」の立場から、国衆たちの争いを放置できないと思い、自身調停に乗り出したのである。しかし和睦は簡単にはまとまらず、問題が解決されないまま数年が経過する。

上野と下平の争い

熾烈な争いを続ける国衆はほかにもいた。魚沼郡《うおぬまぐん》の信濃川《しなのがわ》沿い（のちの中魚沼郡）の川西地域に並び立っていた上野《うえの》家成《いえなり》と下平修理亮が、境目にあるわずかの土地をめぐって対立を深めていたのである。前にも述べたが、上野家成は本庄実乃《ほんじょうさねより》を「奏者」と仰ぎ、その「指南」を受けていたし、対する下平は大熊朝秀《おおくまともひで》に「指南」される立場だったようである。天文二十三年（一五五四）の春、互いの言い分を「一書」にまとめて提出させ、府内（春日山）で審理がなされて、結局下平の主張が認められることになった。本庄実乃も納得して、上野家成に結果を伝えたが、家成はまともに返事をしなかった。

争論の経緯と景虎の隠退表明

下平の勝訴が決まったあとの三月十六日、大熊朝秀は本庄実乃にあてて書状を書いたが、その冒頭には「昨日は殿様御機嫌よく御座候らいて、貴所我々も仕合わせよく罷り帰り候事、満足に存ぜしめ候。定めて御同意たるべく候」とみえ、この前日に景虎と大熊・本庄が同席して議論をしており、うまく話がまとまって景虎も上機嫌だったことがうかがえる。「殿様御機嫌よく御座候らいて」と大熊がわざわざ書いていることからみて、景虎が上機嫌なのは珍しかったのだろう。ところが上野家成がなかなか裁定に従わず、問題解決が先延ばしになっているのをみて、景虎の心持ちは一転し、「隠退したい」と言い出した。三月二十三日の上野家成の書状（本庄実乃あて）には「よって下平へ拙者申し結ぶ子細、殿様御隠居なさるべきの由、仰せ出だされ候間、諸公事停止なさるるの由、貴殿直に承り候らいて、下平も拙夫も罷り下るべき由、大備より捻《ひねり》を給わり候間、（後略）」と書かれていて、景虎が隠居したいと言い出したことにより「諸公事」が停止となり、上野と下平にも在所に下るようにと指示がなされたことがわかる。詳しいことはわからないが、なかなか問題が片づかないのにいやけがさして、景虎が隠退したいと表明するという、たいへんな事態になったのである。

上野家成は頑強に抵抗し、問題の土地の下平への交付は実現されないまま年月が過ぎた。景虎の隠退騒ぎのほうは、まもなく収まったらしく、弘治《こうじ》元年（一五五五）に景虎は二度目の信濃出陣を果たす（詳細は後述）。そして信濃から越後に帰るとまもなく、懸案だった中条と黒川の争いを解決しようと新たな算段を始めた。長慶寺の住持だった天室光育《てんしっこういく》に、両者の調停を依頼したのである。

天室光育の調停

天室光育は林泉寺《りんせんじ》の住持もつとめた府内随一の名僧で、人々の尊崇を得ていた。こうした人物にお出ましいただき、府内に来ていた中条と黒川をなんとか説得してもらおうとしたのである。十一月四日、天室は中条藤資《なかじょうふじすけ》にあてて書状を書き、「黒川がいろいろ言っているけれども、その要求が認められそうなのは、鼓岡と名津居の二ヵ所だけで、そのほかについては景虎も納得していない」というように、状況を具体的に伝えている。そののち景虎が何らかの裁定を下し、中条藤資はこれに従って誓書（起請文）を提出したが、黒川清実はいろいろ言い分を述べたようで、景虎は清実に書状を出して、なんとか自分の意見に従ってほしいと頼んでいる。黒川がどう対応したかはわからないが、納得させるのは難しく、問題は解決に至らなかったものと思われる。

二　二度目の信濃出陣

刈羽郡への出陣

弘治元年の正月ごろ、長尾景虎は春日山城《かすがやまじょう》を出て刈羽郡《かりわぐん》に出陣した。二月三日に景虎重臣の大熊朝秀・本庄実乃（入道宗緩）・直江実綱《なおえさねつな》が安田景元《やすだかげもと》にあてて連署の起請文を書いているが、「今度《このたび》善根《ぜごん》の一儀につきて、ふとこの口出陣致され候ところ、御骨肉に参られ、御代々御筋目勿論に候といえども、無二宗心前御馳走あるべき御覚悟をもって、最前に仰せ合わせられ候。誠にもって御頼もしく大慶に候」と冒頭にみえ、長尾景虎（入道宗心）が「善根の一儀」に関わって「この口」（刈羽郡）に出陣し、安田長秀がすぐに景虎に従って奔走すると誓約したことがわかる。

北条高広の反乱か

景虎が出陣した契機は「善根の一儀」だった。善根は刈羽郡の地名で、北条氏《きたじょうし》（毛利氏一門）の本拠の北条城の南にあたる。この「善根」のあたりにいた勢力が反抗したため、景虎とその配下の武将たちが出陣したということらしい。敵対者については確証がないが、北条城主の北条高広《きたじょうたかひろ》（丹後守）が武田晴信《たけだはるのぶ》と通じて反乱を起こしたと、古くから推測されている（『越佐史料』など）。その根拠となるのが、十二月五日に北条高広にあてて出された武田晴信の書状である。「いまだ申し通ぜず候といえども、啓せしめ候。そもそも先日承り候旨、真実に至りては、大慶満足に候。向後は他に異なり入魂致すべく候。同意本望たるべく候」という文面で、北条高広のほうから武田晴信に味方になるとの意向が示され、晴信が喜んで書状を遣わしたことがわかる。この書状を天文二十三年（一五五四）のものとすると、この年の暮れに北条の離反が明らかになり、翌年正月に景虎が出陣したということでつじつまがあう。確証はないが、善根は北条氏の勢力下にあるので、北条高広が武田晴信と密かに連絡を取って決起したと、とりあえずは考えておきたい。

安田景元にあてた書状

この反乱はまもなく収まったらしく、二月十三日に景虎（宗心）は安田景元にあてて書状を書き、感謝の気持ちを伝えた。「今度の一儀につき、最前より別して御かせぎ、誠に御頼もしく、本望これに過ぎず候。ことさら在陣中種々御懇意、これを謝し難きばかりに候」と前段にみえ、安田が景虎の在陣中に何かと協力してくれていたことがうかがえる。そして書状の後段には「これらの儀、何様態《わざ》と使者をもって申し宣《の》ぶべく候。それまで遅々、無沙汰の様に候間、まず脚力をもって啓せしめ候」と、飛脚《ひきやく》で書状を遣わした理由が述べられている。「なんとか使者を派遣しようと考えていたが、すぐには難しい。このまま遅らせるのもどうかと思い、とりあえず書状を書いて飛脚に持たせたのです」というわけである。協力してくれた国衆の気持ちをつなぎとめておくため、景虎もけっこう気を遣っていたのである。

二度目の信濃出陣

春日山に戻った景虎は、休む間もなく二度目の信濃出陣の準備を始めた。四月になると軍勢を率いて出発し、十八日に山を越えて信濃に入り、二十五日には敵陣の数ヵ所を放火し、旭要害を再興してここに陣を置いた。五月十日、景虎は出羽《でわ》藤島城主の土佐林能登入道（大宝寺義増の家臣）に書状を書き、信濃在陣の経緯を述べたが、書状の後段で

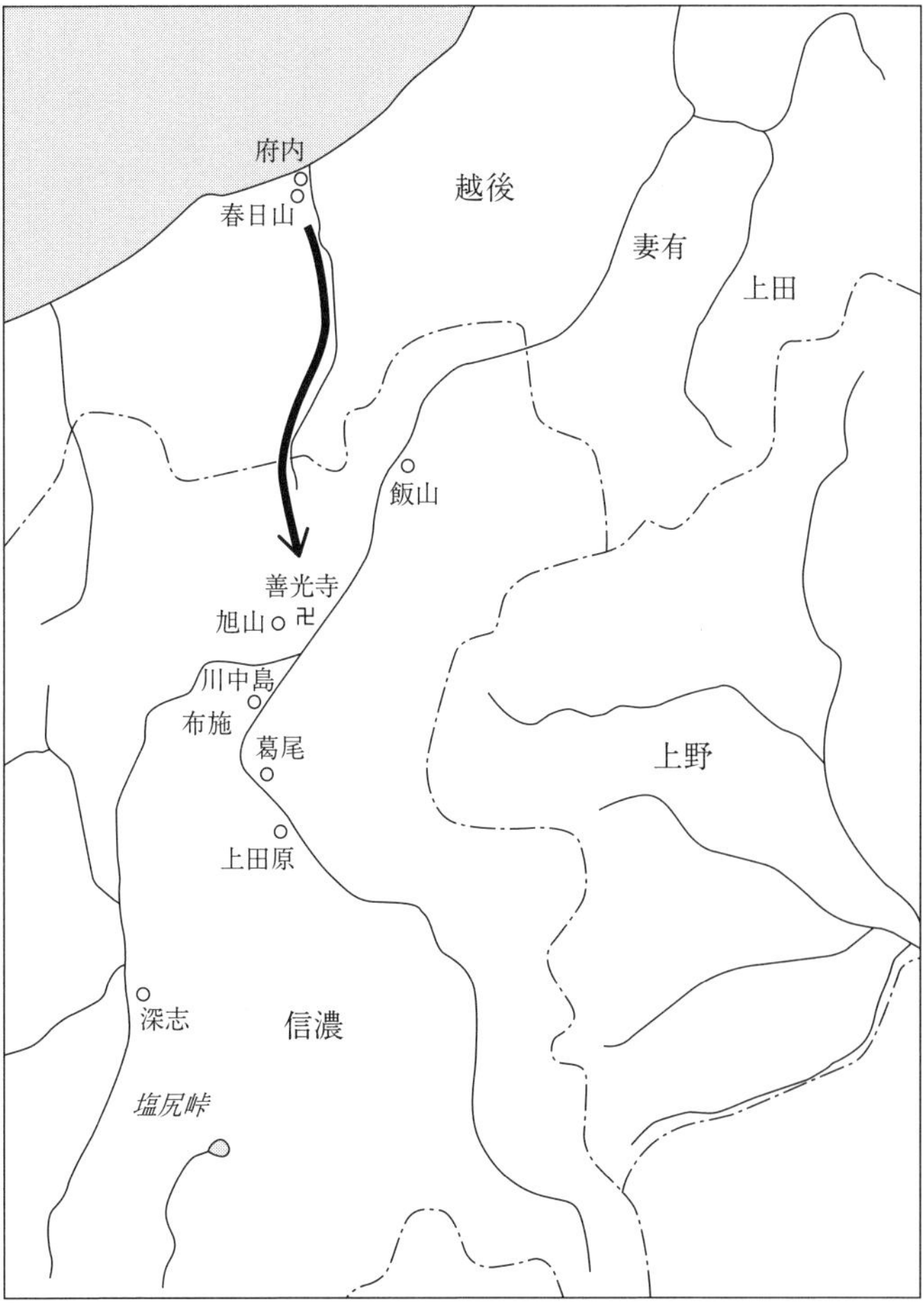

長尾景虎の信濃出陣（『六日町史』通史編１をもとに作成）

「如何とも武略を廻らし、晴信引き出し、一戦を遂ぐべき覚悟に候。その上、敵地より種々申し刷《つくろ》う旨候。ここにより、近日はまず動《はたら》きをあい延べ候」と現在の状況を伝えている。「なんとかして晴信を引き出し、一戦に及びたい」と考えているが、敵からいろいろ交渉も受けているので、とりあえず戦いは引き延ばしている、というわけである。

はるばる信濃まで来たものの、武田軍も行動を起こさず、在陣は長期に及んだ。七月十九日には川中島《かわなかじま》で戦いがあった模様で、武田晴信が家臣にあてた感状《かんじょう》が残っている。しかしまともな戦いはこの日だけで、その後も両軍のにらみあいが続いた。

家臣たちの誓約書

越後の国衆たちも長陣に飽き、早く帰国したいという空気が広がっていったものと思われるが、こうした中、景虎は在陣中の家臣たちから五ヵ条の誓約書を提出させた。一条目は「景虎何ヶ年御張陣候とも、おのおの儀は如何とも候らえ、拙者一身の事は、無二御掟次第、在陣これを致し、御出馬の前において走り廻るべき事」という文面である。「ほかの人はともかく、自分だけは、掟に従って在陣し、景虎が御出馬されたときはがんばるつもりです」と誓約しているわけだが、こうした文案は景虎あるいはそのとりまきが作成し、国衆たちがこれを写しとって誓約書を作ったものと思われる。景虎も家臣たちを引きとめるのに必死だったわけだが、いつまでも在陣を続けるわけにもいかなくなった。

今川義元の和睦調停

こうした中、駿河《するが》の今川義元《いまがわよしもと》が調停に乗り出して、景虎と晴信の和議がとりあえずまとまり、越後の軍勢も自国に引きあげることになった。このたびの対陣と和睦の経緯について、甲斐の寺院に遺されている『勝山記』（妙法寺記）は次のように伝えている。

武田側の記録が伝える経緯

さるほどに、この年七月廿三日、武田晴信公信州へ御馬を出され候。さるほどに、村上殿・高梨殿、越後守護長尾の景虎を頼み奉り、同じく景虎も廿三日御馬を出され候らいて、善光寺に御陣を張りめされ候。武田殿は三十里この方なる大塚に御陣を成され候。善光寺の堂主栗田殿は旭の城に御座候。旭の要害へも、武田晴信公人数三千人、さげはりを射るほどの弓を八百張、鉄炮を三百挺から御入れ候。さるほどに、長尾の景虎、細々責め候らえども叶わず、ついには駿河今川義元御扱いにて和談なされ、閏十月十五日に互いに御馬を入れめされ候。以上二百日にて御馬入れ申し候。さるほどに、人馬の労れ申すばかりなく候。

長尾景虎は善光寺、武田晴信は大塚に布陣した。景虎はいろいろ攻め込んできたけれどもうまくいかず、今川の調停で和談になった。武田の立場で記述されている『勝山記』は、景虎の側が困ってしまって和談になったのだと経緯を説明している。

景虎の認識

景虎自身の認識は、これとはかなり異なっていた。弘治二年六月の景虎（宗心）書状（天室光育あて）には信濃に関わる記事もみえ、その前段（信濃出兵を始めた経緯）については前に紹介したが、これに続いて次のような記述がみえる。

去年の事は、旭の要害に向かい新地を取り立て、敵城擒《とりこ》に致すの上、晴信に対し興亡の一戦を遂ぐべきのほか、よんどころなく候ところに、甲陣浮沈に及び、駿府に属し、無事の儀さまざま悃望《こんもう》、誓詞ならびに条目以下あい調えらるるの上、いろいろ義元御異見の間、万障をなげうち、旭の地悉く破却せしめ、和与の儀をもって馬を納め候。

武田の和睦要請に応えたと主張

景虎は旭の要害を新しく築き、敵の城を抱え込んで、武田との決戦をしようと待っていた。そうしたところ、武田のほうが耐えられなくなって、駿河の今川を通じていろいろのことを願い出、誓詞（起請文）や条目（誓約内容を示す文書）を調えてきた。今川義元もいろいろ意見してきたので、景虎も万障をなげうって旭の要害を破却し、とりあえず和議を結んで信濃から越後に帰った。景虎が書状で示したことの経緯はこうしたもので、和議は武田の側から提示され、自分はこれを受け入れたのだと主張している。

和議の成立

どちらが先に停戦を希望したかは定かでないが、対陣を始めてから七ヵ月も経過して、双方ともこれ以上の長陣は困難な状況になっていたのだろう。駿河の今川義元は武田晴信と領国を接し、友好関係にあったから、今川に調停を依頼したのは武田の側だろうが、景虎もこれを受け入れて帰陣を決意したのである。閏十月十五日のことだった。

景虎の陣所

この対陣において、景虎は「旭の要害」を新たに築いて陣所としたと述べ、『勝山記』

では景虎は善光寺に布陣したと記している。また『勝山記』には「善光寺の堂主栗田殿」が「旭の城」にいて、「旭の要害」にも武田軍が籠ったと記されている。この「旭の城」は長野市平柴にあった旭山城で、武田方の「栗田殿」が籠城し、景虎はそのそばに新たに「新地」を取り立てて布陣し、「旭の城」を攻めようとしたということだと思われる。善光寺のある平地（善光寺平）は旭山城のすぐそば（東北にあたる）にあるので、景虎の率いる越後軍は善光寺平の各所に陣取っていたと考えられる。「景虎は善光寺に布陣した」という『勝山記』の記載は信用に価するとみてよかろう。

善光寺の栗田氏

古代以来の伝統を誇る善光寺を統括していたのは堂主の栗田氏だったが、当時は二つの家に分かれ、大御堂主の「里栗田氏」は景虎に属し、小御堂主の「山栗田氏」は武田に従っていた。そして景虎が越後に帰ったとき、「里栗田氏」もともに信濃を離れて越後に移り、景虎に仕えることになったという（『越佐史料』の按文）。そして景虎は帰陣にあたって、善光寺大御堂の本尊を持ち出し、春日山の城下に御堂を築いてこれを安置した。そしてこの場所はいつしか「善光寺町」と呼ばれるようになるのである。

善光寺の本尊を携えて帰国

三　天室光育に託した書状

景虎の長文の書状

長く続いた信濃での対陣も終わり、景虎も家臣（国衆）たちも本国に帰って、平穏な日々が戻ったようにみえたが、問題は山積していて、景虎を悩ませていた。そして半年ほど過ぎたころ、越後で大事件が起きる。国主の地位にあった景虎が政務を投げ出して、国外に出かけると言い出したのである。

この一件の経緯はよくわからないが、景虎が隠遁を決意した理由については、弘治二年（一五五六）六月二十八日に景虎（当時は宗心と署名している）が長慶寺住持の天室光育にあてて書いた長文の書状からうかがうことができる。宛所は「長慶寺衣鉢侍者禅師」で、天室光育に仕えている僧侶にあてる形を取り、書状の末尾にも「この旨御披露に預かるべく候」とあって、この僧侶から天室に披露してほしいと頼んでいるが、目上の人に書状を出すときには相手の配下の者を形式的な宛所にすることが多いので、実質的には天室光育本人にあてて書いた書状とみてよかろう。

天室光育に家臣への伝達を依頼

書状の構成

謹んで言達。今度宗心身上の儀において、両使をもって条々申し展べ候段、定めて聞こし召し届けらるべく候。なおもっておのおのにも仰せ聞かさるべきため、一書を捧げ候。

長文の書状はこうした文章で始まる。かつて景虎から天室光育のところに「両使」を派遣して、自分の「身上」のことについて申し述べたが、「おのおの」（家臣たち）にも自分の気持ちを伝えてほしいと思い、一書を捧げることにしたと、書状作成の動機を端的に述べている。自分の気持ちを書き連ねて師と仰ぐ天室に伝え、これを居並ぶ家臣たちに伝達してほしいというわけである。

このあと「一、当国数年錯乱の儀、淵底御見聞の前に候。（後略）」と始まる一条目が

上杉謙信并二臣像（常安寺蔵）

あり、次に「一、信州の儀、（後略）」と始まる二条目が続き、そのあと「一、この名字関東より罷り移り、当国の行事の儀、安からざる子細どもに候。（後略）」という三条目があって、これがいちばん長文になっている。そして全体のしめくくりとして次のような一文が置かれる。

末尾の文章

返すがえす、今般の出奔の事、別意の様に沙汰せしむる族もこれあるべく候間、愚意のあらまし、尊意啓上の条書をもって、俄に認《したた》めさせ候間、草案に及ばず筆に任せ候。定めて文章の前後、重ね字、落とし字など繁多、他見の嘲り憚り入り存じ候。ただ筋目ばかり御納得、仰ぐ所に候。この旨御披露に預かるべく候。恐々敬白。

いろいろ取沙汰されては困るので、自分の気持ちを書いてみようと思い立ち、紙に書き連ねた。草案を作って内容を吟味し、清書したというようなものではないので、ミスも多いだろうが、趣旨を理解していただければありがたい、というわけである。景虎はとりあえず筆を執り、頭に浮かんだことを次々に書き連ねていったのである。

一条目

最初の一条目は「当国数年錯乱の儀、淵底御見聞の前に候。なかんづく、宗心先祖以来、屋形に対し忠あり誤りなきのところ、ややもすればこの名字を断絶せらるべき擬《あてがい》、一代ならず候」と始まり、父親や自分の功績と国衆たちの動きが語られる。

父の功業と国衆の対応

まず父の長尾為景《ためかげ》の功業を書き連ね、「御一家を始めとして、外様諸傍輩悉く道七かせぎをもって、忠賞に宛て行なわれ候。この厚志紛れざるのところ、その芳志を黙止し、国中の衆同心これあり、謀叛を企つるといえども、仮令道七団扇をもって、二十ヶ年に及び鉾楯越度《おちど》なく候らいき」と、この時代の国衆たちの対応を非難している。為景から恩賞を与えられていたのに、恩を忘れて謀叛を企てたということだが、越後北部の国衆たちがまとまって上条定憲《じょうじょうさだのり》に応じ為景に対抗した天文初年のころのことを指しているものと思われる。

自身の経験と功績

景虎の頭にまず浮かんだのは、父親の功績と国衆の対応だったわけだが、このあと自身の経験にも筆が及ぶ。

> さりながら、道七死期の刻、膝下まで凶徒働き至る体に候間、まことに甲冑を着し葬送を調え候らいき。その以後、兄に候晴景病者ゆえか、奥郡の者上府を遂げず、間の宿意と号し、我儘《わがまま》の働き際限なく候。宗心、若輩ながら、且つは先考、且つは名字の瑕瑾《かきん》を存ずるゆえ、ふと上府せしめ、春日山罷り移り、何とやらん国中形の如く静謐《せいひつ》。おのおのも昨今に至るまで、まずもって馳走致さるる分に候か。

長尾為景の差配のもと、戦いは収まっていたが、国内が安定していたわけではなく、為景が死去して晴景の時代になると、「奥郡の者」、すなわち北越後の国衆たちが、病気がちな晴景を侮って府内に出仕せず、「間の宿意」と号して（長年の恨みつらみを主張して）

わがままな振舞いを続けた。こうした状況の中、自分（宗心）は「父親のことを思い、長尾の名字に傷をつけないために」府内に移り、春日山城に上って、なんとか越後の国内を静めることに成功した。このように自身の功績を簡略に表現しているが、そのあと「みんなもこれまでは、まずまずがんばってくれていたではないですか」と家臣たちのことに言及している。「最近までは自分といっしょに奔走してくれていたではないか」というところに、当時の家臣に対する景虎の気持ちが集約されているといえる。

二条目

信濃の国衆を救う

ここまでが一条目で、続いて信濃のことをまとめた二条目に移る。越後における父親と自身のことを書いているうちに、信濃のことが頭に浮かんだのだろう。「一、信州の儀、隣州勿論に候といえども、村上方を始めとし、井上・須田・島津・栗田、そのほか連々申し談じ候。殊に高梨事は、とりわけ好《よしみ》ある儀に候条、かたがたもって見除せしむべきに非ず。（後略）」というように、信濃北部の国衆たちとは懇意にしているので無視できないと述べ、武田晴信に攻められてたいへんなことになったので、二回信濃に出陣したとこれまでの経緯を記している（この部分の記事については前述）。そして最後は「これにより、彼の国の味方中、今に安泰に渡らせられ候。自讃の様に候といえども、宗心助成せしめず候らわば、おのおの名絶疑いなく候」と結ぶ。自分が信濃に出陣したおかげで、北信濃の国衆たちは安泰でいられる、「自慢じゃないが、私が助けてやらなかったら、みんな滅亡していたことだろう」というわけである。

景虎はここまで越後と信濃の国衆のことを述べている。序文にみえるように、この書状はかつて配下にいた国衆（家臣）たちに対するアピールで、景虎はまず国衆たちに自分の功績を説いたのである。ただこれだけでは不十分だと思ったらしく、ここからあらためて筆を執り直す。長文の三条目である。

三条目

三条目の冒頭には「この名字、関東よりまかり移り、当国の行事の儀、安からざる子細ともに候。自然当代に至り不足の儀これあらば、堪え難く候間、いよいよ当家の意趣を揚げ、家中までも純熟たるべきの心底に候ところ、皆ども覚悟まちまちゆえか、悉皆見除の体に候。この分にありては果たして続き難く候間、所詮進退を改むべきのほか他なく候」とあり、今回の行動に至った事情が端的に語られる。「長尾家が関東から越後に移ってからというもの、いろいろとたいへんだった。自分の代で不足のことがあったら恥ずかしいので、家の名誉を高め、家中も豊かになるようにと思ってきたのに、みんなの気持ちがまちまちなのか、まったく見放されている状態だ。こんなことではとても続けられないので、隠退するしかなくなりました」。自分はがんばっているのに、家臣たちの理解が得られず無視されているので、もう続けられなくなった、ということである。

長尾家歴代の活躍

このあと景虎は先祖にあたる長尾家の歴代の活躍のさまを、時代を追って書き連ねる。長尾高景は中国までその名を知られた人物だった。長尾実景は結城《ゆうき》合戦《かっせん》で活躍し、将軍から栄典を与えられた。長尾頼景・重景は関東で軍功を挙げ、祖父にあたる能景も関東に出陣して敵の要害を陥落させた。父の為景は生涯で百余度も戦った英傑だった。このように先祖の功業を述べたあと、自身のことに筆が及ぶ。

自身の功績

> 去りてまた、宗心事、幼稚の時分父に後《おく》れ、程なく古志郡にまかり下り候ところ、若年と見懸け、近郡の者ども方々より橡生（栃尾）に向かい地利を取り立て、あるいは不慮の動《はたら》きを致し候間、その妨戦に及び候。文武の儀というに、断太公、越王勾践《こうせん》は、范蠡《はんれい》に佐《たす》けられて会稽《かいけい》の恥を雪《すす》がれ候。ここに宗心は、その刻《きざみ》幼にして師なし。然りといえども、愍ろに弓箭の業を受け、代々の軍刀をもって諸口において大利を得、凶徒を討つことその数を知らず候。結句この家の事をも少々再興。あまつさえ、先年物詣での刻、内に参り、天盃・御剣これを頂戴す。父祖以来はじめてかくの如き仕合い、まことに名利、過分至極に候。そのほか御免の儀どもこれ多く候といえども、委細知ろし召され候上、申し達するに及ばず候。

「自分は若くして父を失い、まもなく古志郡に下ったところ、若年と侮って、近郡の者たちが対抗し、戦いを仕掛けてくることもあった。越王勾践は范蠡に補佐されて宿願を果たしたが、幼い私にはこうした名臣がいなかった。それでも「弓箭の業」を受け継いで戦いに勝利し、敵を多く討ち取って、長尾家もなんとか再興させた。そればかりか、先年には物詣での途中で天皇に拝謁し、天盃と御剣を賜わった。これは父祖以来初めてのことで、名誉ははかりしれない。ほかにもさまざまな栄典に浴したが、このことはみなご存知でしょう」。敵対勢力を破ってなんとか長尾家を再興させ、天皇や将軍とのつながりも確保した自らの功績を、記憶をもとに書き連ねたのである。

厳しい現状

「長尾家の名誉のために、自分はがんばったのだ」と、景虎は主張したかったのである。しかし現実は厳しく、家臣たちをうまくまとめられない状況になっていた。こうした現状と自らの身の処し方について、景虎はきわめて具体的に書き込んでいく。長文の書状のクライマックスの部分である。

然らば国中も豊饒に候ところ、永くここもとにあり、横合い出で来たり候上、今までの功作、徒《いたずら》になり、また召し仕いの者ども前もいよいよ曲なく候。古人も「功成り名を遂げて身退く」と承り及び候の間、拙身もこの語を受け、遠国へまかり越すべき心中の儀定まり候。

幸いこの家中、譜代の者歴々これある事に候間、談合を遂げ相談すべき事簡要（肝要）に候段、尊慮を加えらるべく候。宗心似合いの異見これを致す時分は、何れも難除致され候間、兎角遠境にあり、この国のていたらく承り及ぶべく候。おのおの相談候らわば、定めて日を逐って安全たるべく候や。ただし、隣州の様見聞の時は、さしたる儀あるべからず候か。たしかに何とやらん申す鳥の寿命の如くたるべき由、推量せしめ候。

隠遁を決意した事情

「自分はこんなにがんばって、越後国内も豊かになった。それなのに、いつしか「横合い」の者がはびこって、今までの功績も無駄になり、近臣たちも従ってくれないありさまだ。「功成り名遂げて身退く」と古人もいっているので、私もこの言葉のように、（越後を出て）遠国に行く決心をした」。このように自身が隠遁を決意した事情を端的にまとめているが、このあと残された家臣たちの行動についての言及が始まる。「幸い長尾家の家中には譜代の歴々がいるので、みんなで相談することが大事だと伝えてください。私がいろいろ意見すると、家臣たちも無視できないだろうから、とにかく自分は遠境にいて、この国（越後）のようすを観察してみるつもりです。みんなで相談すれば、日がたつごとに平穏になることでしょう。ただ、隣国のことを見聞きしていると、たいした問題はないといえるかどうか。なんとかいう名前の鳥の寿命のようになってしまうのではないかと、推量しています」。自分がいなくなっても、家臣たちが相談して事を進めれば大丈夫だと言いながら、信濃などの隣国の様子を考えると先々が不安だと、皮肉を込めた一文を書き入れているのである。

四　出奔事件の結末

長文書状の趣旨

自身の思いを書き込んだあと、前に取りあげたまとめの文章を置いて、二千字近くに及ぶ長文の書状は書き上げられた。長尾家の名誉を高めるために、これまで自分は尽力し、かなりの成果を挙げてきたが、家臣たちが従ってくれないので、引退して遠くから越後のありさまを見届けるつもりだ、というのが全体的な趣旨である。前述したように、国衆相互の争いはなかなか解決をみず、景虎が一時引退を表明したこともあるので、家臣たちの争いが引退を決意した理由の一端だと思われるが、いちばんの問題は景虎本人と家臣たちの間に存在していたとみるほうが適切だろう。越後国内の統一を果たした景虎は、信濃の国衆たちの要請を受けて二回にわたって信濃に出陣し、越後の国衆（家臣）たちもこれに従って在陣したが、ことに昨年の張陣は半年にも及び、家臣たちの間にも不満が蓄積されていたのだろう。また景虎は家督相続の直後から京都近辺にいる将軍やそのとりまきと関係を結んで栄典に浴し、上洛して天皇に謁見したこともあった。こうしたことは大名の外交上必要で、長尾家の名声を高める効果をもたらしたが、そのため

景虎と家臣の間の矛盾

の出費もかなりかさんで、大名家の経済に影響を及ぼしていたと思われる。景虎の行動は積極性に満ちていたが、大名があまりに活動的だと、その命令を受けて動き回らざるをえない家臣たちにとっては苦痛の種になる。詳細はわからないが、こうしたことが重なる中で多くの家臣が不満を表明し、景虎も立場を失っていたのではあるまいか。

家臣たちの対応

景虎が天室光育にあてて書状を書いたのは弘治二年（一五五六）六月二十八日である。このときどこにいたかはわからないが、天室のいる春日山に近いところに滞在して、ここから書状を送り届けたものと思われる。このあとの経緯は史料がなくわからないが、主君の出奔という現実に直面した家臣たちは、独自の政権を樹立するという選択をせず、景虎の引き戻しを図ることになった。交渉の結果、景虎もこれを受け入れて帰国し、長尾政景にあてて一通の書状をしたためた。八月十七日のことである。

長尾政景にあてた書状

連々申し旧《ふ》り候ごとく、越後に万端退屈ともに候。ご存知のごとく、病者といい、かいがいしき者をも持ち申さず候間、越州まかり立ちて以来、不通に、国の望み存じ切り候。はるばる他国滞留候といえども、退屈せしめ、まかり下りたき儀、これなく候。隠遁に及び候とも、更に国衆御造作まかりなるまじく候か。

かくのごとき心中、偽り御座なく候らえども、貴所をはじめ、国中の面々の心責、黙止し難きといい、去りてまた、弓矢を遁れ候様、自他ともに批判これあるべく候

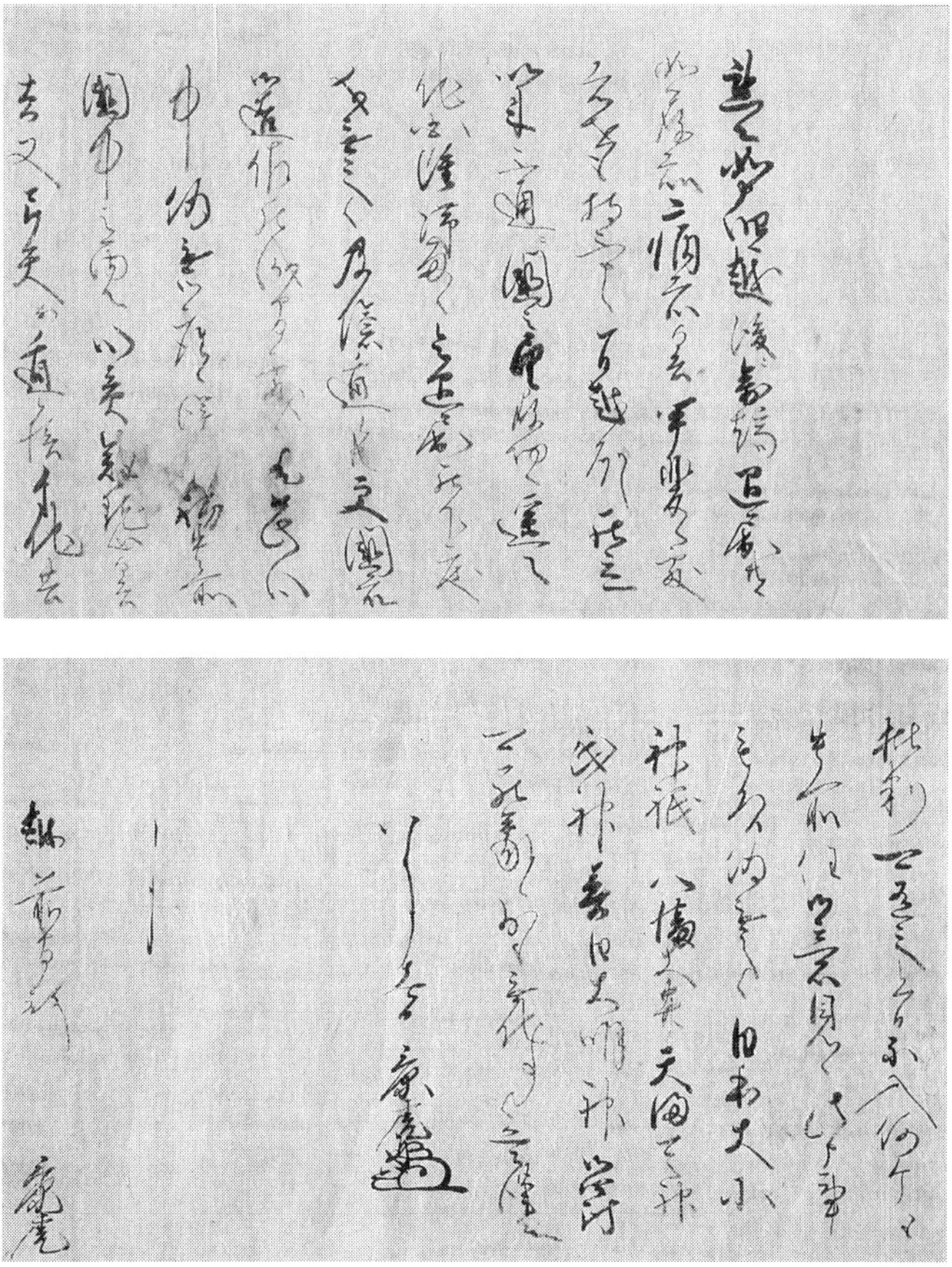

長尾景虎書状（長尾政景あて，米沢市上杉博物館蔵）

間、何かも入れず、貴所御意見に任せ候。この申し事、毛頭偽りこれなく候。日本大小神祇、八幡大菩薩・天満天神・氏神春日大明神の御罰をまかり蒙るべく候。少しも他事なく候。恐々謹言。

「自分は病気がちで、かいがいしい臣下も持たないので、越後に帰りたいと思ったことはない。自分がいなくても国衆が困ることもないだろう。こうした気持ちに偽りはないのだが、あなたをはじめとして、国中の方々の気持ちを無視するわけにもいかず、また弓矢の道（戦い）から逃げたのだと批判されるのもいやなので、いろいろのことを振り切って、あなたのご意見に任せることにしました」という内容の書状である。自分は帰りたいわけではないが、あなた（長尾政景）をはじめとする面々の要請を受け入れて帰国することにしたと、神々に誓約する文言を加えた書状で返答したのである。

家臣たちの要請に応える

家臣たちの事情

やる気満々の主君に対して批判を強めていた家臣たちも、当の主君が出奔するという現実に直面して困惑してしまったのだろう。国衆たちが相談して政治を進めるといっても、大名家のトップに位置する人は必要だが、長尾家には適当な人材がいない。長尾政景は景虎の姉婿だが、上田長尾氏は古い時代に分出した一門なので、府内長尾家の家督を相続するわけにもいかない。誰がトップに立っても家臣たちをまとめられないので、やはり景虎を説得して帰国してもらうしかないと、おおかたの家臣たちが考え、長尾政景が中心となって交渉が進められたのだろう。景虎のほうもこうした結果になることは充分想定していたが、喜んで帰国したりしたら、今後も家臣につけあがられると思い、「自分は帰りたいわけではないが、家臣たちの要請を受け入れることにした」という形をとって帰国を果たしたのである。

大熊朝秀の出奔

このようにして景虎の出奔事件は決着をみたが、景虎が越後から離れている間に、重臣筆頭の大熊朝秀が武田晴信と通じて越後から脱走し、越中《えっちゅう》に逃れて戦いを挑むという、たいへんな事態が起きていた。このころ長尾景虎は春日山に戻っていたらしく、八月十四日に庄田《しょうだ》定賢《さだかた》に書状を出して、「西浜口」に家臣たちを派遣したので、談合して事にあたってほしいと頼んでいる。越中にいた大熊朝秀はまもなくして越後に攻め入り、二十三日に駒帰《こまがえり》で戦いが展開される。戦いは越後勢の勝利に終わり、敗れた大熊朝秀は甲斐に逃れて武田晴信の重臣に位置づけられた。

景虎春日山に戻る

長尾景虎が政景あての書状を書いたのが八月十七日、庄田あての書状は八月十四日だから、大熊朝秀の謀反を聞いて景虎は春日山に戻り、軍勢の指揮にあたって、そのあとで自身の帰国に関わる正式の書状（起請文）をしたためたということになるだろう。大熊朝秀の離反というたいへんな事態の中、家臣たちも景虎の帰国を要請せざるを得ず、景虎も越後の混乱を無視できずに春日山に戻ったということではあるまいか。

大熊失脚に至る経緯

大熊氏は古くから長尾家に仕え、財務を取り仕切っていた重臣だった。朝秀も長尾晴景の重臣として活躍し、景虎の時代になっても政権に残ってその地位を保持した。早くから景虎に仕えて栃尾から府内に入ってきた本庄実乃と、この大熊朝秀が初期景虎政権の重鎮で、のちに直江実綱が加わるが、本庄と大熊のもとにはそれぞれ多くの武士たちが組織され、おのずと派閥が生まれることになる。上野と下平の争いにおいて、本庄が上野、大熊が下平を指南していたことは前述したが、国衆どうしの争いが過熱すると、それぞれの国衆を保護している本庄と大熊の関係もぎくしゃくして、意思疎通を欠く状態になっていったものと思われる。こうしたことも景虎を引退に追い込んだ一因と思われるが、主君がいないという現実に直面したとき、本庄と大熊が団結して苦境を乗り切るという動きは起きず、むしろ大熊を切り捨てて、それ以外の家臣たちが団結して事にあたるという選択がなされたのではあるまいか。詳しいことはわからないが、直江実綱あたりが中心となって事を進め、窮した大熊が国外に逃亡した、ということだろう。

深刻な対立関係を内に含んでいた長尾の家臣たちは、景虎の出奔という非常事態をきっかけにして、一部の勢力を排除することで結束を固め、景虎の迎え入れを行ったのである。皮肉なことだが、景虎の引退劇は戦国大名長尾氏とその家中のまとまりを強める結果となり、景虎はこれまで以上に積極的な行動に出ることになるのである。

五　三度目の信濃出陣

弘治元年（一五五五）に二度目の信濃出陣を行ったあと、長尾景虎は武田晴信と和睦し、軍勢を引いた。しかしその後も武田の動きは止まらず、大熊朝秀と連絡を取って長尾家から離反させたりし、さらに北信濃の葛山城《かつらやまじょう》を攻めてこれを奪い取り、景虎方の島津忠直は居城を払って太蔵に移ることになった。

信濃更科郡八幡宮に願文を捧げる

こうした状況の中、景虎は信濃への出陣を決意し、弘治三年（一五五七）の正月二十日、信濃更科郡《さらしなぐん》の八幡宮に願文《がんもん》を捧げた。更級郡は川中島の南、千曲川《ちくまがわ》の西に広がる郡で、八幡宮は郡の南部、姨捨《うばすて》の北に位置する。川中島の盆地の南端に位置する地域の宗教的拠点だったが、景虎はここに願文を納めたのである。願文ではまず八幡宮の歴史を述べ、続いて信濃に出陣する事情を次のように書き記した。

ここに武田晴信と号する佞臣あり。彼の信州に乱れ入り、住国の諸士悉く滅亡を遂げ、神社仏塔を破壊し、国の悲嘆累年に及ぶ。何ぞ晴信に対し景虎闘諍を決すべき遺恨なし。隣州の国主たるにより、あるいは後代を恨みて鬼神に誓い、あるいは眼前の友好を棄て難きゆえ、近年助成に及び、国の安全のために軍功を励ますところ他事なし。

武田晴信という「佞臣」がいて、信濃に攻め入って国衆たちを滅ぼし、神社や仏塔を破壊した。自分は晴信に恨みがあるわけではないが、「隣州の国主」なので、後世の評判が気になり、また友好関係を築いてきた国衆たちを見捨てるわけにもいかないので、近年「助成」に及び、軍功を励ましてきた。願文の内容はこのようなもので、「隣州の国主」の義務として信濃に出陣してきたのだという論理を明示している。

このあと「神は非礼を受けず。たとえ晴信陽仰の者ありといえども、すでに国務を奪わんとし、ゆえなく諸家罪なきに悩乱せしむ。万民いかでその感応に預からんや」と願文は続く。「武田晴信に従う者がいたとしても、晴信は信濃の国務を奪おうとし、罪のない国衆たちを悩乱させたのだから、神のご加護を受けるわけがない」というわけである。

三度目の信濃出陣

二月になると景虎は春日山を出て信濃に向かい、陣中から越後の国衆たちに動員命令を発した。二月十六日には北越後の色部勝長にあてて書状を書き、雪中で大儀だけれども、急いで出発して着陣してほしいと頼んでいるが、この書状の後段には「信州味方中滅亡の上は、当国の備え安からず候条、今般に至りては、一廉《ひとかど》御人数あい嗜まれ、御稼ぎこの時に候」という一文がある。「信濃の味方（国衆）が滅亡したら、越後も危険にさらされるから、今回は多くの軍勢を動員して、がんばってもらいたい」というわけだが、信濃の国衆を救援しなければ越後も危うくなるというのが、遠く離れた北越後の国衆たちを動員する際の景虎の論理だったのである。

善光寺平に布陣

景虎はしばらく途中の陣所にいたようだが、飯山城《いいやまじょう》を守っていた高梨政頼から、このままだと敵に城を明け渡さなければならなくなると訴えられて、ようやく信濃に乗り込むことに決め、四月には善光寺平に陣を取った。もともと景虎方の部将がいた山田要害と福嶋は、このとき敵軍に占拠されていたが、越後軍が近づいたことを知ると、要害にいた武田方の兵は逃げ去り、いったん追われた部将たちが復帰することになった。景虎が善光寺平に出陣すると、近くにいた武田方は退却し、しばらく武田軍も姿をみせなかった。こうした中、景虎は善光寺平の陣を引き払って、千曲川に沿って北に進み、飯山に陣取って様子をうかがうことにした。五月十日、景虎は飯山の北東、千曲川の東岸にある小菅山元隆寺に願文を捧げて戦勝を祈願している。

飯山に陣する

この願文には「明日には軍勢を前に進める予定だ」と記されているが、五月十一日に景虎は飯山を出て南に進み、十二日には香坂（長野県信濃町）に出て近辺を放火、さらに進んで川中島を過ぎ、十三日には坂木や岩鼻（坂城町）に至って敵軍と向かいあった。かなり南まで攻め入ったわけだが、決戦には至らず、景虎も兵を引いて、十五日になって

武田軍と向き合う

飯山にいる高梨政頼に書状を書き、ここまでの経緯を伝えた。

上野原の戦い

このあと景虎は善光寺平の近辺に在陣していたようだが、武田の軍勢もなかなか現われず、三ヵ月が経過した。そして八月の下旬、ようやく長尾と武田の戦いが行われた。このときの戦いについては景虎の感状が残されており、「今度信州上野原において一戦、動《はたら》き比類なき次第に候。向後いよいよあいかせぐべき事、肝心に候。謹言」といった文面である。また長尾政景も配下あての感状を出していて、文面は「信州上野原において、晴信に対し合戦を遂げ、勝利を得候刻、神妙の動き比類なく候。向後いよいよ稼がるべき事専要に候。謹言」というものだった。これらの感状から、戦いの場が「上野原」で、長尾政景は（おそらく景虎も）戦いには勝利したと認識していたことがわかる。

「上野原」の場所はよくわからないが、長野盆地の北部、善光寺の北に上野《うわの》という地名があるので、このあたり一帯かとも思われる。善光寺平の北部にあたるが、この推定が正しければ、武田の軍勢は川中島を越えて善光寺平まで進み、対する景虎は北から南に進んで戦いがなされたことになる。五月には長尾の軍勢が埴科郡《はにしなぐん》の奥まで進んで武田方に対したが、今回は逆に武田軍のほうが北に進んで長尾軍が応戦している。勝敗は定かでないが、結局両軍とも鉾を納め、景虎も越後に戻った。三度目の信濃出陣も半年に及んだが、今回も勝負はつかず、決着は今後に持ち越されたのである。

景虎の帰国

第四　疾風怒濤

——小田原攻囲と川中島——

一　二度目の上洛

越後を発ち近江坂本に至る

永禄《えいろく》二年（一五五九）四月、三十歳になっていた長尾景虎《ながおかげとら》は、二度目の上洛のため越後《えちご》を出発し、北陸道を進んで近江《おうみ》の坂本に到着した。長く近江の朽木《くつき》にいた将軍足利義輝《あしかがよしてる》は、この前年に念願の帰京を果たし、三好長慶《みよしながよし》とも和睦して、幕府政治は安定をみせていた。前回上洛したときには義輝は近江にいたので、景虎は天皇に謁見しただけで、将軍には会わずに帰国していたが、このたびは状況が違っていた。景虎は京にいる将軍義輝との面会を強く望んでいたし、義輝も景虎が来るという知らせを聞いていたく喜び、坂本にいる景虎にあてて御内書《ごないしょ》を出して、早く上洛するよう促した。まもなくして景虎は坂本を発ち京に上る。

正親町天皇からの依頼

前回の上洛のときに景虎が謁見した後奈良《ごなら》天皇は二年前に死去していて、子の正親町《おおぎまち》

足利義輝像（国立歴史民俗博物館蔵）

天皇の代になっていた。景虎が来ているという情報は天皇のもとにも届き、近臣の広橋国光《ひろはしくにみつ》が祖印という僧侶にあてて書状を書いて、禁中《きんちゅう》の見物をするよう景虎に勧めてほしいと頼んでいる。この書状には「それから、内々の叡慮として仰せ出されたことについても、奔走していただければありがたい」という一文があり、天皇が景虎に対し、何ごとかを依頼しようとしていたことがわかる。その内容はわからないが、予定されている即位式のための費用調達や、皇室領の回復に関わることがらだったのではないかと推測される。

天皇に謁見

こうした要請を受けて、景虎は禁裏《きんり》に赴き、天皇との謁見を果たした。五月一日のことである。『羽州米沢上杉家譜』によれば、このとき景虎は天盃を賜わり、粟田口吉光《あわたぐちよしみつ》が製した五虎退という名の宝剣を与えられたという。

近衛前嗣の使者

このあと景虎はいったん坂本に戻るが、坂本にいる景虎のもとに、西洞院時秀《にしのとういんときひで》とい

知恩寺住持岌州

将軍義輝に謁見し条書を提出

う公家が訪れた。関白《かんぱく》の近衛前嗣《このえさきつぐ》が景虎に対してなみなみならぬ関心を寄せ、近臣の時秀を使者として坂本に派遣したのである。前嗣は二十四歳の青年で、五年前から関白をつとめていた。彼は京都知恩寺住持の岌州《ぎゆうしゆう》にあてて何度も書状を出し、景虎へのとりなしを依頼している。詳細はわからないが、当時岌州は景虎のそば近くにいて、諸事の取り次ぎにあたっていたようである。ときの関白からの熱心な働きかけに、景虎も気をよくしたようで、近臣の荻原掃部助《おぎわらかもんのすけ》を使者として前嗣のもとに派遣して隼を贈り、自筆の和歌懐紙をいただきたいと頼んだりしている。

六月になると将軍との面会の準備が整い、景虎は坂本を出て再び入京した。義輝に謁したあと、景虎は五ヵ条からなる条書《じようしよ》を義輝に提出して、自らの所存を述べた。

亡父信濃入道（長尾為景）のときから、感状をいただいたりしていましたので、上意様（義輝）が朽木にいる間に、なんとか上洛して奔走したいと思っていましたが、信州への出陣などで暇がなく、今に至ってしまいました。

御入洛の御祝儀を述べるため、参上いたしましたところ、拝顔の栄に浴し、これに過ぎる面目はありません。いよいよ身命を軽んじ、忠信を尽くす所存です。

今回上洛している間に、本国（越後）でどんな問題が起きたとしても、相応の御用があって召し留められたならば、国のことは捨て置き、とにかく上意様をお守りしたいと、存じ詰めております。

思い起こせば、京都に上って将軍を補佐したいというのは、亡父長尾為景《ためかげ》の宿願だった。国内で内乱が起きたため、為景の願いは叶わなかったが、父親のあとを継いだ景虎は、国内をまとめて上洛し、将軍との面会を果たしたのである。越後国の置かれた状況を考えれば、長い間京に留まるというのは現実味がなかったが、念願を叶えた喜びのあまり、こうした誓約をしてしまった、ということかもしれない。景虎の気持ちを聞いた義輝は、感謝の意を示しながらも、「こちらのことは気にしないで、早めに帰国するように伝えてほしい」と、近衛前嗣あての書状で述べている。

近衛前嗣の書状

景虎はしばらく京都に滞在していたが、近衛前嗣は景虎が坂本に戻ったあとに親しく語り合いたいと希望して、知恩寺岌州あてに書状をしたためた。その中に次のような一文がある。

また今日少弼《しょうひつ》（景虎）は公方（義輝）へ祗候の由候らいて、太閤（父の近衛稙家）にも我等（前嗣）にも、参るべく候由、公方より仰せられ候らえども、我等は夜前公方御出で候らいて、夜の明け候まで大酒にて、あまりに酔気に候間、思いながら参らず候。太閤は参り候事にて候。この間はたびたび御出で候らいて、きやもじなる若衆あまた集め候らいて、大酒までにて候。たびたび夜を明かし申し候。少弼は若もじ数寄の由、承り及び候。

このころ景虎は京都にいて、この日に将軍義輝のもとに祇候したことがわかる。近衛前嗣にも誘いが来たが、夜通し将軍と酒を飲んでいて体調が悪く、前嗣は参上できなかった。このとき義輝は二十二歳の青年で、二歳年上の前嗣のところにしばしば訪れ、若衆たちをはべらせて夜通しの宴会をしていたのである。ちなみにこの一文については、義輝と景虎の親交を伝えるものと理解されてきたふしもあるが、夜通し酒を飲んだのは義輝と前嗣で、景虎の動きをこの書状から直接うかがうことはできない。

前嗣と景虎の面会と起請文交換

この書状の末尾には、「明日あたりに坂本に参って待っています。いつごろ（景虎は）御下向されるのでしょうか」と書かれている。景虎が戻る前に、前嗣は自身坂本まで赴いて待っているつもりだったのである。ほんとうに前嗣はこのように行動したらしく、坂本に戻った景虎と面会を果たし、ぜひとも越後に下向したいという意向を伝えた。ときの関白の思いがけない申し出に、景虎も驚いたことだろうが、考えてみればきわめて光栄なことなので、これを受け入れて前嗣と血判《けっぱん》の起請文《きしょうもん》を取り交わした。

将軍義輝の御内書

このころ将軍義輝が景虎にあてて書いた四通の御内書が、坂本の景虎のもとにもたらされた。みな六月二十六日の日付で、それぞれの御内書の内容は次のようなものだった。

① 「裏書《うらがき》」を免許する。

② 「塗輿《ぬりごし》」に乗ることを免許する。

③ 関東の上杉五郎（憲政）の進退については、今後景虎が分別して意見し、奔走するように。

④ 景虎と和睦するようにと、武田晴信《たけだはるのぶ》に指示したけれども、同意しないで、結局分国境に乱入したようだ。そういうことで、信濃国の諸侍については弓矢の半ば（争いの最中）なので、景虎が意見を加えることが肝要だ。

関東と信濃での活動を認める

①と②は景虎に対して特別の権利を与えるというもので、書状の裏書を省略することと、塗輿を使用することを景虎は正式に認められたのである。③と④は関東や信濃の政治情勢に関わることで、③では関東管領上杉憲政《かんとうかんれいうえすぎのりまさ》の進退について景虎に一任し、④では信濃の侍たちを指導する権利を景虎に認めている。

信濃をめぐる状況

将軍義輝は越後（長尾）と甲斐《かい》（武田）の和睦を希望していたが、武田晴信がこれを了解せず、越後との国境に攻め入ったので、このような措置をしたと④の御内書には記されている。もっとも晴信のほうには、すでに自分は信濃の守護《しゅご》に補任するという御内書を得ているのに、景虎が何度も攻め込んできたので対抗したまでだという理屈があり、このあとになされた将軍からの詰問に対してもこのように弁明している。晴信にも言い分はあったが、景虎を親しく引見した将軍は、その主張を受け入れ、景虎が信濃の国《くに》衆《しゅう》たちと関わりを持つことを認めたのである。

前嗣越後下向を希望

関東と信濃における政治的立場を将軍から認められたことで、景虎の上洛の目的はとりあえず達成された。あとは帰国の時期を決めるだけだったが、関白の近衛前嗣がすぐにでも越後に行きたいと言い出して、いささか面倒なことになる。ちょうど天皇の即位式が予定されていたので、将軍義輝は「即位式のときに関白がいないというのは問題だ」といって前嗣の離京を許さず、景虎にあてて御内書を出して、先々に越後に行くのはかまわないから、今すぐ下向することは止めてほしいと頼んだ。これに対して景虎は「ひたすらあなたを御頼みしますといわれたので、しかたありません。下向を延期するようにと私のほうからいうというのは、とてもできません」と回答している。恐れ多くもときの関白の意向に逆らうことなどできないというのが、景虎の言い分だったのである。

義輝と景虎の対応

近衛前嗣は京都での生活に耐えられず、遠方に赴きたいと前々から考えていたようである。少し前には西国に行きたいと言い出し、両親に止められてしかたなく京都に留まっていた。そうしたところに景虎と出会って意気投合し、念願が叶うと喜んでいたのである。このころ前嗣は景虎のそばにいる知恩寺岌州にあてて何度も書状を書いて、自身の状況を伝えているが、ある日の書状の末尾に「取り乱しているので、詳しくは書けません」と書いたところ、早速景虎から「どんなことがあったのですか。とても心配です」という返事が届いた。驚いた前嗣は、「取り乱していると書いたのは、いろいろ用事が多くてばたばたしているという意味で、特にご心配されるような問題が起きたわけではありません」と事情を述べ、「こんなことで気を遣わせてしまって、申し訳ありません。うまいように（景虎に）伝言してください」と歬州に頼んでいる。関白からの書状に接した景虎は、その文面を熟読しながら丁寧に対応していたわけだが、ときには気を利かせすぎて、余計なことをしてしまうこともあったのである。

二　最初の越中出兵

景虎の帰国

近江の坂本にしばらく滞在した景虎は、秋の終わりのころに帰国の途についた。近衛前嗣はすぐに越後に下ることをあきらめ、とりあえず京都に残った。景虎が越後に帰ったあと、越後国内の武将たちが揃って祝賀の太刀を景虎に進上した。十月二十八日のことである。このあと十一月一日にも上条入道・山浦入道といった上杉一門や、重臣の直《なお》

諸将の太刀進上

江実綱《えさねつな》らが太刀を進上し、十三日には北信濃の国衆たちがいっせいに春日山《かすがやま》に赴いて景虎に太刀を献じた。村上義清《むらかみよしきよ》と高梨政頼は使者を遣わして太刀を献上する形を取ったが、

このほかの一般の国衆たちは、太刀を持って春日山に参上したようである。信濃の諸侍を指揮する権利を将軍から認められたことを、景虎はすぐに国衆たちに伝えてアピールし、国衆たちもこれに対応して行動したということだろう。

越中への出陣とその理由

将軍の御内書はそれなりの効果を持ち、景虎も満足していただろうが、このころ西の越中《えっちゅう》で問題が起き、景虎も対応を迫られていた。年明けて永禄三年（一五六〇）三月末、景虎は越中に攻め入り、神保長職《じんぼながもと》の籠る富山城に迫った。このあたりの事情については、景虎が在陣中に常陸《ひたち》の佐竹義昭《さたけよしあき》にあてて出した書状（四月二十八日）に詳しく書かれている。

越中国の儀、去る夏以来、神保・椎名衆辜負、すでに福龍に及ばれ候といい、隣州年来申し承り候といい、かえすがえす見除せしめ難く候条、使者を越し置き、異見を加え、無事の儀、形の如くあい調え候ところ、神保家来一両輩佞人あり、幾程なく再破に及び、椎名滅亡すべく候擬《あてがい》、あまつさえ甲府へ深く申し合わせ、景虎信州へ動《はたら》き出づるにおいては、栖裏へ行《てだて》をなすべく内通、穏便ならず候間、向かい撃たんがため、去る月二十六、ふと越中国に出馬候ところ、（後略）

神保と椎名の争い

長尾為景が越中に攻め入って神保慶宗を討ち取ったことは前に述べたが、神保氏はその後も家を保ち、神保長職（慶宗の子）が越中の西部を押さえ、東部の松倉城にいる椎名康胤と並び立っていた。越中守護の畠山氏は紀伊《きい》にいたが、越中に対する支配権を完全に失い、神保と椎名が自立して地域支配を進めていたのである。この神保と椎名が争いを始めたので、見過ごすこともできず、景虎が使者を遣わして和睦にこぎつけたが、そのあと神保が約束を破って、また戦いを始めた。さらに神保は遠く甲斐の武田信玄《しんげん》（晴信）と連絡を取って、景虎が信州に出陣したら、神保が西から越後を突くという密約を交わした。こうした神保のたくらみが明らかになったので、先手を取って越中に攻め入ったのだ。突然越中に出馬した理由を、景虎はこのように説明している。

この書状の中で、景虎はその後の経緯についても記している。景虎が越中に入ったのは三月二十六日だったが、四日後に神保は富山城から脱出して西に逃れ、増山城に入った。景虎は味方になった越中の武士たちに、増山城を攻めるよう指示し、彼らは城に迫ったが、この城は難攻不落で、兵士たちもよく守っていたので、攻め手の中から陣を解いて引き上げようとする者が出るありさまだった。そこで景虎が自身川（神通川）を渡って難所を越え、城に迫った。そうしたところ、神保はまた城を棄てて行方をくらます。

神通川を越え増山城を攻略

増山城を手に入れたものの、肝腎の神保を捕えることはできず、景虎はしばらく越中に留まった。佐竹あての書状をしたためたのは四月二十八日で、近日中に越後に帰る予定だということも伝えているが、この書状の末尾には次のような一文がある。

景虎の立場

惣体景虎事、依怙《えこ》により弓箭を携えず候。ただただ筋目をもって何方へも合力致すまでに候。朝倉方旧代已往、他に異なり申し通じ候。彼の方と申し組み、北地安全の備え、念願に候。

椎名と神保の争いに際して、景虎はおそらく椎名の求めを受けて和睦工作を進め、神保が再起したあとはこれを攻め破って、椎名氏を滅亡の危機から救っている。こうしたことから、景虎は親交のある椎名を助けるために出陣したようにみえるが、景虎自身の認識としては、あくまで「隣国の大名」の立場で和睦の調停をし、約束を破った神保を退治しようとしたまでで、椎名を贔屓《ひいき》してこうした行動に出たわけではない、ということだったのである。また越前《えちぜん》の大名である朝倉氏（このときの当主は孝景で、一門の朝倉宗滴が活躍していた）とは為景のとき以来のつきあいなので、朝倉と協力して北陸地域の平和を実現させたいと念願していることも、景虎はあわせて表明している。

自分や知人のためではなく、あくまでも調停者の立場で越中に攻め入ったのだというのが、景虎が佐竹氏あての書状で示した公的な見解だった。しかしこの書状にも書かれているように、神保長職は武田信玄と結んで西から越後を襲おうと画策しており、信濃における武田との戦いを安心して進めるためには、越中を自らの影響下に置いておくことが肝要だと、景虎は考えていたに違いない。背後から襲われる危険を未然に防ぐために景虎は越中に出馬し、それなりの成果をあげて帰国したのである。

三　二度目の関東出陣

関東諸将の太刀進上

越中出陣の少し前、永禄三年三月十五日に、関東の大名や国衆たちから献上された太刀を披露する儀式がなされた。景虎の上洛と御内書拝受を祝賀するため、越後と信濃の武将たちはすでに太刀を進上していたが、関東の国衆たちからの太刀進上はしばらく遅れ、翌年の春に持ち越されたのである。常陸の佐竹義昭は家臣の梅津式部少輔《うめづしきぶのしょう》を使者として越後に遣わし、景虎に太刀を進上した。ほかの国衆たちは連絡を取りあいながら、まとめて越後まで太刀を届けたようだが、そのメンバーは関東各地にまたがり、三十人以上に及んでいた。下総《しもうさ》の千葉・結城《ゆうき》、下野《しもつけ》の宇都宮・小山・長沼、常陸の宍戸・真壁・小栗・行方といった、鎌倉御家人の系譜を引く伝統的な領主たちが揃って太刀を進上し、遠く上総《かずさ》の正木氏や伊北・伊南・長北・長南、安房の安西や金鞠らもメンバーに加わった。

太田資正

武蔵《むさし》岩付城主の太田資正《おおたすけまさ》（入道道誉）もいちはやく対応して太刀を献上している。上杉憲政の進退について一任するという将軍の御内書が出たことを知らされた関東の諸将のうち、北条氏の勢力拡張を阻止しようと考えている人たちが、揃ってこれを祝賀し、景虎の関東出陣を待ち望んでいるという態度を示したのである。

天皇からの使者

越中から帰った景虎は、すぐに関東出陣の準備を始めたが、こうしたところに、京都から速水右近有益という使者が春日山に現われた。正親町天皇の即位式はすでに挙行され、景虎も幣帛《へいはく》を献じて祝意を示していたが、前に景虎が約束していた御料所献上のことについて、あらためて景虎に要請することになり、伝奏《てんそう》の広橋国光が使者を越後に遣わしたのである。一回目の上洛の際に景虎は後奈良天皇に、禁裏の修理の費用にあてるため御料所を献上すると約束していたが、この約束を果たしてほしいということだった。天皇からの引出物として金襴《きんらん》一端と引合《ひきあわせ》（上質の紙）十帖が景虎に渡されたが、ちょうど関東出陣の準備のさなかだったので、すぐ対応することもできず、景虎が関東に出陣したあと、返礼の越後布を携えながら速水右近は京都に帰っていった。

二度目の関東出陣

景虎が軍勢を率いて春日山を出発したのは八月二十九日のことだった。三国峠《みくにとうげ》を越えて上野国に入った越後勢は、明間城・岩下城、さらには沼田城を攻め落とし、城将の北条孫次郎を討ち取った。さらに景虎は厩橋《うまやばし》に進み、ここを陣所に定める。

国衆たちの反応

越後の軍勢が上野の諸城を制圧すると、北条氏に対抗しようとしていた武蔵や上野の国衆たちはすぐに景虎に従う姿勢をみせた。北条と戦うためには多くの軍勢を集める必要があるということで、景虎は常陸や下野の国衆たちにも参陣を求めたが、彼らの動きは鈍く、なかなか来てくれなかったようである。十一月二十九日のこと、景虎は下野佐野の龍渓寺の住持にあてて書状をしたためてこうした現状を伝え、常陸や下野の国衆たちに早く動いてくれるよう勧めてほしいと頼んでいる。

国衆の争いを調停

北条氏と戦うためには、関東の国衆たちが争いをやめて団結しなければならないと考えた景虎は、こうした争いの調停にも積極的に関わった。安房の里見氏の重臣で上総小田喜城主の正木時茂は、下総小弓城主の原胤貞と争っていたが、景虎は太田資正にあてて書状を出し、今は「大途際の儀」なので、万障を擲って和議をまとめるよう尽力してほしいと頼んでいる。北条との対決という「大途」に関わることを実現しようとしているのだから、目先の争いはとりあえずやめてほしい。景虎はこう訴えたのである。

近衛前嗣が越後に来る

景虎が関東に出馬したあとに、あの近衛前嗣が、西洞院時秀を従えて越後の府中に現われた。天皇の即位式も無事終わったので、将軍の許可も得て、九月十八日に前嗣と時秀は天皇に暇乞いをし、越後に向かって旅立ったのである。前嗣の兄弟にあたる聖護《しょうご》院門跡《いんもんぜき》の道澄《どうちょう》や、景虎が上洛したときに近侍して奔走してくれた知恩寺の岌州も、前嗣に同道して越後に到着したようである。近衛前嗣は念願を果たしたわけだが、肝腎の景虎は出陣中で会うことができず、府中の至徳寺に入ってここに住むことになった。

四　小田原城攻囲と上杉改姓

上野厩橋で越年

景虎は永禄三年の冬を上野の厩橋で過ごし、ここで年を越した。越後の外で越年するのは初めてである。永禄四年（一五六一）二月、景虎は軍勢を率いて厩橋を出発、赤石を経て武蔵の松山城に入り、ここで鎌倉の鶴岡八幡宮に捧げる願文《がんもん》を書いた。この願文では、

鶴岡八幡宮に願文を捧げる

まず鶴岡八幡宮の由緒を述べたあと、「自分は鎌倉権五郎景政の末葉であります」と自身の系譜を示す。長尾氏は桓武平氏の一流で三浦氏の支族にあたり、後三年の合戦で活躍した鎌倉権五郎景正の子孫だという伝承を持っていたが、鶴岡八幡宮に戦勝祈願をするにあたり、自分は鎌倉と関わりの深い人物の子孫だとアピールしたのである。このあとは長尾家の代々と自身の功績を述べ、続いて越後から関東に攻め入った事情について言及する。

関東出馬の理由

そもそも、関・越（関東と越後）の事、旧世以往、他に異なり、とりわけ同名《どうみょう》（長尾の一門）あまた当方を守り来たるのところ、不慮の逆徒、八州を藩《おお》いて押し留まる。東管領（関東管領）、かつは累代の好《よしみ》を捨て難く、かつは同名等の進退を救わんがため、去年八月下旬ふと当口越山、形の如く本意に属し、すでに武州松山に至り着城、近

日相州小田原に向かい動《はたら》きをなすべし。

越後から軍勢を関東に進めたことについて、これは関東と越後との長いつながりによるものだと景虎は説明している。前に述べたように、越後守護の上杉氏は関東管領上杉氏の一門で、越後上杉氏とその重臣の長尾氏（越後長尾氏）は、主筋にあたる関東の上杉氏（山内上杉氏）を救援するために関東に軍勢を進め、勝利に貢献したことがあった。景虎の父の為景は、関東管領の上杉顕定《あきさだ》を討ち取ったが、そのあと山内《やまのうち》上杉氏と争った形跡はない。父親の一件にはとりあえずふれずに、越後の統治者（上杉や長尾）が関東の安定のために軍勢を派遣するのは当然のことだと、景虎は主張したのである。また関東にいる長尾氏の一門（白井・惣社・足利の長尾氏）とも越後長尾氏は深い関係を持っていて、彼らを支援する立場にあったので、今回も彼らを助けようと思った、というのも一つの理由だった。関東全体を乗っ取ろうとしている「逆徒」（北条氏）を退治し、関東管領と長尾一門を救うために出陣したのだと、景虎は願文の中で明言したのである。

禁制の発給

景虎の軍勢が武蔵に入ると、各地の寺社や郷村の人々は、軍勢に蹂躙《じゅうりん》されることを防ぐために、早めに陣所に訪れて禁制《きんぜい》（制札）と呼ばれる文書を発給してほしいと申請した。武蔵多摩郡の薬王寺にはこのとき景虎が発給した制札が二通残されているが、いずれも「関・越の諸軍勢」の濫妨狼藉を禁じるという内容のものだった（一つは小仏谷、

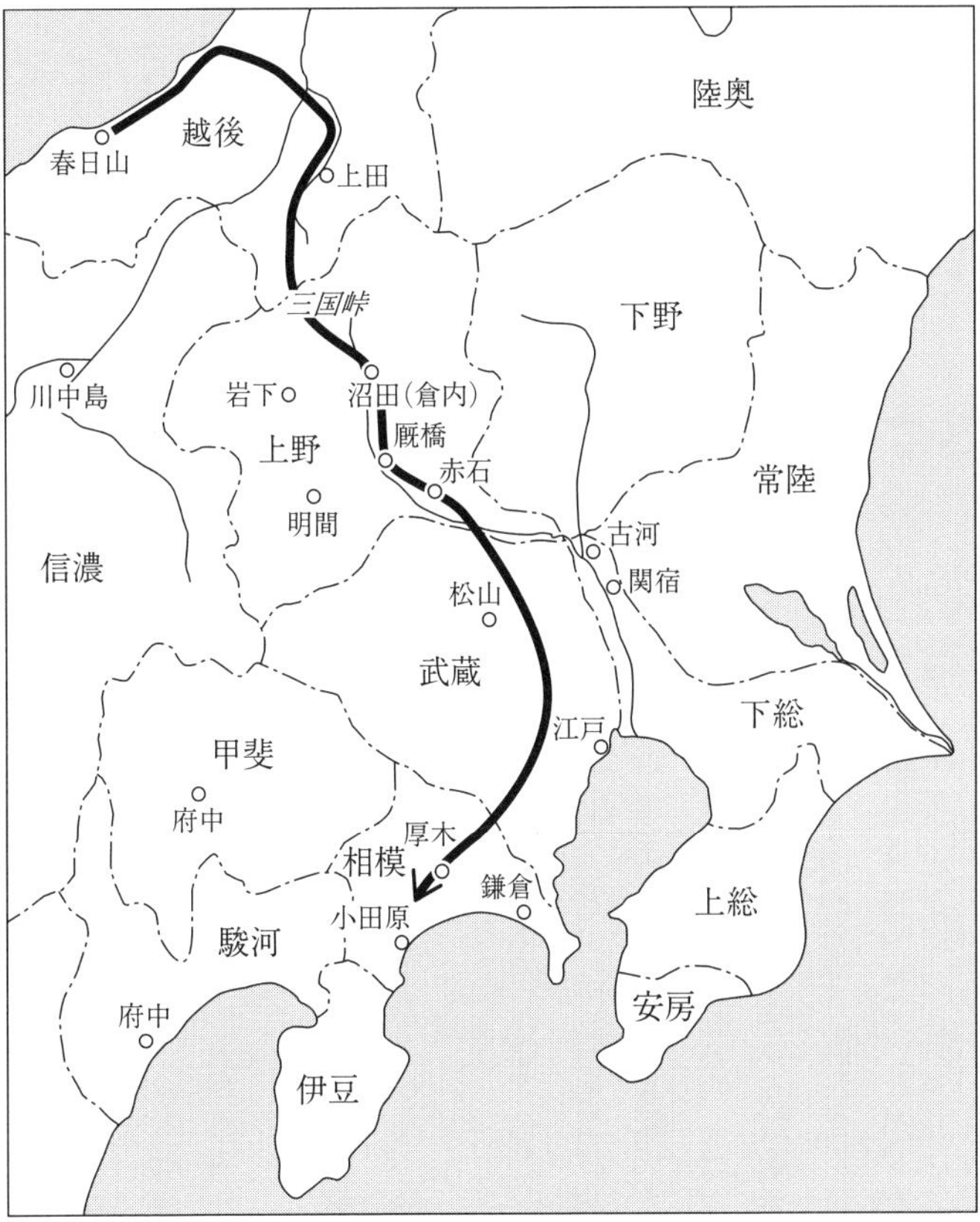
陸奥
越後
春日山
上田
三国峠
下野
川中島
岩下
沼田(倉内)
厩橋
上野
赤石
常陸
明間
古河
信濃
関宿
松山
武蔵
江戸
下総
甲斐
府中
厚木
相模
鎌倉
上総
小田原
駿河
府中
安房
伊豆

長尾景虎の関東出陣

一つは椚田谷における濫妨狼藉を禁じるもの）。関東の国衆の軍勢と、越後の軍勢からなる、かなりの数の兵士たちが道を進んでいったわけだが、寺社や郷村に乗り込んで荒らしまわる可能性が高いので、地域の人たちが先回りをして対応したのである。景虎はこうした禁制を出しながら軍勢を進めたが、申請者からそれなりの礼銭が進上され、これが進軍を続ける際の経済的基盤の一つになったものと思われる。

軍勢の乱妨行為

軍勢は武蔵から相模《さがみ》に進んだが、相模の厚木郷《あつぎごう》において景虎の軍勢が神社や仏堂、さらに村里まで焼き払ったということを伝える史料が残されている。永禄六年の四月に記された最勝寺本尊再興の覚書《おぼえがき》である。

> 相模の厚木郷の金光山最勝禅寺の本尊は無量寿仏の三尊でした。永禄三年の秋以後、長尾景虎が本国を出て、上野の沼田で数月を送り、三月七日に当国に攻め入って、神社・仏堂・大伽藍・小寺庵や山家・村里まで、悉く焼き払いました。僧俗男女は高い山に登って身を隠しましたが、逃げられなかった人たちは、衣服を剥ぎ取られ、寒さと飢えでほとんどが死んでしまいました。阿弥陀仏も破壊されて、頭部や手足が散乱していたのを、野僧が拾い集めて、仏像を作り直して彩色も施しました。

このたびの進軍は正義のためのものだと景虎は表明していたが、軍勢の通路にあたる地域の人々にとっては脅威でしかなかった。寺社や家々を焼き払われ、衣類なども奪われて命の危険にさらされることも多かったのである。

小田原城に迫る

まもなく軍勢は小田原城《おだわらじょう》に迫った。三月十一日に知恩寺岌州が会津蘆名氏の重臣たちにあてて出した書状に「小田原のことですが、半ば詰めている状況です」と記されているので、このころには軍勢が城の周りを囲んでいたものと思われる。京都で景虎に近侍した岌州は、このたびの出陣においても景虎に従い、遠方の大名に書状を書いて情報を伝える役目を担っていたのである。

武将たちの要請

関東各地の軍勢を加えながら、北条氏の本拠である小田原まで攻め込み、これを取り囲んだわけだが、要害堅固な小田原城を陥落させるのは容易ではなく、長陣に疲れた武将たちから軍勢を撤収させてほしいという要請がなされるようになった。三年後の永禄七年八月に景虎（このときは上杉輝虎と名乗っている）が将軍近臣の大館晴光《おおだちはるみつ》にあてて出した書状に、「なんとか敵陣を落としたいと思っていましたが、佐竹・小田・宇都宮をはじめとする人たちがしきりに意見したので、これを受け入れて囲みを解きました」と、このあたりの事情が記載されている。城の包囲を続けるためにはそれなりの兵粮《ひょうろう》が必要だが、兵粮の補填を繰り返し行う方法もなく、しばらくしたら撤退せざるを得なくなるというのが、当時の城攻めの現実だったのである。

小田原からの撤退

景虎が小田原から撤退したのは閏三月の半ばころで、一月あまり城を囲んでいたことになる。そのあと景虎は鎌倉に入り、ここで上杉憲政から家督を譲られ、上杉政虎《まさとら》と名乗ることになった。このあたりの事情についても、先にみた永禄七年八月の大館あての書状に詳しく書かれている。

上杉の家督を継ぎ政虎と名乗る

しかるに、憲政事、病者に渡られ候間、名代職《みようだいしき》の事、愚拙に与奪あるべきの由、諸家一揆、同心をもって、領掌しかるべきの段、頻って懇望候といえども、不相応の儀といい、若輩といい、なかんづく、上意を経奉らず、私をもって納得、叶うべからざるの段、数日これを申すといえども、八幡宮の神前におのおの有り詰め、強いて催促。大途鉾楯の最中、かくの如きの儀をもって徒《いたずら》に時日を送り、自然横合い等到来あらば、勿体なきの旨、さまざま申し候の間、名跡《みようせき》の事深く斟酌《しんしやく》候といえども、幸いに走り廻り致すの上は、憲政煩い本復の間、旗を罷り預かるべきの由、返答せしむ。

名跡を継いだ事情

集まっている諸家（大名や国衆たち）が、「憲政は病者なので、名代職を景虎に譲るのがいいと思う。了承してほしい」と懇望してきた。自分は不相応だと辞退したが、八幡宮の神前にみんなが集まって、強いて申し入れ、「こんなことで時日を送って大事が起きたらたいへんだ」というので、憲政の病気が治るまでの間、旗を預かるということで了承した。自分から望んで家督を継いだわけではなく、みなから強く要請されて、しぶしぶ了解したのだ。上杉の名跡を継いだ事情を、景虎（上杉政虎）はこのように周囲に説明している。この儀式の直後、閏三月十六日に下総関宿《せきやど》の簗田晴助《やなだはるすけ》にあてて出した起請文にも「上杉憲政の名代職のことは、ほんとうに斟酌千万なのですが、みんながしきりにご意見されるので、とりあえずこれに従いました」と記されていて、諸将の要請を受ける形で景虎が上杉の名跡を継いだことは確かなようである。憲政が越後に逃れたことで、山内上杉家は大名の地位を失い、このままでは衰亡を免れなかったし、北条氏の勢力拡大を阻止したいと考えている関東の大名や国衆たちにとっても、北条に対抗できる新たなシンボルが登場するのはありがたいことだったのである。

これからしばらく上杉政虎は鎌倉に滞在し、北条の軍勢が出てくると、鎌倉を立ってこれに向き合った。このころ上野の厩橋にはあの近衛前嗣が出てきていて、関東の国衆たちから提出された人質の管理などにあたっている。その後政虎は鎌倉を出て厩橋に戻り、六月二十一日に厩橋を出発、山を越えて越後に入り、二十八日に府中に着いた。春日山を出発したのが前年の八月末だから、実に十一ヵ月ぶりの帰還だった。

五　川中島の激戦

政虎の信濃出陣

久しぶりに春日山に戻った政虎だったが、ゆっくり休むこともできず、四十日あまりたった八月半ば、こんどは信濃に向かって出陣することになる。政虎が関東にいる間に、武田信玄は信濃北部に軍勢を進め、まもなく越後に攻め入るつもりだと公言していて、こうした動きに政虎も対処せざるを得なくなったのである。政虎が出陣したことを知った信玄は、自ら甲府を出馬して北に進み、犀川をはさんで上杉軍と武田軍が対陣することになった。そして九月十日、川中島の地で激しい戦いがなされることになる。

川中島の戦い

政虎の感状

戦いの三日後、九月十三日に、政虎は色部《いろべ》勝長《かつなが》・中条《なかじょう》藤資《ふじすけ》・安田《やすだ》長秀《ながひで》といった部将たちにあてていっせいに感状を出していて、その文面から戦いのありさまをうかがうことができる。感状の文章はどれも同じで、次のようなものだった。

去る十日、信州河中嶋において、武田晴信に対し一戦を遂ぐるの刻、粉骨比類なく候。ことに親類・被官人・手飼いの者あまたこれを討たせ、稼ぎを励まるるにより、凶徒数千騎討ち捕り、大利を得候事、年来の本望を達し、また面々の名誉、この忠功政虎一世中忘失すべからず候。いよいよあい嗜まれ、忠節を抽んでられ簡要に候。

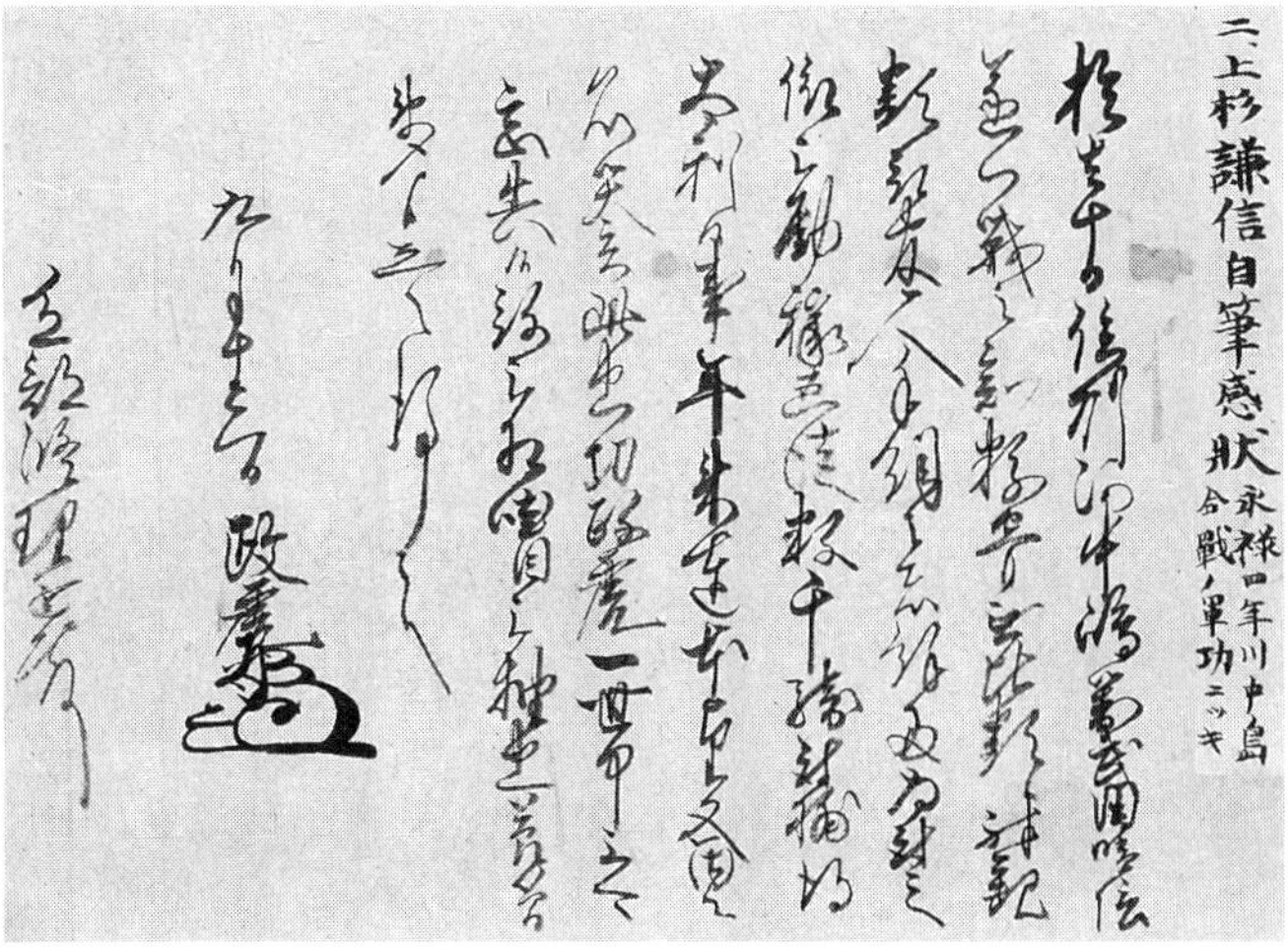

上杉政虎感状（色部勝長あて，新潟県立歴史博物館蔵）

恐々謹言。

敵を数千騎討ち取って勝利したとあるが、「親類・被官人や手飼いの者たち」が多く討死したとも記されているので、上杉軍の側でも多くの死者を出す激戦だったことがわかる。色部や中条のような重臣たち（伝統的な国衆）は、政虎の指揮に従いながら参戦し、配下の兵士を多く失う結果となった。そして政虎は彼らの悲痛を慮り、「私も年来の望みを達し、みなさんにとっても名誉なことです」「この忠功は政虎の一世中、忘れることはありません」といった、かなり異例で大仰な文章を感状の中に盛り込んだのである。

近衛前久の書状

戦いの一月ほどあと、下総の古河《こが》にい

た近衛前久《さきひさ》（前嗣の改名）の書状が春日山の政虎のもとに届いた。この書状の前半部分には川中島の戦いのことが書かれていた。

> 今度信州表において、晴信に対し一戦を遂げ、大利を得られ、八千余討ち捕られ候事、珍重大慶に候。珍しからざる儀に候といえども、自身太刀打ちに及ばるる段、比類なき次第、天下の名誉に候。

自身太刀打ちに及ぶ

政虎はおそらく戦いの結果を書状で古河の前久に伝え、これを受けた前久が返信をしたということだろう。政虎が自身「太刀打ち」に及んだとみえ、大将の政虎が自身太刀を抜いて戦いに参加したことがうかがえる。敵軍が間近に迫ってきて、しかたなく大将も太刀を抜いたということかもしれないが、兵士たちを鼓舞するために、政虎が自ら太刀を抜いて突進していったということも充分ありうるだろう。

戦いをめぐる伝承と実情

この戦いのことは一般によく知られていて、武田軍が海津城《かいづじょう》、上杉軍が妻女山《さいじょさん》（西条山）に陣し、武田の別働隊が妻女山を襲おうとしたが、これを察知した政虎が夜のうちに軍勢を移動させ、待ち構えている武田の本隊と向かいあって戦いが始まったといわれている。また戦いの中で政虎が馬に乗って進んで信玄に一太刀あびせ、信玄が軍配《ぐんばい》でこれを防いだこともよく知られている。ただこれは江戸時代初期に編まれた『甲陽軍鑑《こうようぐんかん》』に書かれていることで、『上杉年譜』では、信玄に斬りつけたのは政虎ではなく荒川伊豆守だと記されている。この戦いにふれている後世の史書はかなりあるが、戦闘の情況を伝える当時の史料はほとんどなく、両軍がどのように動いたかはよくわからない。ただ武田信玄の弟の信繁《のぶしげ》や山本勘助《やまもとかんすけ》らが討死したことは確かなので、互いに多くの死者を出した激戦だったことはまちがいない。長年にわたってにらみあってきた政虎と信玄は、ここで決着をつけようとしたわけだが、勝負はなかなかつかず、被害が重なるなかで敵を破ることをあきらめ、互いに軍勢を引いたというのが実情だったのだろう。

第五　一進一退

――北条・武田との綱引き――

一　連年の越山

古河《こが》にいた近衛前久《このえのさきひさ》が春日山《かすがやま》の上杉政虎《うえすぎまさとら》にあてて書状を出し、川中島《かわなかじま》での戦績を賞賛したことは前述したが、この書状の後段で前久は関東の情勢を伝え、早く山を越えて関東に来てほしいと希望を述べている。「氏康が松山口にずっと陣取っている。救援が遅れたら、たいへんなことになるので、油断せず急いで越山してほしい」。

北条氏康の反撃

大軍の襲来を受けながら居城を守り切った北条氏康《ほうじょううじやす》は、ただちに反撃に転じ、永禄《えいろく》四年（一五六一）の四月には、里見氏の手に落ちていた下総《しもうさ》葛西城を奪回しようと、江戸まで進軍した。さらに氏康は武蔵《むさし》西部の山麓部に軍勢を派遣し、多摩や秩父の城を次々に攻略して、この地の支配を固め、自身は松山城に向かって陣を取った。越後《えちご》の軍勢によって奪われたこの城を取り戻そうと、積極的な行動に出たのである。

政虎の関東出馬

関東の情勢が緊迫していることを知った政虎は、決意して自ら出陣し、三国峠《みくにとうげ》を越えて上野《こうずけ》に入った。十一月上旬のころで、雪を踏みしめながら進軍したものと思われる。武田信玄《たけだしんげん》も北条氏康の要請を受けて、信濃《しなの》の佐久を通って西から関東に入った。このあと武田軍は北条軍と連携しながら、上杉軍に向かい合うことになる。

北条軍との戦い

武田軍の倉賀野城攻撃

越後の軍勢は上野から武蔵に進み、十一月二十七日には生山（生野山、埼玉県本庄市・美里町）で北条軍と戦った。ここでは北条軍が勝利したようで、政虎は上野に留まることになる。一方、西から進んだ武田軍は、北条軍と合流して上野の倉賀野城《くらがのじょう》（群馬県高崎市）に迫り、攻撃をしかけた。倉賀野城は利根川の西を押さえる枢要の地で、政虎のいる厩橋城《うまやばしじょう》とは川をはさんで向かい合っていた。城主の倉賀野尚行は若年だったが、橋爪若狭守らの家臣たちは主君を支えながら城をよく守った。政虎も橋爪の功績を讃えて感状《かんじょう》を出し、所領の給与を約束したりしている。

上杉輝虎と改名

館林城攻略

このころ政虎は将軍足利義輝《あしかがよしてる》から一字を拝領し、上杉輝虎《てるとら》と名を改めた。厩橋に留まっていた輝虎は、ここで年を越し、永禄五年（一五六二）の春を迎えた。二月になると輝虎はようやく厩橋から出発し、九日に館林城の近くに布陣して攻撃を開始した。城将の赤井文六は、叶わないと悟って降伏を申し入れ、輝虎もこれを受け入れる。二月十七日に文六は城から退去、輝虎は館林城を手に入れ、足利の長尾景長《ながおかげなが》に守備を任せた。

佐野城を攻める

越後への帰還

このあと輝虎は北に向かい、下野《しもつけ》の佐野城を攻めた。長尾景虎《かげとら》が関東に出馬したとき、城主の佐野昌綱はこれに従い、子息の虎房丸を人質として提出していたが、越後軍が帰国すると、勧誘を受け入れて北条方に転じていたのである。いちはやく敵方になった昌綱を懲らしめようと、輝虎は城攻めを開始したが、簡単に降伏させることはできず、結局囲みを解いて帰国の途についた。永禄五年三月のことである。越後を出発したのが前年の十一月だから、四ヵ月ぶりの帰還だった。

近衛前久と上杉憲政を伴う

このとき輝虎は近衛前久と上杉憲政《のりまさ》を伴って越後に入っている。前久と憲政は下総の古河城にいたが、北条軍に迫られて城を保つことができず、輝虎もしかたなく両人を城から出して厩橋に引き取り、越後に連れて帰ったのである。古河城には公方《くぼう》として擁立された足利藤氏もいたが、彼は輝虎ではなく房総の里見氏を庇護者に選び、城を出て里《さと》見《み》義堯《よしたか》・義弘《よしひろ》父子のもとに身を寄せた。

輝虎の越中出陣

近衛前久京都に帰る

越後に帰った輝虎は、まもなく越中《えっちゅう》の情勢への対応に迫られ、七月には自ら出馬して事態を収拾させた。このころ近衛前久が京都に帰りたいと言い出し、輝虎の慰留も振り切って出発してしまう。夢を抱いて越後に来てはみたものの、思うように役割を果たせず、周りの人たちとの関係もうまくいかなくなって、嫌気がさしたのだろう。

輝虎再び越中に出馬

九月になると越中で事件が起きる。いったん没落した神保《じんぼ》長職《ながもと》がまた動き出し、上杉方は戦いに敗れて、神保民部大輔をはじめ多くの武士が討死したのである。越中は再び乱れ、椎名康胤も苦境に陥ったので、輝虎はまたもや自身出馬した。これを見た敵方の人々は、それぞれの要害を棄てて増山城（富山県砺波市）に集まり、抵抗しようとしたが、神保長職は能登《のと》守護の畠山義綱《はたけやまよしつな》を通じて降伏を申し入れてくる。

武蔵松山城の危急

輝虎が越中に出馬している間に、北条氏康と武田信玄はまた軍勢を進め、松山城に近づいてきた。こうした中、いつまでも越中にいるわけにもいかないと考えた輝虎は、長職の申し出を受け入れて増山城の囲みを解き、越後に帰った。十月十六日のことである。

武蔵岩付城主の太田資正《おおたすけまさ》は、輝虎にとっていちばん信頼のおける味方で、関東の情勢を詳しく伝えてくれていた。松山城は彼が抱えていた城で、一門の部将が中心となって守っていたが、またもや北条軍と武田軍の標的とされたのである。松山城の危急を救う

輝虎の関東出馬

ため、十一月二十四日に輝虎は府内を出発、柏崎《かしわざき》・小千谷《おぢや》を通って三国峠を越え、十二月十六日に上野の倉内（沼田）に着いた。翌年四月に輝虎が会津の蘆名盛氏《あしなもりうじ》にあてて

雪中の進軍

出した書状には「とりわけ旧冬は深雪だったので、兵士たちも駕籠や輿を使って、休むことなく進軍した。遠境を凌ぎ、雪中を進んだ苦労、お察しください」と書かれている。永禄五年の冬は例年にない豪雪だったが、輝虎率いる軍勢は、苦労しながら雪を乗り越え、陽光の関東に入っていったのである。

二　諸城攻略

松山城の開城を知る

前の年と同じように、輝虎は上野の厩橋で年を越した。永禄六年（一五六三）の春、輝虎は武蔵の松山城を救うべく軍勢を南に進め、石戸（埼玉県北本市）に陣を布いたが、ここで松山城が開城してしまったことを知る。このあたりの一連の事態について、輝虎は会津の蘆名盛氏にあてた書状（四月十五日付）でこと細かく述べているが、松山城の開城に関わるくだりは次のようなものである。

蘆名盛氏にあてた書状

しからば、去る二月上旬、松山の敵陣後詰めのため、まず石戸と号する地、わずかに五三里を隔て、陣取るのところ、輝虎越山の儀、その聞こえありて以来、例式両所計策人候条、城中へ入る故、果たして城衆誑《たばかり》に乗り、そのうえ晴信証人を渡さるるゆえ、松山籠城の者ども恙なく出城、折節石戸着陣の刻、みなども落ち来たり候。城内へ通路諸口堅くあい塞ぐの間、輝虎後巻《うしろまき》、城衆知らずして、かくのごとき仕合いとなり、是非なく候。

松山開城の経緯

石戸の陣に落ちてきた城衆が、松山城開城のようすを細かく伝え、輝虎は現状を認識せざるを得なくなった。松山城を囲んでいた氏康と信玄は、越後の軍勢が近づいているという情報を得ると、城の周りを堅く取り巻いて、輝虎と城衆が連絡を取りあえないようにしたうえで、使者を城中に放って降伏するよう勧めたのである。武田信玄（晴信）が証人（人質）を出したこともあって、城将たちはこれを受け入れ、城を明け渡してしまう。

輝虎の行動

輝虎にとっては悲しい知らせで、当初の目的を果たせなかったわけだが、彼はこのまま引き上げるわけでもなく、氏康と信玄がともに近くに来ているのは千載一遇のチャンスだから、この機会に戦いを挑んで決着をつけたいと考えた。蘆名あての書状には次のように書かれている。

しかりといえども、両軍在陣、一戦を遂げ、本望を達すべき事、簡要の間、これを押し詰め、毎日動《はたら》き懸かるといえども、大切所《おおせつしょ》によりさらに取り出でず候条、輝虎陣所を改め、餌兵を抛《なげう》ち、腮《あご》を懸くべき武略を廻らし候といえども、両所下手に切り入り候ゆえか、当軍より着陣ゆえか、ついに折り合わず候間、所詮切所を越し、敵陣へ取り懸かるべき分に候ところ、その儀内通の族《やから》候か、あい驚き、敗軍をもって夜中に退散。陣場をあい隔つるゆえ慕わず候。かたがたもって、今度興亡に付さず候事、無念に候。

――松山城は開城してしまったが、北条と武田の両軍が在陣しているので、一戦を遂げて本望を達することもできると考え、敵をおびき出そうと、毎日ゆさぶりをかけたが、大切所（とても厳しい場所）なので相手も出てこなかった。そこで自分は陣所を改めて、おとりの兵を出して敵を引き寄せようとしたが、なかなか来てくれないので、切所を越えて敵陣に攻めかかろうかと思っていた。そうしたところ、内通していた者が連絡したのか、敵が驚いて夜中に軍勢を引いて退散してしまった。陣地が離れてしまったので、どうしようもなかった。今回興亡の一戦を遂げることができず、とても無念だ。

岩付に布陣

北条氏康が陸奥《むつ》白河の結城《ゆうき》晴朝《はるとも》にあてて出した書状（二月二十一日）に、「松山城は四日に手に入れ、十一日に景虎（輝虎）が岩付の陣から退散した」と書かれているので、石戸で松山開城を知った輝虎は、軍勢を南に進めて岩付に陣取り、北条や武田の兵をおびき出そうと、いろいろ手を打ったものと思われる。軍勢を前に進めたとしても、敵兵とわたり合わなければ、相手にダメージを与えることもできず、さしたる意味をもたない。自軍にも大きな被害が出かねないというリスクはあるが、できることなら相手の軍勢を近くまでおびきよせ、一挙に攻め込んで決着をつけたい。輝虎はこう考えていたようだが、これは彼特有のものではなく、この時代の武将たちに共通する発想だった。

岩付まで出て敵方と一戦を遂げようとした輝虎だったが、なかなか思うようにはいか

崎西城の攻撃

ず、次の行動を模索することになる。このまま兵を引いて越後に帰るという選択もありえたが、帰国するまでにいくつかの城に攻撃を仕掛けるという道を選び、岩付城から北に向かい、崎西城《きさいじょう》（騎西城、埼玉県加須市）に攻め寄せた。このあたりの事情も蘆名あての書状に詳しく記されている。

崎西城を攻めた理由

さりながら、武州の内崎西と号する地の事、奉公に候小田伊賀守累代在城、彼の人は成田下総守弟に候。輝虎に対し述懐あるべき儀これなく候といえども、兄逆心の間同前。彼の地元来四方を構え、浅深限りなく、一段しかるべき地に候条、調儀叶い難き由、年寄どもこれを申すといえども、氏康・晴信に対し一戦を遂げず候事口惜しく、ことに若年の者ども、徒《いたづら》に在陣、勇《いさみ》を失う由申し候間、崎西の地に向かい陣を進め、勢揃え、責め具以下あい調え、すでに外廻輪《そとくるわ》・中城これを取らせ、実《み》城《じょう》ばかり事限るのところ、美濃守に属し種々懇望候間、寛宥せしめ候。しかる間、下総守先忠に復すべき由侘言候。

――武蔵の崎西城には、古河公方《こがくぼう》の奉公衆《ほうこうしゅう》である小田伊賀守がいる。彼は成田長泰（下総守）の弟だ。小田伊賀守は自分に対して抵抗しているわけではないが、兄が逆心したので、同じことだ。この城は四方の堀切が深く、堅固なところなので、攻めるのは難しいと、「年寄ども」が申したけれども、氏康や晴信（信玄）に対して一戦を遂げないのは口惜しいし、ことに「若年の者ども」が、このままいたずらに在陣していても、勇みを失ってしまうと言うので、崎西の地に進んで軍勢を揃え、攻める道具などを準備して、外曲輪や中城を攻め取った。あとは実城ばかりになったところ、城主が太田資正を通していろいろ懇望してきたので、赦してやることにした。その結果、兄の成田長泰も詫言（謝罪）をして味方に戻った。

岩付の陣において輝虎は崎西城を攻めることを提案し、家臣たちに諮《はか》った。「年寄ども」は城の防備が固いことを理由に反対したが、「若年の者ども」が「このままでは元気が出ない」と主張したので、崎西城を攻撃することに決まったと輝虎は書状で述べている。「このまま戦いもせずに帰るのは口惜しい」と思っていた輝虎は、若者たちの要求を受け入れる形で行動に踏み切ったのである。崎西城の城主が敵対していたわけではないが、兄の成田長泰（忍城主）が裏切ったので、弟の居城を攻めるのだというのが、崎西城を標的に選んだ名目だった。多くの軍勢で城に迫り、外曲輪や中城を乗っ取ったので、城主もあきらめて降伏し、兄の成田長泰も詫びを入れてきた。

祇園城を攻め小山秀綱を降す

輝虎はとりあえずの目的を果たしたが、さらに北に進んで下野に入り、小山秀綱の籠る祇園城に攻め寄せた。軍勢の攻撃を受けて秀綱も降伏し、自身の子息をはじめとする人質を多く差し出した。こうして小山を配下に組み入れた輝虎は、西に進んで佐野城に

佐野城を攻める

向かう。前述したように、佐野昌綱は子息を人質に出しながら北条氏と通じていたので、あらためて本格的な攻撃をしかけたのである。大軍に包囲された昌綱は、こらえきれずに赦免を願い出た。輝虎が蘆名盛氏に長文の書状をしたためたのはこうした時期（四月十五日）で、「佐野を赦してやってもいいが、いろいろの城を攻めても結局和睦するというのでは際限がないし、ほかの人たちへの見せしめにもなるので、攻め落としてしまおうか。思案の最中です」と現状を述べている。反抗している者の城に攻め寄せても、城主が降伏を願い出れば、人質を取って赦免し、配下に組み入れていくという方法を取ることが多かったが、ときには要請を拒否して城を攻め落とすことも必要かもしれないと、輝虎は考えていたようである。しかし結局のところ、輝虎は佐野昌綱の願いを受け入れて城の囲みを解き、二十六日には厩橋に戻った。越後に帰ったのは五月ころのことと考えられる。今回は半月に及ぶ出馬だった。

佐野昌綱の帰順

輝虎越後に帰る

三　関東と信濃

輝虎の出陣

永禄六年の十一月、上杉輝虎はまたまた府内を出発して関東に向かった。ただ今回はすぐに山を越えることをせず、しばらく越後の国内に留まることになる。このころ武田

浅貝に陣する

信玄はまた西上野に出て倉賀野城に迫り、厩橋城将の北条高広《きたじょうたかひろ》が連絡してきたので、輝虎は浅貝（新潟県湯沢町）まで進み、ここを陣所とした。そのあと北条軍と武田軍が合流して利根川を渡り、横瀬成繁が守る上野金山城に向かって藤川（群馬県邑楽町）に布陣した。これを知った輝虎は、太田資正らに武蔵の埴生（羽生）城まで出陣するよう指示を下した。

やがて北条軍と武田軍は藤川の陣を引き払って東に進み、佐貫（群馬県明和町）と足利の間のあたりに陣を布いた。金山の横瀬成繁は使者を輝虎のもとに遣わして情勢を伝え、閏十二月十一日、輝虎は成繁に返書をしたためて使者に渡したが、この書状で輝虎は館林城と足利城を守ることが大切なので、そちらからも加勢を遣わしてほしいと頼み、「今度こそ一戦を遂げる覚悟なので、軽々と軍勢を進めることはしなかった」と、進軍が遅れた事情にふれている。早々と関東に出るのではなく、味方の国衆《くにしゅう》たちが集まったところで、時機をみて乗り出すというのが輝虎の作戦だったようである。常陸《ひたち》の佐竹《さたけ》義昭《よしあき》は病中にもかかわらず自身出馬してきたが、房総の里見氏はなかなか動かず、しびれをきらした輝虎は、ようやく山を越えて上野の厩橋城に入った。

厩橋城に入る

和田城に迫る

このあと輝虎は利根川を渡り、武田軍が押さえている和田城に迫った。和田城は倉賀野城の近くにあり、武田方の最前線にあたるが、箕輪《みのわ》の長野氏などの要請に応えて、輝

柏崎
小千谷
陸奥
越後
春日山
上田
浅貝
飯山
三国峠
沼田(倉内)
下野
川中島
上野
塩崎
上田
箕輪
厩橋
足利
佐野
小山
佐久
安中
金山
常陸
碓井峠
和田
倉賀野
館林
古河
埴生
信濃
小田
関宿
松山
石戸
崎西
岩付
葛西
武蔵
国府台
下総
江戸
臼井
甲斐
府中
相模
上総
小田原
駿河
安房
府中
伊豆
(注)下線をつけた所は
上杉軍が攻めた城

上杉輝虎の関東出陣

小田城に迫る

虎はまずこの城を攻めようとしたのである。輝虎は陣中で年を越し、永禄七年（一五六四）の春を迎えるが、和田城はなかなか落ちず、そうこうする中、里見義弘が下総国府台《こうのだい》で北条氏康と戦って敗れたという知らせがもたらされた。北条氏の攻勢を押さえるためには前に進むことが必要と考えた輝虎は、佐竹義昭や宇都宮広綱などの国衆を率いて東に進み、小田氏治の籠る常陸の小田城に迫った。小田氏治はかつて北条氏との戦いに敗れて流浪しており、長尾景虎の関東出馬に呼応して小田城への復帰を果たし、起請文《きしょうもん》を差し出して忠節を誓っていたが、まもなくして北条方に転じていたのである。

小田城の攻略

　正月二十二日、輝虎は小田城の近くに陣所を置き、七日後の二十九日、総攻撃をかけて城を落とし、小田氏治は逃走した。のちに京都の大館晴光《おおだちはるみつ》にあてて出した書状（八月四日付）で、輝虎は「小田は古くからの要害で、普請も怠りないので、攻め落とすのは難しいと、みなが進言したが、軍勢を詰め寄せて攻めさせたので落居した。宗徒《むねと》の者を二千余人討ち取り、残党たちは堀や溝に溺れたり、焼け死んだりして、その数は幾千万か、数えきれない」と述べている。関東に出てきてから、敵の城を力攻めにしたのはこれが最初だが、このときはとりあえず勝利を収め、目的を果たしたのである。

佐野城を攻める

　小田城を落とした輝虎は、軍勢を戻して西に進み、また佐野城を攻めた。佐野昌綱が輝虎に降伏したのは永禄六年の四月だったが、輝虎が越後に戻ると、またもや北条氏と通じて敵対の姿勢をみせたのである。輝虎は軍勢を集めて攻撃をかけ、外構《そとがまえ》を押し破った。佐野昌綱は再び降伏を申し出、人質の提出を約束したので、輝虎はこれを認めて攻撃をとりやめ、二月十七日に城攻めで活躍した兵士たちにいっせいに感状を発給した。

再び和田城を攻める

このあと輝虎は厩橋に向かって進み、再び和田城を囲んで攻撃を始めた。こんどこそ城を落とそうと考えたわけだが、武田信玄が念を入れて堅固に造り上げた城なので、なかなか陥落させることができなかった。三月十三日、輝虎は越後にいる本庄実乃《ほんじょうさねより》らにあてて書状を書き、戦陣のありさまを次のように伝えている。

七日から城を取り詰めたが、いつものように国衆たちは油断しているので、越後の者たちを召し連れ、白井の長尾憲景を案内者として、曲輪を取った。北条高広・長野氏業・横瀬成繁といった上野の武士たちも攻撃をしかけたが、曲輪は一つも取れなかった。宇都宮(広綱)・佐竹(義昭)・足利(長尾景長)などの軍勢は、離れたところに陣取っている。国衆は佐竹や宇都宮をはじめとして、戦いぶりはあてにならない。越後衆だけで戦うこともできない。里見(義弘)と太田(資正)が敗戦したことを知ったとき以上に、今は気鬱だ。

輝虎越後に帰る

越後の軍勢を中心にしながらも、長野や横瀬といった上野の国衆、さらには佐竹や宇都宮といった遠方の大名たちも含みこんで、かなりの軍勢が輝虎のもとに集結していたのである。越後と上野の者たちが城に攻撃をしかけ、佐竹・宇都宮らは遠くで支援するという形だったが、思うように事は進まず、輝虎もかなり落ち込んでいた。結局和田城を落とすことはできず、輝虎は陣を解いて越後に帰っていった。

武田軍の倉賀野城攻略

越後軍の撤退によって武田方は勢いを増し、倉賀野城の攻略に成功する。箕輪城主の長野氏業は上杉方として踏みとどまっていたが、このままでは耐え切れないので、早く信濃に出陣してほしいと輝虎に懇願した。六月二十五日、輝虎は上野小泉城（群馬県大泉町）の富岡重朝に書状を遣わし、来月八日に信濃に出陣する予定だと伝え、二十七日の里見義弘あての書状では「西上野を掌握できなくなれば（武田に押さえられれば）、東口への通路が止まってしまう。そうなっては困るので、この秋にはまず信州に出て、深々と軍勢を進めるつもりだ」と述べている。

関東と信濃のつながり

信濃に入って川中島を押さえ、そこから上田や佐久《さく》を通り、碓《うす》井《い》峠《とうげ》を越えれば西上野に到達する。上田や佐久は武田方が押さえていたが、城を落としながら進軍すれば上野に出ることも可能である。またそこまでしなくても、輝虎が信濃に出陣すれば、西上野に出ていた武田の軍勢も対応を迫られ、信濃に引き上げるかもしれない。関東と信濃は東山道《とうさんどう》で深くつながっていたのであり、西上野の味方を救うため信濃に出陣するというのは、きわめて現実的な選択だったのである。

輝虎の信濃出陣

輝虎は七月八日を出陣予定日にしていたが、実際には少しばかり遅れ、信濃に出て川中島の手前に着いたのは七月二十九日だった。延期の理由は定かでないが、七月五日に長尾政景が越後上田で横死したことが影響したのかもしれない。ちょうどこのころ、太田資正の子の氏資が北条氏に味方して岩付城を占拠するという事件が起き、厩橋の北条高広の注進状《ちゅうしんじょう》が輝虎のもとに届く。資正が宇都宮との交渉に出かけて留守にしている時機を狙って、子息が事に及んだわけである。岩付城が北条方のものとなったのは輝虎にとって大きな痛手だったが、太田資正は常陸の佐竹氏のもとに身を寄せて反北条の姿勢を貫き、輝虎も相変わらず資正を頼りにしていた。

太田資正の佐竹氏寄寓

八月三日、輝虎は犀川《さいかわ》を渡って川中島に陣を据え、その翌日、佐竹義昭にあてて書状をしたためた。「信玄が出てきたら一戦を遂げようと計略を廻らしているが、まだ敵の陣所はわからない。どこに陣取っていたとしても、攻め懸かって決着をつけるつもりだ。もしも出て来なかったら、佐久郡にしばらく在陣して、国中を一変させてしまおうと考えている。こちらはこんな予定なので、以前約束したように、御自身早く出馬されて、武蔵と上野の境に陣取り、北条軍の動きを抑えていただきたい」。

輝虎は佐久郡まで進むことも想定していたが、まもなく信玄が塩崎（長野市）に布陣したので、これと向き合うことになった。しかし武田軍はめだった動きをみせず、長陣もできないので、飯山城《いいやまじょう》の修理を確認して軍勢を引いた。十月一日のことである。

四　下総臼井城の敗戦

春日山で越年

永禄七年の冬、上杉輝虎は越後の春日山城にいて、ここで年を越した。永禄三年から四回にわたって、輝虎は上野で越年しているので、越後で新年を迎えるのは久しぶりだった。このころ越前《えちぜん》の朝倉義景《あさくらよしかげ》が浄土真宗門徒と戦うため加賀《かが》に出ていて、輝虎に加勢を要請してきた。朝倉とは懇意にしてきたので、加賀に出陣しようと、輝虎もいったん決意するが、上野や武蔵の味方中から、情勢が緊迫しているので救援に来てほしいと頼まれ、結局は関東に向かうことになる。春日山を出たのは永禄八年（一五六五）二月二十四日だった。

輝虎の出陣

上田衆にあてた書状

しかし輝虎はすぐには越山せず、越後国内に留まりながら関東の状況を注視し、出馬の機会を窺うという方法を取った。五月二十二日の酉刻《とりのこく》（午後六時ごろ）、厩橋の北条高広から「武田信玄が安中口に向かって出てきた」という注進が届いた。輝虎はすぐに長尾伊勢守と栗林次郎左衛門にあてて書状をしたため、「そちらの軍勢に準備するよう指示して、当方からもう一度連絡があったら、ただちに出動せよ」と書いた。ところがここまで書いたときに、また厩橋からの注進が来たので、輝虎はこれまで書いた部分に続けて、「この書状を書いている間に、また注進が来た。たいへんなことはわかるが、大井田藤七郎と同心して、夜昼問わずに進んで倉内（沼田）に行き、河田長親《かわだながちか》が差し置いている者たちとともに奔走してほしい」と書き記した。輝虎の陣所にはかなりの頻度で各所からの注進が届けられており、情報を得ると輝虎は即座に対応していたのである。

長尾伊勢守と栗林次郎左衛門は上田長尾氏の一門や家臣で、長尾政景が横死したあと、その軍団（上田衆）のまとめ役をつとめていた。また大井田藤七郎は政景の弟で、上田の近辺にいたものと思われる。上野にいちばん近いところにいた上田衆は、輝虎の指令を受けていちばん先に関東に出兵するという役割を負っていたのである。

河田長親に対する指示

七月になると武田軍の動きが明らかにみられるようになり、輝虎も対応を迫られた。七月十七日に輝虎は河田長親にあてて書状をしたため、「今また丹後守（厩橋の北条高広）から注進が届いた。今度は必ず厩橋や倉内に出てくるだろうが、ほとんどの軍勢は倉内に向かうようだ、という内容だった」と上野の情勢を伝え、「夜を日に継いで」急ぎ沼田に移るよう指示している。またこの書状には追而書《おってがき》（追伸部分）があり「判紙を二十枚

判紙を差し越す

差し越す。丹後守と談合して、重ねて東口に差し越すように」と記されている。「判紙」というのはおそらく輝虎の花押《かおう》が据えられた紙で、花押以外は白紙の状況だったと考えられる。これを受け取った河田長親が、北条高広と相談して文面を考えて書き入れ、月日と宛名を書いて「東口」の大名や国衆たちに届けるという算段になっていたのである。このあと輝虎は上田衆の大井田藤七郎・長尾伊勢守・栗林次郎左衛門にあてて書状を出し、すぐに軍勢をまとめて倉内に移るよう指示した。

将軍横死の知らせ

輝虎は二月二十四日に春日山を出ているが、しばらく越後国内に留まり、関東から届けられる情報をにらみながら各地の部将たちに指示を出していた。はっきりしたことはわからないが、ある段階でまた春日山に戻っていたのではないかと思われる。そしてこうした時期に、京都で大事件が起きたという知らせがもたらされる。三好義継《みよしよしつぐ》や松永久通《まつながひさみち》らが率いる軍勢が将軍義輝の御所に迫り、闘いが始まって将軍が落命したというのである。五月十九日の事件だった。越後で悲報に接した輝虎は、越前の朝倉義景のもとに使僧を遣わして、ことの真相はどのようなものかと尋ねた。朝倉氏のほうでもすぐに対応し、重臣の朝倉景健と山崎吉家が輝虎重臣の直江政綱《なおえまさつな》（直江実綱の改名）にあてて書状を書いて、これまでに得ている情報を伝え、「早くお知らせしたかったのですが、あちらこちらから来る情報が錯綜していて、確実なところをまとめてお伝えしようとしているうちに月日が過ぎてしまいました」と、輝虎への連絡が遅れた事情を説明している。

覚慶とのつながり

三好と松永はとりあえず京都を押さえたが、興福寺にいた義輝の弟覚慶《かくけい》が奈良から逃れて近江《おうみ》の甲賀に赴き、政情は流動的になる。越後の上杉輝虎は、居多社《こたしゃ》神主花前宮《はながさきく》内大輔《ないのたいふ》の子息である智光院頼慶という僧侶を覚慶のもとに遣わして、そば近くに奉公させた。その後、覚慶は頼慶と水原祐阿《すいばらゆうあ》を使者として越後に遣わし、輝虎に協力を要請した。兄の仇である三好と松永を討ち、将軍の地位に立ちたいと念願していた覚慶にとって、輝虎は頼りになる味方だったのである。

輝虎の関東出馬

十一月二十四日、輝虎は春日山を出て、まもなく山を越して関東に入った。房総の里見氏のもとに身を寄せていた足利藤氏は、下野の小山秀綱にあてて書状を出し、「今度輝虎の軍勢が向かうのは下総方面だということだから、自分も動座するつもりだ。以前から申し合わせているように、高朝（秀綱の父）と談合して、早く馳せ参じ、里見父子（義堯・義弘）と協力してがんばってほしい」と要請している。前回は常陸の小田まで出てきたが、今度はもっと南の下総まで進んでいくと、輝虎は公言していたのだろう。

小田城の攻略

年明けて永禄九年（一五六六）を迎えると、輝虎はまず常陸の小田城に向かい、圧力をかけた。二年前の春、小田氏治は軍勢に居城を攻められ降伏したが、輝虎が越後に戻ると、やがて北条方の誘いを受けて敵方になっていたのである。輝虎にとってみれば「逆心」

にあたるので、軍勢を集めて城を取り囲んだところ、氏治は結城晴朝を通して降伏したいと申し入れてきた。城を破却して出ていくから、命は助けてほしいと頼んだのである。輝虎もこの申し入れを受け入れ、二月十六日に小田城は開城する。

臼井城を攻める

小田城を攻略した輝虎は、少しばかり軍勢を休めたあと、南に進軍して下総の臼井《うすい》城《じょう》を攻めた。臼井城主は千葉胤富の家臣にあたる原胤貞で、北条氏に従っていたので、輝虎の標的になったのである。三月二十日、軍勢に加わっていた長尾景長は、千手院にあてて出した書状で戦陣の様子を伝え、「臼井の地は実城の堀を一重にしていて、軍勢が取り詰めている。夜昼かまわず攻め立てているので、じきに落ちるだろう。輝虎に従う人たちの数は、先年の小田原陣《おだわらじん》のときにも勝るもののようだ」と述べている。五年前の小田原城攻囲のときと同じか、あるいはそれ以上の人たちが動員されていたようだが、城はなかなか落ちず、この三日後の二十三日、寄せ手による力攻めが決行された。しかし城兵の抵抗にあって目的を達成できず、多くの死傷者を出す結果となった。

力攻めの決行と敗北

二日後の三月二十五日、北条氏政《うじまさ》は武田信玄に書状を出して勝利を伝えているが、「一昨日の二十三日に敵が臼井を攻めたが、数千人の死者・負傷者を出したようだ」「城から来た使者の口上によると、被害が大きかったので、房州衆の酒井は陣を解き、二十三日の夜には越後の軍勢も少し引いていったということだ」とここにはみえる。また二十八日に足利義氏《よしうじ》が豊前山城守にあてて出した書状には「去る二十三日の大責めでは、五千余の死者・負傷者が出て、二十五日に敵が敗北したとの注進があった」とみえる。具体的なことはわからないが、攻め手の側に多数の死者や負傷者を出す敗戦だったことはまちがいないだろう。

越後軍の撤退

里見氏の側の代表として城攻めに加わっていた酒井胤治は、すぐに陣地を引き払い、輝虎や越後の軍勢も二十五日には撤退したようなのである。

輝虎の願文

越後に帰った輝虎は、五月九日に長文の願文《がんもん》をしたため、仏神に捧げた。全体で五ヵ条からなる願文で、一条目は次のような内容だった。

北条氏康像（早雲寺蔵）

> 分国中、いずれも無事長久。なかんづく、越後国・上野・下野・安房何事なく、喧嘩口論、無道狼藉、博打博奕、火事などこれなく、まして兵乱夢に見ず。右その内にも越後、佐野の地、倉内の地、厩橋の地、長久無事の事。

輝虎は「分国《ぶんこく》」の無事を祈っているが、

ここで意識されているのは越後・上野・下野と安房である。越後は本来の領国で、上野国の国衆たちもかなりの部分が輝虎に従っていた。下野の小山や宇都宮も自身に従って行動することが多かったので、輝虎は下野も分国と認識していたのだろう。また安房の里見氏は古くからの協力者だった。自身の本来の領国と、自分に従ってくれている大名や国衆のいるところを、輝虎は「分国」と考えていたのである。またこの箇条の後段で、越後と佐野・倉内・厩橋の長久無事を特に祈念していることは注目できる。輝虎にとって特別に大切な所は越後国と、ここにみえる三ヵ所だった。

北条との和睦を模索

願文の三条目には「北条氏康と弓矢とり結ぶといえども、上意様仰せ置かるる筋目候間、輝虎、氏康に真実和談あって、輝虎利を失わず、存ずるままにてあい調うべき事」と記されている。「上意様」というのは先にみた覚慶で、このときには還俗《げんぞく》して足利義秋《よしあき》と名乗っていた。将軍義輝は以前から北条と和睦するよう輝虎に勧告していたが、義秋も同じように、早く北条との戦いをやめて、自分を救援してほしいと輝虎に要請していたのである。この要請を受け入れて北条と和睦してもいいが、その場合でも自分（上杉家）が不利にならないように話をまとめられたらいいと、輝虎は念願していた。

四条目では「輝虎神力・仏力を添えられ、信州・甲州当秋中に一宇なく焼き放ち、輝虎の旗・馬を甲府に立て、即時に武田晴信父子退治の事」と述べ、五条目では「武田晴信退治、氏康・輝虎真実に無事を遂げ、分国中留守中気遣いなく、天下へ上洛せしめ、筋目を守り、諸士談合いたし、三好・松永が一類悉く頭《こうべ》を刎ね、京都公方様・鎌倉公方、両公方様取り立て申すにおいては、堂舎・仏塔、寺社・神領、仏法・王法、前々の如く御意見を申し出ださせ申し、同じく輝虎致すべきところは、申すに及ばず致すべく候」と、今後の願望を書き連ねている。武田とは戦い続けるつもりだが、北条との戦いはそろそろやめにしたい。輝虎はそう考え始めていたのである。

第六　苦境から光明へ
——越相同盟成立まで——

一　北条高広の離反

輝虎の関東出陣

臼《うす》井《い》城《じょう》の敗戦から四ヵ月が過ぎた、永禄《えいろく》九年（一五六六）七月下旬、上杉輝虎《うえすぎてるとら》は越後《えちご》府内を出発して関東に向かった。しばらく国内にとどまり、閏八月に山を越して沼田に着いたが、こうしている間に関東の国衆《くにしゅう》たちが次々に輝虎から離反して北条氏に従属するという、深刻な事態が進行していた。

関東の国衆たちの離反

上野《こうずけ》新田の由良成繁、武蔵《むさし》忍の成田長泰、下野《しもつけ》の宇都宮広綱といった面々が、北条氏の誘いを受け入れて方針転換をしたのである。常陸《ひたち》の佐竹氏では、当主の義昭《よしあき》が前年十一月に死去し、子息の義重《よししげ》が十九歳で家督を継いでいたが、義重の代になってから輝虎との関係は疎遠になりつつあった。

由良成繁が北条方に転じたことを知った輝虎は、成繁の居城である新田金山城まで軍勢を進めたが、成果を上げることができず、引き返して越後に帰った。そうこうしてい

箕輪城の陥落

る間に、上野西部の情勢が急を告げる。利根川《とねがわ》の西の要衝である箕輪城《みのわじょう》を拠点としていた長野氏業は、輝虎に従う姿勢を保ちながら武田の軍勢と対抗し、輝虎が和田城を攻めたときにも一方の大将をつとめていた。北の和田城と南の倉賀野城《くらがのじょう》が武田に押さえられている中、必死に防備を固めていたが、上杉軍が臼井で敗れたことが作用して情勢は急速に悪化し、武田軍の攻撃にさらされたのである。九月二十九日、城はついに陥落、長野氏業は討死して、名族長野氏はここに滅亡した。箕輪城を手に入れたことにより、利根川の西にあたる上野西南部一帯は武田の勢力下に組み込まれ、利根川をはさんで対抗している厩橋《うまやばし》の北条高広《きたじょうたかひろ》が武田の攻撃対象になりかねない状況になったのである。

再び関東に出陣

北条高広離反の知らせ

十月十一日、輝虎は山越えをしてまた関東に入り、沼田に着陣した。十一月には沼田を出て大胡に至り、さらに進んで利根川を渡り、高山や深谷の近辺を放火して、下野の佐野に着いた。そのしばらくあとのこと、上野の厩橋から来た者が、北条高広が離反して北条や武田とつながっているという情報を伝えた。信頼していた重臣が裏切ったというしらせに接した輝虎は、はじめは全く信用していなかったようで、すぐあとに書いた書状（宛先は不明）の中で次のように書き記している。

> 丹後守（北条高広）は巧者で、歳も取っている。譜代の芳志を黙止し、妻子を捨てて、北条や武田に一味するということはありえない。きっと厩橋から逃げて来た

者がうそをついているのだろう。彼は弓矢にかけても名人だ。

輝虎は北条高広の力量を高く評価し、離反の情報を信じなかったが、その後も高広の行動を具体的に伝える知らせが続き、現実を直視せざるを得なくなった。沼田城将の松本景繁が、加勢のため惣社に赴き、そこから使者として厩橋に行ったところ、北条高広はこれを拘束し、北条氏の陣に引き渡してしまったというのである。十二月十三日、輝虎は本庄実乃《ほんじょうさねより》にあてた書状でこのことを述べ、「道七（為景）以来の芳志も受け、自分も代官として登用し、関東に差し置いた。よくしてやったのに、こんなことをしでかしたのは、天魔の所行だ」と、怒りをあらわにしている。

高広の立場と判断

北条高広は越後刈羽郡《かりわぐん》に本拠を持つ国衆で、大江広元《おおえのひろもと》の流れをくむ毛利氏の一流にあたる。鎌倉御家人の系譜を引く名族だが、輝虎は高広の力量を認めて上野厩橋の城将に抜擢し、高広は厩橋に居住しながら地域の統治にあたり、近隣の国衆との連絡役もつとめた。厩橋に入ったのはおそらく永禄三年で、それから六年が経過し、周辺の人々も認める存在として、一定の地位を築いていたものと思われる。輝虎が北条との戦いを有利に展開し、上野より南の地域で敵と向かい合っている間は、厩橋が危険にさらされることはなかったが、この年三月の臼井城攻めの失敗を契機として新田の由良成繁が北条方に寝返り、箕輪城が武田軍に奪われるという情勢転回の中、武田や北条の軍勢に厩橋城が攻囲されることが現実味を帯びてきたのである。高広は輝虎の重臣なので、上杉方の一員として動くのが当然ともいえるが、このまま上杉方に留まれば、自身が率いている上野の武士たちも危機に直面してしまう。戦いを未然に防ぎ、城兵の命を守るためには、武田や北条と連絡を取って和睦してしまうのが得策と、高広は判断したのだろう。

箕輪城の陥落によって武田軍が間近に迫る中、北条高広は武田の陣営に使者を放ち、和睦を申し入れていたようである。十二月五日に武田信玄《しんげん》が高広にあてて出した書状に、「はじめてお便りします。先日承ったことが真実ならば、とても嬉しく思います。今後は仲良くさせていただきたいので、ご同意いただければ本望です」とみえるので、まず高広のほうから信玄に働きかけ、信玄がこれに応えたというのが実情だったようである。北条氏との和睦の経緯についてはよくわからないが、以前からつきあいのあった新田の由良成繁が仲介して和睦が成立したということかもしれない。

厩橋の北条高広が離反したことは、輝虎にとってみればとんでもない重大事件だった。これまで越後から関東に入るときには、まず上野の沼田に至り、そこから厩橋に進んで、さらに南に攻め入るというのが一般的だったが、高広の離反によって厩橋に入城することができなくなり、沼田から直接佐野に向かわざるを得なくなったのである。年末になると佐野に隣接する館林城の守備を任せていた長尾景長も叛いて北条氏とつながったと

輝虎越後に帰る

いう知らせが届き、輝虎は窮地に立った。輝虎はしばらく佐野の陣に留まり、ここで年を越したが、いつまでも在陣するわけにもいかず、やがて軍を引いて越後に帰った。

厩橋城将が北条方になったことで、沼田城は直接敵と向き合うことになった。永禄十年（一五六七）四月、沼田の兵力不足を補うために、輝虎は越後上田の武士たちを沼田に派遣、沼田の城将にあてて書状を出して「なんとか工夫して、丹後守（北条高広）の陣所に、夜討ちでもいいから攻め込んで、相手を動揺させるように」と指示している。

佐野陣にいた色部の申請と輝虎の対応

下野の佐野の陣には越後の国衆たちが残留していたが、彼らも敵に襲われる危険に直面していて、陣中から離脱する者も現われた。北越後に本拠を持つ色部《いろべ》勝長《かつなが》も、こんなところから早く離れて故郷に帰りたいと切望し、書状を出して輝虎に申請した。五月七日、輝虎は色部にあてて書状を出したが、その内容は次のようなものだった。

帰国したいというあなたの気持ちは、よくわかります。虎房丸を送り届けるときに、佐野陣の者たちに根利まで来るように指示しているから、そのときにいっしょに出発されるのがいいと思います。急いで単独で出立されたりすると、途中で敵に襲われて、命を失ってしまうかもしれません。五十公野《いじみの》がそちらから退散したときには、道路事情が悪く、敵地を通らなければならなかったと聞いています。そういう状況なので、もしものことがあったらと心配しているのです。

永禄六年に佐野城を攻め、佐野昌綱を降伏させたとき、子息の虎房丸が人質として越後に送られることになり、虎房丸はしばらく越後に留まっていたが、何らかの交渉の結果、虎房丸は佐野に帰還することになったようである。虎房丸は越後から沼田に入り、少し進んだ根利の地で、佐野から来た迎えの者に引き渡される算段になっていた。こうした予定もあるので、今すぐ出発したりせず、佐野からの迎えの人たちといっしょに行動し、そのまま帰国してほしいと、輝虎は色部に頼んだのである。すぐに自分だけで出立したりすると、道路事情も悪いので敵地を通らざるを得なくなり、敵に襲われる危険性も高いというのが、このような提案をした理由だった。色部の軍勢をしばらく佐野に留まらせるための方便といえなくもないが、家臣たちのことを真剣に考えた結果の措置とみることもできる。しばらくのちに輝虎は色部にあてて血判《けつぱん》の起請文《きしょうもん》を書いてその功績をたたえ、「あなたのことは少しも疑っていません」と誓っている。家臣たちの不満を少しでもやわらげようと、輝虎も必死だったのである。

太田資正にあてた書状

輝虎と以前から親交があり、関東経略の担い手として期待されていた太田資正《おおたすけまさ》は、永禄七年に武蔵岩付城を失ったあと、常陸の佐竹氏のもとに身を寄せ、その客将として活動していた。国衆たちが次々と離反する中、輝虎はあらためて太田の助力を期待し、八月七日に長文の書状を書き、使僧を派遣して希望を伝えた。この書状で輝虎は、佐野から東の仕置きについては佐竹と宇都宮に任せ、自分は関東の西半分だけ統治することにするから、この両家が離れないよう尽力してほしいと頼み、また沼田と佐野の間に「直路」があるので、これを整備して軍勢が安心して通行できるようにせよと指示している。前述したように厩橋が敵方となったため、軍勢は沼田と佐野の間を通ることになり、この道を確保することが重要な課題になっていたのである。

資正の妹にあてた書状

輝虎は事態を打開しようとつとめていたが、宇都宮広綱はすでに北条方となっており、佐竹義重も北条方に転じたという知らせが届いた。九月二十七日のこと、輝虎は「みとのするがかた」にあてて書状を出したが、これはかな書きを基本としているので、三戸駿河守の妻室にあてて書いたものと考えられる。彼女は太田資正の妹で、輝虎とは親しい間柄だったようである。肝腎の資正はめだった行動をしてくれず、なんとかしなければと考えた輝虎は、資正の妹にあてて書状を出し、兄を説得してほしいと頼んだのである。

「このままうち置くべき事にもあらず候間、美濃守稼ぎ候らいて、本意の形をもつけ候らわば、忠節といい、その身のためと申し、何事かこれに過ぐべく候や。この由よきように意見をなすべき事、そもじ前にあるべく候」（このまま打ち捨てておくわけにもいかないので、美濃守（太田資正）が奔走して、事態を打開していただければ、忠節であるし、その身のためにもなる

世上このままにてはあるまじく候

関東に出馬し佐野城を救う

ので、これ以上のことはない。こうした私の思いを、うまく（資正に）意見してほしい。とにかくあなたが頼りだ）。こうした希望を述べたあと、輝虎は追伸部分でこんな一文をしたためた。「世上このままにてはあるまじく候ほどに、やがてやがて本意、疑いあるべからず候」（世上はこのまま、ということもないだろうから、やがて本意を達する（思いどおりになる）ことはまちがいないだろう）。事態は悪化の一途をたどっていたが、輝虎は将来の希望を失っていなかったのである。

そうこうするうちに、北条氏政《うじまさ》が軍勢を率いて佐野城に迫り、佐野昌綱や周辺の武士たちも北条と通じて、佐野に布陣している味方の軍勢に危機が迫った。輝虎は越後を出て沼田に至り、厩橋・新田・足利という敵方の城のあるところを突き破って前に進んで、北条氏政の陣所に攻め寄せようとした。これを悟った敵方は退却を始め、輝虎は佐野城を押さえることに成功する。北条と通じていた佐野昌綱が降伏を申し入れてきたので、輝虎はこれを許し、城を昌綱に預けて帰国の途についた。十一月二十一日のことである。

佐野昌綱の子息の虎房丸は、いったん佐野に戻っていたが、あらためて人質として越後に送られることになった。また佐野の家中の者たちからも、三十人あまりの人質を提供され、越後から派遣されていた軍勢は全員が引き上げることになった。色部勝長が帰国を切望したことは前に述べたが、長く在陣している越後の部将たちに、今後も留まってもらうこともできず、かといって新たな守将を任命することも不可能だった。こうした現状認識のもと、とりあえず佐野昌綱に仕置きを任せて、越後の軍勢は駐留させないという方向で輝虎は事態を収拾したのである。

二 本庄繁長の反乱

本庄繁長離反の知らせ

佐野から越後に戻った輝虎は、そのまま春日山城《かすがやまじょう》で年を越し、永禄十一年(一五六八)の春を迎えた。三月に輝虎は越中《えっちゅう》に出馬し、放生津《ほうじょうづ》まで進むが、ここでとんでもない知らせを受ける。北越後の有力国衆である本庄繁長《ほんじょうしげなが》が、武田信玄とつながって、居城で決起したというのである。三月二十五日の未明、輝虎は放生津の陣を引き払って越後に戻り、本庄の決起にどう対応するか協議を始めた。とりあえず重臣の直江政綱《なおえまさつな》と柿崎景家《かきざきかげいえ》が軍勢を率いて北越後に進み、この地域の国衆たちにも動員をかけることになった。五月四日のこと、輝虎は黒川清実《くろかわきよざね》の家臣たちと、鮎川盛長《あゆかわもりなが》の家臣たちにあてて書状を出し、傍輩たちと相談して、本庄の討伐のため尽力するよう求めている。当主だけでなく家中の面々にあてて書状を出すことで、彼らの奮起を促そうと考えていたのだろう。

本庄繁長はこのとき二十九歳。幼少時は叔父の小河長資に本庄城を押さえられ、出羽《でわ》で逼塞していたが、家臣たちに支えられながら長資の討伐を果たし、家督の地位についた人物である。輝虎に叛いた事情はよくわからないが、関東や信濃《しなの》での戦いに動員され続ける中で不満をつのらせ、四囲の情勢が輝虎不利に動いていると感じる中で武田の勧誘を受けて、決起に及んだということだろう。武田との連絡をどう取ったかは定かでないが、信濃から上野に出て会津にぬける道を利用すれば、武田と本庄の使者の往来は可能だったと思われる。

武田信玄の行動

本庄の決起により、かなりの軍勢が北越後に赴いたとの情報を得た武田信玄は、越後府内の守備が手薄になっているすきを突こうと、具体的な行動に出た。七月十日には北信濃の上杉方の拠点である飯山城《いいやまじょう》に攻撃をしかけ、その後も長沼に陣を布いて圧力をかけ続けた。飯山城将からの知らせを受けた輝虎は、古志《こし》の上杉景信や黒滝衆を信越国境の関山城に加勢として送り込んだ。

まもなくして、こんどは越中の敵方が動き出したとの知らせが届き、信濃と越中の両方からの攻撃を防ぐ必要に迫られることになった。手元にいる兵士だけでは危機に対処できないと考えた輝虎は、北越後に在陣している直江政綱のもとに書状を遣わし、軍勢のいくらかを府内に還してほしいと頼んだ。輝虎は兵士たちの名前を列記した「日記」を政綱のもとに届け、ここに記されている者は陣中に残し、ほかの兵士は府内に送るよう指示している。続いて輝虎は直江政綱と柿崎景家にあてて書状をしたため、軍勢が少ないと信濃・越中の両方向からの敵の動きに対応できないと、兵士の派遣を要請した理由を述べているが、書状の後段でこのときの軍勢の配置について具体的に書き記している。

軍勢の配置に関わる指示

飯山には、新発田《しばた》・五十公野・吉江佐渡守を派遣した。
関山の新地へは、十郎方（上杉景信の兵）・山本寺・竹俣・山岸と黒滝衆を入れた。
このほか旗本の者を、十騎十五騎と、両地（飯山と関山）に横目として入れた。
祢知・不動山にも、旗本の者たちを多数差し越した。
自分のもとには、山吉・河田と栃尾衆しかいない。

飯山・関山・祢知・不動山という要所の守備を固めるために、家臣たちとその手勢を計画的に派遣していたが、兵士たちの数も限られているので、自分の手元には山吉豊守《やまよしとよもり》と河田長親《かわだながちか》の配下の兵と栃尾衆しかいない。府内とその周辺の現状をこのようにまとめている。敵の攻撃をうまく防ぐため、限られた軍勢をどう配置したらいいか、状況の変化に応じて、兵士たちをどう移動させるか。輝虎はいつも頭を悩ませていたのである。

緊張は極限に達していたが、上杉方の防備が厳重だと気づいたためか、長沼まで来ていた武田軍も進軍をあきらめ、陣を払って帰っていった。信濃方面が大丈夫だとみた輝虎は、本庄攻めの陣から呼び寄せていた山浦国清《やまうらくにきよ》に、また北越後に行くように指示し、北条景広《きたじょうかげひろ》や色部勝長、さらには新発田の軍勢に、府内を出て本庄城の攻撃に加わるよう命じた。武田の来襲に備えるためにも、とにかく早く本庄の問題を解決しなければならない。輝虎はそう考えていたのだろう。

輝虎出馬し本庄城に迫る

本庄繁長が決起してから、すでに半年が過ぎていた。家臣や国衆に任せるだけではどうにもならないと考えた輝虎は、自身出馬することを決意し、府内を出て柏崎《かしわざき》に進んだ、十月二十一日のことである。ここで輝虎は上田衆のまとめ役である栗林次郎左衛門尉に書状を出し、出雲崎《いずもざき》を通って三ヶ津（沼垂津・蒲原津・新潟）に進む予定なので、傍輩を連れて三ヶ津に来るようにと指示している。ここに書かれた予定のとおり輝虎は進軍したようで、十一月七日には本庄城の近くまで進み、ここに陣を取った。

陣中における政務

直江政綱と柿崎景家は前から陣中にいて指揮を取っていたが、輝虎に従って重臣の山吉豊守や鯵坂長実《あじさかながざね》らがこれに加わり、輝虎の信頼する家臣の中枢部分が陣中に集まる形になった。そうしたところに、北越後の有力国衆である中条越前守が現われ、石塚玄蕃允の「表裏」について注進した。中条の申し出を受けたのは直江政綱と鯵坂長実で、山吉豊守はあいにく不在だったが、帰ったあと直江と鯵坂から話を聞き、中条の申し分はもっともだと返答した。このあと三人はすぐに中条にあてて書状をしたため、その日のうちに輝虎に言上した。輝虎は上機嫌で、「中条はかつて本庄繁長から誘われたときの計策の書状を、こちらに見せてくれたし、今回も貴重な情報を伝えてくれた。都合がついたらお目にかかってお礼を言いたい」と述べて、中条あての書状をしたためた。この書状を受け取った三人衆（山吉・直江・鰺坂）は、すぐに連名の書状を書いて中条のもとに届けたが、この書状には「ちょうど（輝虎の）ご機嫌がよかったので、（石塚の件を）お耳に入れたところ、こんなご返事をいただきました」と書かれている。主君の了解を得るためにはタイミングをみはからわねばならず、重臣たちもたいへんだったのである。

この翌日、中条は輝虎のもとに参上したが、輝虎とは十分な会話ができなかった。面会を求める人が多く、輝虎も手が回らなったのである。中条が引き下がったあと、気にしているかもしれないと思った輝虎は、すぐに書状を書いて、「人が多かったので、ねんごろに話をすることができませんでした。笑止なことです」と詫びをいれ、中条の功績については感謝していると書き記した。そのあと輝虎は中条にあてて正式な血判起請文をしたため、中条のことを悪くいう者がいても自分は信用しないと約束している。本庄攻略を進めるためには中条の協力が不可欠で、輝虎も気を遣っていたのである。

三　北条氏からの懇請

北条氏照の書状

府内からはるばる北に進んで陣地を取った輝虎は、本庄城に迫って圧力を加えたが、繁長をすぐに降伏させることはできず、ここで年末を迎えた。そしてこの輝虎の陣中に、思いがけない書状が届けられた。差出人は武蔵滝山城主の北条氏照《うじてる》（大石源三、北条氏康の子で氏政の弟）で、日付は十二月十九日。書状の内容は次のようなものだった。

思慮浅からずといえども、愚札を馳せ候。そもそも、駿・甲・相、さらに離れざる御間に候ところ、意趣もなく、国競望の一理をもって、今般甲より駿州へ乱入候。しかるに、当方への表向きは、駿・越示し合わせ、信玄滅亡の企て取りなされ候。このところ、たしかに承り届くるの間、このたび手切れに及ぶの由、甲より申し越され候。しからばすなわち、貴国へ内通ゆえか。今川殿御滅亡、是非なく候。かくの如きの上は、無二当方御一味仰ぐところに候。氏康父子の心中存知せず候といえども、駿・甲両国かくの如く成り来たり候上は、何かも入れず候条、愚存申し達し候。願わくば御同意、累年の御鬱憤を散らさるべき事、この節に候。恐々謹言。

――どうしようかと思ったのですが、お便りすることにしました。駿河《するが》（今川）

と甲斐《かい》（武田）と相模《さがみ》（北条）は、長く提携していたのですが、ただ国が欲しいというだけの理由で、武田が駿河に乱入しました。武田からこちら（北条）に伝えてきた表向きの理由は、「駿河（今川）と越後（上杉）が示し合わせて、武田信玄を滅ぼそうとした。このことが判明したので、手切れに及んだのだ」というものです。今川は貴国（上杉）と内通していたのでしょうか。今川殿が滅亡するのは、是非のないことです。

こうなった以上は、あなたに当方（北条）の味方になってほしいと切望します。氏康父子の心中は知らないのですが、駿河と甲斐がこんなふうになったからには、考える余地もないので、自分の気持ちをお伝えすることにしました。御同意いただき、（武田に対する）長年の鬱憤を晴らしてください。

上野の人々の氏照への協力

北条氏照の書状の送達にあたっては、上野にいる人たちが深く関わっていた。武蔵滝山城主の氏照は、北条高定《きたじょうたかさだ》（北条高広の一門か）と山崎秀仙（専柳斎）のもとにこの書状を届け、越後の輝虎の陣まできちんと着くよう工夫してほしいと頼んだ。高定と秀仙は北条高広とともに厩橋にいたのではないかと思われる。書状を受け取った両人は、すぐに沼田城の守将（松本景繁・河田重親・小中家成）にあてて書状を書き、氏照の書状を直江政綱のもとまで届けたいので、安全に道を通れるよう算段してほしいと頼んでいる。沼田の城将たちはこれを受け入れて努力し、飛脚《ひきゃく》は無事越後の輝虎の陣に到着した。

沼田城将の立場

前にみたように、厩橋の北条高広は北条方に寝返り、上杉方の沼田城と向き合っていた。厩橋城将と沼田城将とは敵対関係にあったわけだが、北条が上杉に講和を求めるという情勢転回の中、互いに協力しながら和睦成立のため尽力することになったのである。上杉方の前線にいて北条軍と向き合っていた沼田城の守将にとってみれば、上杉と北条が和睦して平和が到来するというのは、願ってもないことだった。もしも和睦が成立すれば、敵に襲われる危険もなくなり、緊張感から解放されるからである。

北条武田今川の同盟

氏照の書状にも書かれているが、北条と武田と今川は同盟関係にあり、協力しながら領国支配を進めていた。ところがやがて武田と今川の関係が悪化し、三者の同盟は破綻することになる。

武田と今川の関係悪化

永禄三年（一五六〇）に今川義元《いまがわよしもと》が尾張桶狭間《おわりおけはざま》で討死し、翌年三河《みかわ》で松平《まつだいら》元康《もとやす》（のちの徳川家康）が今川との戦いを始めると、今川氏は守勢に転じ、永禄七年には遠江において国衆の反乱が起きる。こうした情勢変化を察した武田信玄は、今川との関係を見直すことを考え、これに反発する嫡子《ちゃくし》の義信《よしのぶ》を幽閉した。義信は永禄十年に死去し、その妻室（今川義元の娘）は翌年四月に甲斐を出て駿河の実家に戻った。こうして武田と今川の婚姻関係は解消され、武田信玄は駿河侵攻に踏み切ったのである。

輝虎と今川氏真の連携

北条氏照の書状に「今川が上杉と手を結んで、武田を滅ぼそうとしたので、駿河に攻め入ったのだと、信玄は主張している」ということがみえるが、今川が上杉と通じていたというのは事実だった。永禄十年十二月に今川氏真《うじざね》が輝虎にあてて書状を出しているが、その冒頭に「親である義元以来の筋目に任され、わざわざ御使僧をお送りいただき、うれしく思います。今後は特別に連携をとりたいとのこと、こちらも同意です」と書かれているので、まず越後の輝虎が今川のもとに使僧を遣わして和親を求め、今川氏真もこれに応じたということのようである。輝虎にしてみれば、武田との戦いを進めるうえで、その背後にいる今川と関係を結びたいと思うのは当然のことで、武田と今川の関係が悪化しているという情報を得て、使僧の派遣に及んだものと思われる。今川のほうでも、武田との決裂は予想できたので、武田の背後にいる上杉と連携するのは、情勢打開のため必要なことであり、今川と上杉が水面下でつながるのは必然的だった。永禄十一年になると両者の提携は本格化し、今川の使僧の遊雲斎永順が越後に赴いて輝虎に氏真の内意を伝え、輝虎は永順の帰国にあたって使者を同伴させた。永順が駿府《すんぷ》に着いて氏真に交渉結果を報告すると、重臣の朝比奈泰朝と三浦氏満が、輝虎の重臣である直江政綱と柿崎景家にあてて書状を書いて当方の状況を伝えた。今川と上杉の連絡は秘密裏に行われたが、武田信玄はこれを察知していて、駿河侵攻の名目にしたのである。

武田軍の攻撃を受けた今川氏真は、こらえきれずに駿府から逃れ、遠江《とおとうみ》の懸川城に入った。信玄の駿河侵攻に呼応して、三河の徳川家康《とくがわいえやす》が西から遠江に攻め入り、氏真のいる懸川城に迫った。信玄の駿河攻略は成功したかにみえたが、小田原の北条氏康が信玄の所行に腹を立てて、武田との決裂を宣言し、北条氏政（氏康の嫡子で家督を継いでいた）を大将とする軍勢を駿河に向けて送り込んだので、信玄は窮地に立たされた。さらに氏康は、武田との戦いを有利に進めるため、これまで対立していた越後の上杉輝虎と和睦し、武田の後方を衝いてもらおうと考えるに至り、具体的な行動に出たのである。

北条氏康武田と断交

北条氏康と藤田氏邦の和睦依頼

先にみた北条氏照の書状には「氏康父子の心中はわからない」と書いてあったが、氏照と同じように氏康と氏政も輝虎との和睦を希望していた。また氏康の子で武蔵鉢形《はちがた》城主の藤《ふじ》田《た》氏邦《うじくに》（北条氏邦）も、和睦締結のために行動を起こした。先に動いたのは氏邦で、沼田城の守将（松本景繁・河田重親・上野家成の三人で、沼田三人衆と呼ばれた）に書状を送り、希望を伝えた。和睦を切望している沼田三人衆はすぐに返書を書き、これを見た北条氏康は、永禄十二年（一五六九）の正月二日に三人衆にあてて書状を出して武田の所行を伝え、「こうなっては越後を頼りにするしかないと、父子ともに心を決めました。承った三ヵ条の筋目のとおりに、証文を書いてお願いするつもりです」と述べた。北条側の申し出を受けた沼田三人衆は、とりあえず和睦のための条件を提示し、氏康も納得したということのようである。

由良成繁の協力

和睦成立のため積極的に動いた人はほかにもいた。上野新田金山城主の由良成繁である。北条と上杉の勢力圏の接点にあたる場所にいた由良成繁は、両者の間に立って苦労を重ね、状況に応じて所属を変えていた。もしも北条と上杉の和睦が成立すればこうした困難から解放されると考えた彼は、進んで仲介役を果たそうとしたのである。成繁は早い段階から北条側の希望を沼田城将に伝えており、正月十六日には輝虎重臣の河田長親にあてて書状を出し、和睦が調うよう尽力してほしいと要請している。

北条氏の使僧派遣

まもなく北条氏康と氏政の起請文が作成され、小田原から越後に向けて使僧が派遣されることになった。二月六日、氏康は金山の由良成繁と沼田の松本《まつもと》景繁《かげしげ》にあてて書状を書いて、使僧の天用院が起請文を持って越後に向かうので助力してほしいと頼み、松本には「できれば使僧といっしょに越後に行って、いろいろ指南してほしい」と希望を述べた。また氏康は輝虎とともに本庄攻めの陣にいる直江政綱と柿崎景家にも書状を書いている。直接輝虎にあてた書状は書かなかったが、和睦締結のために尽力してもらいたいと思った人たちに対して、それぞれ書状をしたためて協力を要請したのである。

佐竹氏里見氏と太田資正の立場と危惧

上杉と北条の勢力圏の境界にいた上野の国衆たちは、上杉と北条の和睦によって平和がもたらされると考え、和睦成立のために尽力する姿勢をみせたが、長く北条氏との戦いを続けてきた佐竹義重や里見《さとみ》義弘《よしひろ》といった大名や、佐竹氏のもとに寄寓していた太田

諸将からの関東出馬要請

資正などは、上杉と北条が和睦すると自分たちの立場がなくなり、北条氏の攻撃にさらされるのではないかと危惧をつのらせた。北条と武田が手切れに及んだことを知った佐竹義重は、早速上杉輝虎に書状を書き（永禄十一年十二月二十七日）、北条氏が武田に向き合っているのは絶好の機会だから、早く関東に出てきてほしいと頼んでいる。好機を逃さず輝虎が出馬してくれれば、北条の脅威から逃れられると期待したのである。

佐竹のもとにいた太田資正や、下総《しもうさ》の多賀谷《たがや》祥聯《しようれん》（政経）、房総の里見義弘といった面々は、そろって輝虎やその家臣にあてて書状を出し、関東への出馬を求めた。本庄討伐の陣にいた輝虎も、彼らの希望を認識しており、重臣の河田長親や山吉豊守などが書状で返答した。このころ佐竹義重は小田氏治との戦いを優勢に進めていたが、永禄十二年二月五日、多賀谷祥聯は河田長親にあてた書状でこうした関東の情勢を伝え、早く本庄の問題を解決して関東に来てほしいと頼んでいる。二月十一日には太田資正が山吉豊守にあてて書状を出しているが、北条からの和睦交渉のことにふれ、「北条は困ったときには、いつもこんなことをする。信用したらとんでもないことになるだろう」とくぎを刺した。輝虎は資正にあてた書状で「北条のほうからどのような計策があっても東口の味方中を見捨てることはしない」と約束していた。資正はこうした輝虎の配慮に感謝しつつも、北条の言うことを信用しないで早く関東に出馬してほしいと求めたのである。

輝虎は二十九日に里見義弘と太田資正にあてて書状を遣わして、北条からの要請はとりあえず「申し払った」と述べ、和睦することになったとしても、里見・佐竹・太田といった味方中と相談しないで事を進めることはないと約束している。

新発田忠敦にあてた書状

輝虎が北越後に出馬し、本庄討伐の陣に着いてから、すでに四ヵ月が経過していた。輝虎は中条・黒川・加治といったこの地域の国衆たちに出陣を命じ、離反を防ぐために人質（証人）を取っていた。深く信頼していた新発田《しばた》忠敦《ただあつ》には人質提出を求めなかったが、やはり新発田からも人質を取らざるをえないと判断した輝虎は、長文の書状を書いて事情を説明した（三月一日）。

人質提出を要請する理由

人質は不要だという前言を翻したことを詫びながら、書状の末尾で輝虎は「年月の間の宿意」を述べる。「家中の面々から証人を取って、心易くありたいものだ。これは自分のためだけでなく、みんなのためでもあるのだから」と言いながら、「本庄弥次郎（繁長）には目をかけてやったのに、こんな大事をしでかした。それで心配になって、みんなから証人を出してもらうことにしたわけで、自分の気持ちもわかってほしい」と、苦しい胸の内を明かしている。家臣たちが自分の指示に素直に従って働いてくれればいいと輝虎は念願していたが、現実は厳しかったのである。

北条氏の使僧越後に赴く

里見や佐竹に対して、北条からの要請は拒絶したと輝虎は伝えていたが、これも相手の不安を軽減させるための配慮といえなくもない。北条氏の側の動きは具体化し、輝虎もこれに応じる姿勢をみせた。北条の使僧の天用院と、今川の使僧善得寺を中心とする一行は沼田に到着したが、まだ寒い時期で雪も多かったから、すぐに山を越えることはせず、沼田城将の松本景繁が山越えをして越後に赴くことになった。輝虎はまだ本庄攻めの陣中にいたが、松本景繁はここまで赴いて輝虎に現状を伝え、すぐに引き返して沼田に戻った。三月二十六日、天用院らの一行はようやく沼田を出発して越後に向かった。このころには本庄繁長が帰順する話がまとまり、輝虎は繁長を赦免して陣を撤した。四月二日、輝虎は府内に帰り、ここで北条の使僧の到着を待つことになる。

輝虎本庄を赦免して帰陣

四　使僧の来着と起請文交換

北条と武田の対陣

武田軍の撤退

このころ北条氏政は駿河方面に出て、武田信玄と対陣していた。信玄は駿河をたやすく手に入れられると考えていたようだが、北条側の敏速な対応によって苦境に陥っていたのである。そして四月二十四日の朝、信玄の率いる武田軍は撤退を始め、甲斐に帰っていった。北条氏康・氏政父子はその日のうちに越後の上杉輝虎にあてて条書《じょうしょ》を出して武田軍の退却を伝え、「そちらから連絡がありしだい甲斐に攻め込むので、そのときにはすぐに信濃に出馬してほしい」と希望を述べている。いまこそ武田をこらしめる好機だと、北条父子は真剣に考えていたのである。

和睦成立に関わる課題

府内に帰った輝虎は、北条側の和睦の申し入れに応じる姿勢を固め、北条氏のほうからも使者が派遣されて、和睦成立の場合に浮かびあがる課題について、具体的な検討がなされることになった。いちばん大きな問題は、上杉領と北条領の境目をどこに置くかということである。

上杉領と武田領の境をめぐる問題

和睦を懇願されて有利な立場に立っていた輝虎は、上野国はもちろんのこと、永禄三年（一五六〇）に小田原に攻め入ったときに味方になった武蔵の諸城も自分のものだと主張し、

輝虎の主張

上杉側の使者をつとめた松本景繁は、北条側の使者との対談の中で輝虎の意向を伝えた。このことはただちに小田原の北条氏康・氏政父子のもとに伝えられ、北条の側も対応に迫られることになる。

北条氏康の主張

武田との戦いを進めるために輝虎の支援は必要で、ある程度の譲歩はやむをえないが、上野全土と武蔵の諸城を上杉に明け渡せという要求をそのまま受け入れるわけにはいかず、北条氏康は輝虎にあてて条書を書き、自身の希望を述べた。「まず上野国のことだが、上野国内にも北条に仕えている者がいるので、こうした人たちの所領については北条領国の内ということにしてほしい。また武蔵の六つの城について、永禄三年には上杉方だったというが、これは昔の話で、今回の和睦にあたっては根拠にならない。伊豆《いず》・相模・武蔵の三ヵ国は戦功によって手に入れたものだから、北条領国ということでお認

めいただきたい」。上野国の配分については「ご納得いただけなければ、しかたありません」と付記していて、上野一国を上杉に渡すことは致し方ないと考えていたふしもあるが、自身の努力によって手に入れた武蔵国の支配は確保したいと考えていたようである。

なお氏康はこの条書で関東管領職《かんとうかんれい》や鎌倉公方《かまくらくぼう》（古河公方）のことについてもふれている。まず関東管領職については「亡父氏綱が（古河公方の）上意を得て、下総の国府台《こうのだい》で稀世様（足利義明）を討ち取ったとき、勲功の賞として管領職をいただきました。この筋目を申したいところですが、氏政の実子を御名跡にしていただけるということなので、これ以上は申しません」と、自身の立場を述べた。自分も関東管領の地位にいるけれども、輝虎が氏政の子（自分の孫）を跡継ぎにしてくれれば、この子がいずれは管領になれるので、輝虎ではなく自分が管領だと主張することはしないというのである。

関東管領職については一定の譲歩をしているが、公方を誰にするかという問題については、自身の推戴する足利義氏《よしうじ》を公方として認めてほしいと強く求めている。永禄三年に輝虎（長尾景虎）が関東に攻め入ったとき、輝虎は足利藤氏を擁立していたので、松本景繁が藤氏の進退について糺したようだが、藤氏は数年前に死去しているし、義氏が父晴氏のあとを継いだのはまぎれもない事実なのだから、義氏の立場を輝虎も認めてほしいと、氏康は条書の中で強調している。

使僧一行塩沢に着く

具体的な問題になると、上杉と北条の主張には大きな隔たりがあったが、これまでのいきがかりを忘れて関係を確保したいという大筋は一致していたので、講和交渉は停止されることなく続けられた。上野の沼田を出発した天用院の一行は、三国峠《みくにとうげ》を越えて越後に入り、五月十八日の午後に塩沢に着いた。一行を迎え入れた上杉家中の進藤家清は、府内にいる直江景綱と河田長親にあてて長文の書状をしたため、北条側の使節のありさまと、今後の旅の予定について詳しく伝えている。ことに目を引くのは使者の一人一人の個性について詳しく記した部分である。

進藤家清の書状

天用院は、年のころは五十くらいだと思います。氏康の家中の石巻下野守の弟で、いかにも仁なる（仁徳のある）御出家にみえます。上戸《じょうご》です。

枕流斎は、大石源三（北条氏照）の使節です。これはごくふつうの人で、魚類を食べます。年は三十あまりのようです。

天用院は北条氏康の使者、枕流斎は北条氏照の使者で、藤田（北条）氏邦の家臣や、勝田八右衛門・小川夏昌斎といった面々もいた。従者も含めるとかなりの人数になるが、一行を迎え入れた進藤家清は、個々の人物の特徴に関わる情報を書状にまとめ、府内の輝虎重臣のもとに届けたのである。天用院が上戸で、枕流斎は魚が好きといった記述は面白いが、大切な使節を接待するためには大事な情報だと、家清は考えたのだろう。

輝虎使僧と対面し起請文を渡す

進藤の書状には、天用院一行の今後の予定も書かれていて、明日塩沢を出発し、下倉—小千谷《おぢや》—北条—柏崎—柿崎と進んで府内に至る計画だったことがわかる。一行は予定どおり旅をしたようで、府内に到着したあと、輝虎と天用院の対面がなされた。ここで輝虎は自身の考えを述べ、起請文に血判を据えて天用院に渡した。役目を果たした天用院は、輝虎の起請文を携えて小田原に向かうが、輝虎のほうからも使僧が派遣されることになり、広泰寺昌派が使命を帯びて府内を立ち、進藤家清もこれに同道した。

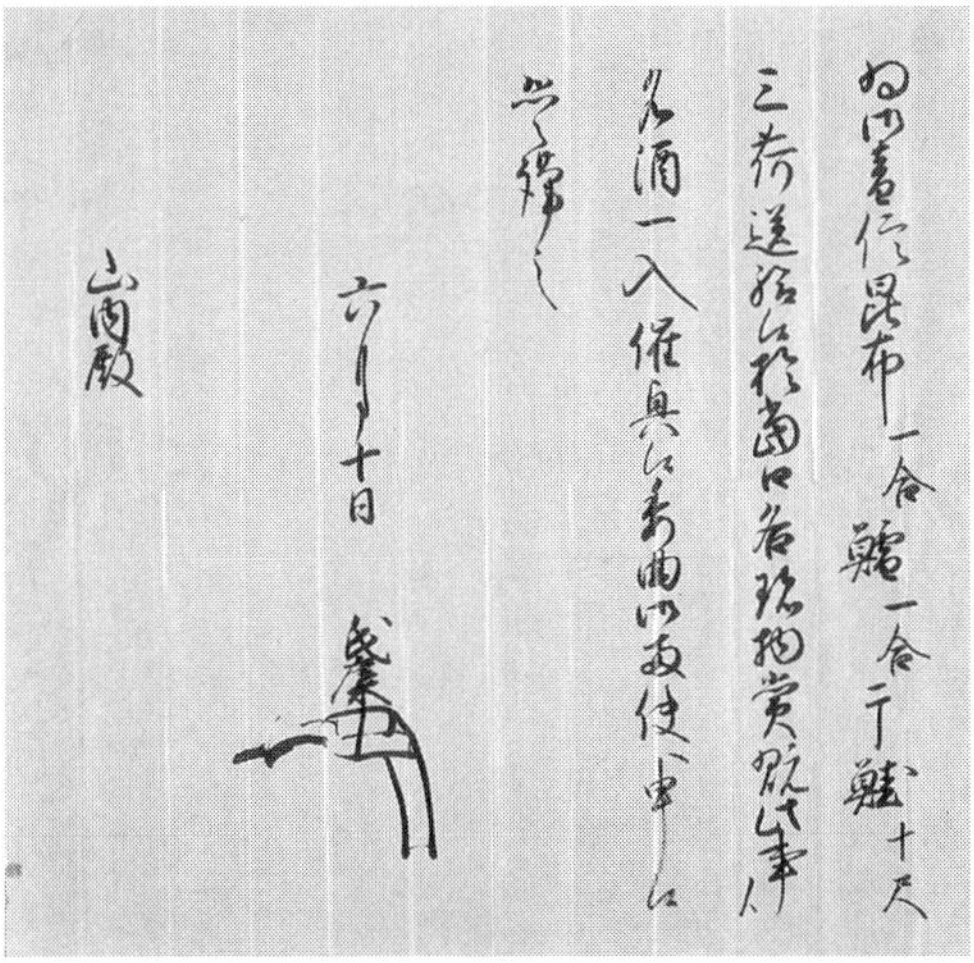

北条氏康書状（上杉輝虎あて，米沢市上杉博物館蔵）

輝虎の使者小田原に到着

広泰寺昌派と進藤家清は山を越えて関東に入り、小田原に到着した。そして六月九日、北条氏康・氏政父子は広泰寺と進藤の面前で血判の起請文を作って手渡した。翌日の氏康書状（輝虎あて）によれ

北条氏康氏政父子起請文を書く

北条氏照も起請文を書く

ば、広泰寺昌派が起請文の「御案文」を持参していて、氏康はこの案文のとおりに起請文を書き、血判を据えたという。同じく北条氏照も血判起請文を書いたが、山吉豊守にあてた氏照の書状には「氏康父子の血判起請文を所望されたので、広泰寺と進藤の面前で血判を据えて差し上げた。自分の起請文も必要とのことなので、やはり両人の目の前で起請文に血判を据えた」と書かれていて、現場のようすがよくわかる。大名本人の血判であることを証明するためには、使者の面前で血判を据える儀式が必要だったわけで、輝虎も天用院の目の前で血判を据えたものと推測される。

同盟の成立

北条からの起請文を手にした広泰寺と進藤は、すぐに飛脚を越後に派遣して、役目を終えたことを報告し、帰国の途についた。六月十五日には上野の新田に着き、ここで山吉豊守にあてて書状を出している。このあとのことはよくわからないが、六月のうちには府内に着いて、北条側の起請文を輝虎に手渡したものと思われる。上杉と北条の起請文交換はこうして実現のはこびとなり、両者の同盟が正式に結ばれたのである。

第七　関東と北国、二つの進路

一　北条三郎との対面

松山城と岩付城をめぐる駆け引き

上杉輝虎《うえすぎてるとら》と北条氏康《ほうじょううじやす》・氏政《うじまさ》の起《き》請文《しょうもん》交換により、上杉氏と北条氏の和睦はとりあえず実現した。しかし両者の領国の境目をどう設定するかは決まっておらず、問題がすぐに表面化する。輝虎は上野《こうずけ》一国と武蔵《むさし》六城の領有を主張したが、氏康・氏政は武蔵を自らの領国と認識していた。氏政は輝虎に対して、武蔵の松山は昔から上田氏の本領なので、北条に従属している上田に安堵してほしいと希望を述べた。しかし輝虎はこれを拒絶し、氏康・氏政父子はしかたなく輝虎の要求を受け入れて、早く信濃《しなの》に出馬してほしいとあらためて要請した。太田資正《おおたすけまさ》がかつて城主だった岩付城についても、資正が自身に仕えていたことを理由にして輝虎は領有を主張し、北条側もこれを認めたようである。

輝虎の越中出陣

武田信玄《たけだしんげん》との戦いの渦中にあった北条氏康・氏政父子は、早く信濃に攻め入って武田の背後を衝いてほしいと、何度も輝虎に要請していた。そして輝虎もこれに応じるそぶりをみせていたが、実際に彼が兵士を率いて進軍したのは信濃ではなく、西隣の越中《えっちゅう》だった。越中東部の国衆《くにしゅう》の椎名康胤が武田信玄と通じていたので、これを退治するために自身出馬したのである。輝虎は八月二十日に境川を越え、二日後に金山城に迫って新城を乗っ取り、さらに金山の根小屋《ねごや》に放火して、松倉城にいる康胤を追いつめた。このあと輝虎はしばらく越中に在陣し、十月の初めに神通川《じんずうがわ》を越したが、いつまでも在陣を続けるわけにもいかず、軍勢を引いて十月二十七日の夜に春日山城《かすがやまじょう》に帰った。

武田信玄の小田原攻囲

輝虎が越中に出ている間に、いったん甲斐《かい》に帰った武田信玄が動き出し、北条の領国に向かって攻め寄せた。まず信濃から東に出て武蔵の御《み》嶽城《たけじょう》や鉢形城《はちがたじょう》を攻め、そのまま南に進んで相模《さがみ》に押し寄せ、北条氏の本拠である小《お》田《だ》原城《わらじょう》に迫った。九月二十七日のことである。かつて長《なが》尾《お》景虎《かげとら》(上杉輝虎)率いる軍勢の攻撃を受けた小田原城は、八年後には武田信玄の軍勢に囲まれたのである。ただ信玄も簡単に城を落とせるとは思っておらず、数日の滞在ののち、兵を引いて帰国の途についた。大軍で敵の本拠に攻め寄せるという意表を衝く行為をすることで、自らの存在をアピールすることが信玄の狙いだったのだろう。

三増峠の戦い

武田軍はあっという間に引き上げていったが、これを見た北条氏の側は、敵を打倒する好機とみて追撃を開始、北条氏照《うじてる》・氏邦《うじくに》が大将となって武田軍のあとを追い、相模と武蔵の境の三《み》増峠《ますとうげ》で追いついて、敵方と一戦を交えた。戦いは武田軍の勝利に終わり、信玄は敵を撃退して無事帰国を果たした。

この戦いは十月六日のことで、二日後に北条氏康は輝虎に書状を出して戦況を報告したが、「あなたが御加勢してくれなかったので、こういうことになった」と不満を述べている。輝虎が信濃に出馬してくれていたら、武田軍に本拠を衝かれることもなかっただろうに、というわけである。これ以前にも氏康はたびたび輝虎に書状を出して武田軍の動きを伝えているが、これを受け取った輝虎は、起請文を書いて氏康に送り、越中出馬の事情を述べて、別意のないことを示した。十一月十三日、氏康はあらためて返書を出し、「越後と越中の境目が堅固でなければ、信濃に長陣はできないという事情はわかります。越中の仕置きは肝要だと思います」と、輝虎の行動に理解を示している。

太田資正への参陣令

越後《えちご》に帰った輝虎は、すぐに関東出馬の準備を始め、太田資正と梶原政景の父子に、上野の倉内（沼田）の陣に参上するよう指示を下した。北条から受け取る予定になっている岩付城と松山城の仕置きを資正と政景に申し付けるつもりだから、すぐに来るように、というわけである。永禄《えいろく》三年（一五六〇）の関東進攻以来、太田資正は無二の味方として活躍し、岩付城を失ったあとは佐竹氏の客将として常陸《ひたち》・下総《しもうさ》方面の状況を逐一連絡してくれていたから、この機会に功績に報いようと輝虎は考えていたのだろう。

輝虎の関東出馬

まもなく春日山を出発した輝虎は、十一月二十日に倉内（沼田）に着き、早速梶原政

佐野を陣所とする

景に書状を出して、太田資正とともに参陣するよう求めた。このころ佐竹義重《さたけよししげ》と小田氏治が争っていて、太田資正は佐竹の客将として活躍し、小田氏治と常陸の片野で戦って勝利を収め、小田城を乗っ取っていた。そうした状況の中で輝虎は沼田に来たわけだが、佐竹義重と太田資正にあてて書状をしたため、近臣の大石右衛門尉に、自身佐竹と太田の陣所に赴いて書状を手渡すよう指示した。「小田の仕置きにばかり心を入れているようなら、自分は早々に帰る。岩付や松山を手に入れたいなら、佐竹義重を連れてこちらに来るように」。輝虎はこう言って、太田資正に参陣を要請したのである。

北条氏の側は輝虎が沼田や厩橋《うまやばし》から西に進んで信濃に攻め入ってほしいと期待していたが、輝虎が進軍したのは東のほうで、下野《しもつけ》の佐野が陣所となった。永禄十年の十月、輝虎は佐野城から軍勢を撤退させ、城主の佐野昌綱は北条氏に従っていたが、情勢の転回の中で、関東統治の要ともいえる佐野の地を再び掌握したいと、輝虎は考えたのだろう。佐竹義重や太田資正など東方の面々と連絡を取り、ともに行動するためにも、佐野を陣所にするのは理にかなっていた。年明けて元亀《げんき》元年（一五七〇）の正月、輝虎はあらためて資正に参陣を要請し、佐野の近くに来て相談に乗ってほしいと頼み、資正がなかなか来ないでいると、こんどは梶原政景に書状を書いて、「佐竹義重の参陣はすぐには難しいようなので、太田資正を義重のところに遣わして、あなた（梶原政景）がこちらの陣に来る、ということにしてほしい。資正が何を言っても、明日のうちに参陣するように」と指示している。資正がなかなか動いてくれないので、せめて子息の政景はこちらに来てほしい。輝虎はそう思っていたのである。

太田資正の行動

ところが太田資正も梶原政景も動かず、やがてとんでもない知らせが輝虎のもとにもたらされる。資正に内々に送って輝虎の書状を、東方（佐竹氏などが集結している陣中）で「ひろげ物」にした、というのである。内密の書状の中味を暴露されたわけだが、このとき作られた輝虎書状の写を、新田の由良成繁《ゆらなりしげ》が沼田の河田重親《かわだしげちか》に届けたことで、太田の所行が発覚したのである。三月九日、輝虎は大石右衛門尉にあてた書状でこのことにふれ、「美濃守（太田資正）の心中は見限った」「ほんとうに美濃守は天罰者だ。今日までは頼もしいと思ってきたが、これからはどう扱うかわからないぞ」と怒りをあらわにしている。ただ輝虎は大石に対して「こうした自分の気持ちを太田資正と梶原政景に申し聞かせるように。起請文を交わしたりして、お互いに心の中をあらわにしたい」と指示しており、資正が反省して歩み寄ってくれたらいいと思っていたようである。

輝虎の考えと資正の思惑

太田資正はかつて武蔵岩付城主だったが、長男の氏資の離反（北条方への加担）によって城を失い、氏資が戦死したあとは北条氏が岩付城を接収していた。北条との和睦によって岩付城を手に入れ、功績のある資正に与えてやろうと、輝虎は考えていたようだが、北条氏と長年対立してきた資正にとってみれば、輝虎が北条と和睦すること自体不満だし、岩付に帰還できたとしても、北条と上杉が敵対したら、また北条軍の攻撃にさらされかねないので、要請は受け入れられないと判断したのだろう。

北条三郎の出立

輝虎が信濃ではなく佐野に進んだことは、北条氏康・氏政父子を落胆させたが、輝虎のもとに北条一門が養子として派遣されるという約束は実行に移さざるを得ず、氏康の末子の三郎が小田原城を出立することになった。はじめは氏政の次男（国増丸）を輝虎の養子にする約束だったが、まだ幼いわが子を遠方に送るのは忍びないと氏政が懇願したので、末弟にあたる北条三郎が代わりに越後に赴くことになったのである。養子とはいえ実質的には人質（証人）だったので、北条氏の側も上杉側からの証人の派遣を求めた。輝虎には子がなかったので、重臣の柿崎景家《かきざきかげいえ》か、その子息を小田原まで送ってほしいと氏康父子が申し入れ、結局景家の子（のちの柿崎晴家）が証人として送られることになった。輝虎は氏康父子あての書状（三月五日付）で「愚老（私）のめい（姪）を進めるのだから、少しもおろそかには考えていません」と述べているが、前述したように柿崎景家は輝虎の姉妹を娶っており、晴家は輝虎の甥にあたる。

輝虎と三郎の対面

北条三郎が小田原を出発したのは四月五日だったようである。問題なく路次を進み、十日には倉内（沼田）に着いて、翌日輝虎との対面を遂げた。このとき三郎は十七歳、

輝虎越後に帰る

輝虎は四十一歳だった。対面の儀式を済ませた輝虎は、まもなく帰国の途につき、十八日に越後の府内《ふない》に帰った。そして四月二十五日、春日山城において三郎の「祝儀」が執り行われた。儀式が無事行われたことを伝えられた北条氏康は、五月十二日に輝虎にあてて書状をしたため、「去る二十五日に、息の三郎が、御城中において御祝儀を遂げることができ、ほんとうに千秋万歳の至りです。愚老（自身）も本望で、とても満足です」と、感謝の意を述べている。ここには「御祝儀」とあるだけで、儀式の中身はわからないが、このとき三郎は輝虎と正式に養子縁組をし、輝虎がかつて名乗っていた「景虎」の名をもらって「上杉景虎《うえすぎかげとら》」と名乗り、輝虎の姪（長尾政景の娘）を夫人に迎える約束がなされたと伝えられている。

太田資正の妹に兄の説得を依頼

北条氏康の子息を養子に迎えたことで、北条氏との和睦はとりあえず完成した形になったが、太田資正や梶原政景が参陣してくれなかったために、武蔵の岩付や松山を北条氏のもとから奪い取り、資正や政景に与えようという輝虎の計画は破綻してしまった。この機会をとらえて武蔵にも拠点を作ろうと輝虎は考えていたわけだが、味方と思っていた人たちの離反によって計画が頓挫するという、思いがけない結果になってしまったのである。しかし輝虎は太田資正の説得をあきらめたわけではなく、重臣の山吉豊守《やまよしとよもり》に、資正の妹にあたる女性（三戸駿河守の妻室）に働きかけて、輝虎と和解するよう兄を説得す

山吉豊守の書状

るよう勧めてほしいと指示した。命を受けた山吉豊守は、四月二十四日にこの女性にあてて長文の書状をしたため、輝虎の気持ちを伝えた。

　さりながら、ただいままでも、三楽忠信、このまま差し捨てられべき事、歎いてもあまりある事に候。そもじ御稼ぎをもって、三楽忠に復し、その口の稼ぎ候ように、そもじ御頼み候由、おぼしめし候。

――「三楽斎（資正）の忠信を、このまま差し捨てるのは、嘆いても余りあることです。あなたの御かせぎ（御尽力）で、三楽斎がもとのように忠信を尽くし、その方面でかせいで（かんばって）くれるようにしてほしい。あなたが頼りです」と、屋形様（輝虎）はおぼしめされています。

輝虎から直接書状を出すのははばかられるので、重臣の山吉が書状を書いて輝虎の気持ちを伝えるという手段が取られたのである、書状に接したこの女性は、まもなく兄の資正に話をもちかけ、その結果が報告されたようで、七月八日には輝虎自身が彼女に書状を出し、重臣の河田長親《かわだながちか》も添状を書いて、太田資正と梶原政景の説得を重ねて依頼している。古くからの友人だった資正の気持ちを引きとめようと、輝虎は工夫していたわけだが、相手の妹に照準をあて、彼女に説得を依頼していることには興味を引かれる。輝虎は妻帯していなかったが、女性の交渉能力の高さを認識していたようである。いったん絶交した以上、自分が本人とわたりあうわけにはいかない。そういうときには、身近な女性に頼んで内々に話をもちかけてもらうのが得策だと、輝虎は考えたのだろう。

二 越中経略

徳川家康の動き

永禄十一年（一五六八）十二月に武田信玄が駿河《するが》に攻め入ったとき、三河《みかわ》岡崎の徳川家康《とくがわいえやす》は、信玄と連絡を取りながら、西から遠江《とおとうみ》に軍勢を進めた。信玄は駿河、家康は遠江に入って、今川氏の領国を挟み撃ちにしたのである。駿府《すんぷ》を逃れた今川氏真《いまがわうじざね》は遠江の懸川に入城するが、家康は順調に軍勢を進めて、懸川城に迫った。このころ武田軍の一部が遠江に入りこんできていたが、家康はこれを察知すると、武田信玄のもとに書状を送って、遠江の経略は自分が担当するので、軍勢を撤退させてほしいと主張した。永禄十二年正月、信玄は家康の要求を受け入れ、兵士たちを遠江から引かせたが、このころから武田と徳川の関係は微妙なものになっていたようである。武田との戦いを続けていた上杉輝虎は、徳川家康と結んで南から武田を牽制してもらうのが得策と考え、重臣の河田長親の書状を家康のもとに送り届け、遠江の状況を尋ねた。家康はすぐに反応し、二月十八日に河田にあてて書状を書き、懸川城に今川氏真が籠っているので近くに陣取っている

上杉と徳川の連携

と、現状を報告した。家康はすでに武田との手切れを決意していたようで、遠方の上杉輝虎と関係を結んで武田に対抗しようと企てたのである。

家康の使者が越後に来る

懸川城にいた今川軍もよく防戦し、家康も苦労したが、国内の諸城をほとんど接収して氏真を追い詰め、和睦交渉を始めた。五月には講和がまとまり、今川氏真は懸川城を出て北条氏のもとに赴き、家康は遠江を手に入れることに成功した。元亀元年（一五七〇）になると家康は権現堂という僧侶を使者として越後に派遣し、使僧の来着を得た上杉輝虎は、家康家臣の酒井忠次《さかいただつぐ》と松平真乗にあてて書状を書き、今後は家康と「無二申し合わせる」ことにしたいとの意向を示した。権現堂は輝虎の書状を携えて遠江に帰り、家康は十月八日に輝虎にあてて起請文をしたため、武田信玄とは手切れすると明言した。このころ家康は遠江の浜松を居城に定めて、武田との戦いに備えていた。武田に向き合うという共通の目標のもと、上杉と徳川は協力関係を築きあげたのである。

織田信長の動き

徳川家康は西隣の大名である織田信長《おだのぶなが》と同盟関係にあった。信長は尾張《おわり》の大名だったが、永禄十年に美濃《みの》に攻め入って岐阜を居城とし、翌年には足利義昭《あしかがよしあき》（前将軍義輝の弟）を奉じて入京を果たし、義昭の将軍就任を実現させた。元亀元年になると信長は越前《えちぜん》の朝倉義景《あさくらよしかげ》や近江《おうみ》の浅井長政《あざいながまさ》との戦いを始め、朝倉を牽制するために上杉輝虎と関係を結びたいと考えたらしく、鎌田五左衛門という家臣を越後に派遣した。輝虎は朝倉とは良好な関係を続けていたので、積極的な対応はしなかったが、将軍を擁している信長を無視するわけにもいかず、やがて使者を取り交わすようになる。

武田信玄の攻勢

永禄十二年の十月、武田信玄は相模の三増峠で北条軍を撃退して帰国したが、甲府に戻った信玄はただちに駿河侵攻の準備を始め、十二月には駿河に入って蒲原城《かんばらじょう》を攻撃した。軍勢に攻められて城は陥落、薩埵山《さったやま》の砦も自落して、信玄は駿府を押さえることに成功する。北条氏はいったん武田との戦いに勝利し、今川氏真の駿府帰還を実現させていたが、あらためて攻め入った武田軍との戦いに敗れ、富士川以東に後退を余儀なくされた。武田信玄は駿河の西部と中部（富士川以西）を掌握し、ここを領国に加えることに成功したのである。いったん甲府に帰った信玄は、元亀元年の八月、伊豆《いず》に向かって攻め込み、黄瀬川《きせがわ》に陣を置いた。北条氏政は越後の上杉輝虎に、武田を牽制するため出馬してほしいと頼み、輝虎は九月五日に府内を出発して関東に向かった。しばらくすると武田信玄が上野の厩橋に向かって進んでいるとの情報が届けられ、十月二十日に輝虎は山を越して関東に入ったが、ほどなく敵が退散したので、輝虎も軍勢を進めず、帰国の途についた。

謙信と称する

なおこのころから書状に「謙信」と署名する事例がみえるので、輝虎はこの時期に謙信と自称し始めたものと思われる。ただ正式に出家するのは天正《てんしょう》二年（一五七四）暮のことなので、在俗のまま道号を名乗ったということだろう。

宝前に願文を捧げる

府内に帰った謙信は、望みが叶うように神仏への祈願に励み、自身の勤行《ごんぎょう》の次第を記した願文《がんもん》を作って「御宝前」に捧げた。十二月十三日のことである。真言を三百返、念仏を千二百返唱えたといった、自身の努力のさまを列記しながら、末尾で所願を述べる。「春の二月、三月に、越中に馬を出すが、留守中に当国（越後）や関東が無事に治まり、越中を思いどおりにすべて謙信の手に入れることができたら、明年一年は必ず毎日看経に励む」。

栗林次郎左衛門尉にあてた書状

このころには越中出馬を予定していたわけだが、元亀二年（一五七一）二月二十八日に謙信は栗林次郎左衛門尉にあてて書状をしたため、上田の兵士たちを連れて府内に来るよう指示している。越中にまもなく出馬するので、その軍勢に加わってほしいというわけだが、各地の兵士たちを集めて大軍で攻め入ることが必要だと、謙信は考えていたのである。また謙信はこの書状で、小田原の北条氏康への対応についても細かく指示を出している。

昨日越し候氏康への書中をば、大儀に候とも、喜平次所より飛脚《ひきゃく》を立てさせ、小田原まで越すべく候。吾分所より遠左方への書中に書き様は、長尾喜平次代として沼田へ罷り移り候ところ、北条丹後守《きたじょうたんごのかみ》申し越す分は、敵退散の由申し候間、打ち返し申し候。そのため実城《みじょう》よりの氏康への直札《じきさつ》差し越し候。しかるべきように御とりなし簡心に候由、吾分遠左方へ添文をなし越すべく候。

――自分から氏康にあてて書いた書状は、喜平次《きへいじ》（長尾顕景）のところから飛脚を立てて、小田原まで届けるように。また、あなた（栗林）のほうから、遠左（遠山左衛門尉康光）にあてて書状を出してほしいが、そこには「長尾喜平次の代官として沼田に出たが、北条丹後守（高広）が「敵が退散した」と言ってきたので、引き返した。実城（謙信）から氏康への直札を差し越すので、いいようにお執り成し願いたい」と書き入れるように。

このときも武田軍が上野に出てきたとの知らせが届き、上田の兵士たちの一部が沼田に赴いていたが、敵が退散したということなので、越後に引き返し、越中に向かう軍勢に加わることになったのである。謙信は関東ではなく越中に出馬することに決め、北条氏康にあてて書状を書いて栗林のもとに送ったが、これは長尾喜平次顕景（長尾政景の子で謙信の甥、のちの上杉景勝）のほうから飛脚で小田原まで届け、栗林からは遠山あてに添状を書いて事情を説明するようにと指示し、遠山あての書状にどう書くべきか、具体的な文面を提示している。越中出馬の事情を氏康に理解してもらうための算段だろうが、謙信の几帳面な性格の現われとみることもできる。

謙信の越中出馬

三月になってから謙信は越中に出馬する。すでに帰順していた神保長職からいろいろ

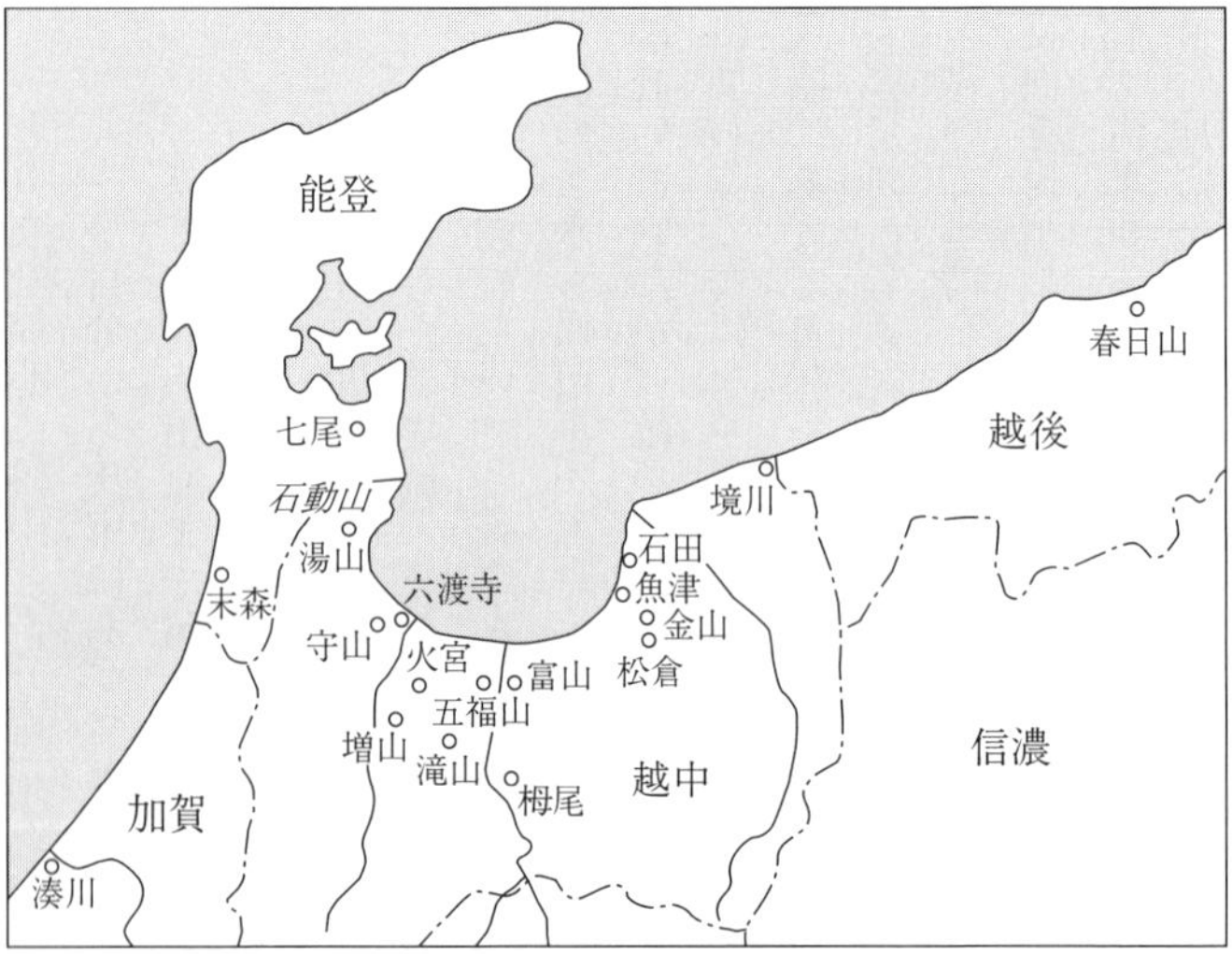

上杉謙信の越中出陣

と要請があったというのが出馬の理由で、十七日には神通川を渡り、三日のうちに敵地を手に入れ、守山や湯山を攻め落とそうとしたが、六渡寺の川が増水して渡ることができず、ここで引き返して越後に帰った。謙信は越中の戦果を北条氏康・氏政父子に伝え、四月には氏康父子の返書が出された。このころ北条が武田と和睦するという噂が流れていたが、氏康は謙信あての書状でこれを否定し、「当方に私曲はないので、西上野でも信濃でもいいから武田領に攻め入ってほしい」と重ねて依頼している。

謙信も関東出馬を考えていたが、行動を先延ばしにしているうちに状況が

北条氏康の死去

北条氏政の方針転換

謙信氏政と断交

越中の危急と謙信の出馬

一変する。かねてから病中だった北条氏康が十月三日に死去すると、北条氏政は急速に武田信玄に接近し、戦いをやめて同盟を結んでしまったのである。氏康は上杉との提携に積極的だったが、氏政の態度は父とは異なり、武田領になかなか出馬してくれない謙信に対する不満をつのらせていた。駿河の過半を押さえた武田信玄の実力はやはりあなどれないと考えた氏政は、戦いをやめて友好関係を築こうと、外交方針を一転させたのである。氏政が武田と結んだという知らせを受けた謙信は、厩橋城将の北条高広《きたじょうたかひろ》にあてた書状の中で氏政の行動を非難し、「こんな馬鹿者のせいで里見・佐竹・太田と手切れしてしまったのは、後悔の至りだ」と怒りをあらわにしている。このころから謙信は書状に「馬鹿者」という言葉をよく使うようになるが、年齢を重ねる中で怒りの感情が高揚することが増えていったのかもしれない。

上杉と北条の同盟はもろくも破綻し、両者は再び対立関係になった。北条の側から謙信にあてて「手切れの一札」が出され、謙信も北条にあてて同様の一札を送った。年明けて元亀三年（一五七二）の春、謙信は関東に出馬して上野の石倉城を攻め落とし、武田軍と向き合ったが、決戦には至らず、まもなく兵を徹して帰国した。五月になると越中の情勢が急を告げ、加賀《かが》や越中の浄土真宗門徒が蜂起して、越中の火宮城《ひのみやじょう》に迫っているとの知らせが謙信のもとにもたらされた。そして六月十五日、五福山の地で戦いがあり、

上田衆と栃尾衆にあてた書状

進軍の方法についての細かな指示

山本寺定長《さんぼんじさだなが》をはじめとする上杉勢が敗走するという事態になった。火宮城を救おうとして五福山に登ったところ、敵が大軍で攻めかかってきて、山から下りたところを追撃されたのである。上杉勢の敗北を知った火宮の城将たちは、降参して石動山《せきどうさん》に逃れた。知らせを受けた謙信は出馬を決意し、自ら越中に乗り込んで敵と向き合った。

九月十日、謙信は上田衆の栗林次郎左衛門尉と、栃尾衆の本庄清七郎・後藤左京亮にあてて書状を出して、上田衆はすぐにこちらに来るように、栃尾衆はしばらく留めて、連絡がありしだいこちらに派遣するようにと指示を下した。越中の戦陣にいる軍勢を補強しようというわけだが、上田衆の進軍のしかたについて、細かなアドバイスを与えている。「上田衆が出発する際は、小旗を絞り、夜中に歩きだして、石田に来たところで小旗を開け。京田まで進んで、ここで連絡を待て。こちらから鑓《やり》と小旗を越すので、なるべく大軍だと思わせるようにして進軍せよ」。ところが上田衆はすぐには動かなかった模様で、十三日にも謙信はあらためて書状を書いて指示を下した。「明日の夜中から、浜通りを進んで来るように、敵は鉄炮を打ち懸けるだろうから、気をつけよ。軍勢を二手に分けて進め。迎えに兵士を遣わすので、彼らと会ったら、敵から大軍に見えるようにして前に進め」。おそらく敵方は海上にいて、船の中から鉄炮を発射して軍勢を襲うということが十分予想されたのだろう。少人数で動いているところを発見されたら危ないと考えた謙信は、「真夜中に出発して、迎えの軍勢と出会ったら旗を立てて大軍に見せかけ、堂々と進軍せよ」と、的確なアドバイスを与えたのである。

越中での越年

　金山城にいた椎名康胤が武田と通じて抵抗しており、神通川の東まで敵方が出てきていたが、謙信は軍勢を率いて戦い、敵兵を富山城に押し込めた。九月十七日の未明に、敵が火宮に向かって退却したので、翌日謙信は兵を進めて滝山城に攻めかかり、二日ほどで曲輪《くるわ》を打ち破り、実城だけに追い込んだ。かなわないと思った敵将は、加賀から入ってきていた真宗門徒（無碍光）たちに縄を懸けて降参し、謙信は彼らの命を助けて城を破却した。謙信はそのまま越年して天正元年（一五七三）の春を迎えたが、加賀や越中の門徒たちの要請を受け入れ、富山城を接収して撤兵を始めた。ところが門徒たちがまた富山城に入って蜂起したので、謙信はその周囲に向城《むかいじろ》を築いて仕置きを固め、富山城を孤立させたうえで帰国の途につき、四月二十一日に春日山に帰った。

三　関宿救援の蹉跌

武田信玄の遠江三河進攻

　上杉謙信が越中に在陣している間に、武田信玄が遠江に攻め入り、東海の情勢は急を告げていた。元亀三年（一五七二）の冬、信玄は駿河経由で遠江に攻め入り、三方原《みかたがはら》で徳川家康と戦って勝利を収め、そのまま西に進んで、天正元年（一五七三）二月には三河の野田城を陥落させた。信玄はもともと織田信長と良好な関係を結んでいたが、大坂の本願寺が信長との戦いを進め、将軍の足利義昭も信長と敵対するという情勢転回の中で、信長と断交して西に攻め入る決意を固め、宿敵の徳川家康をまずは打倒しようとしたのである。家康は窮地に陥ったが、まもなくして武田軍は撤退を始める。武田信玄はすでに病に冒されていて、甲府に戻る途中、信濃の伊那郡で五十三年の生涯を閉じた。四月十二日のことである。

信玄の死去

謙信の重臣の河田長親が美濃や遠江に向けて派遣していた飛脚が、信玄が死去したらしいという情報をつかみ、越中にいる長親のもとに来て報告した。四月晦日に長親は謙信近臣の吉江資堅《よしえすけかた》にあてて書状を出し、「信玄死去の噂は広まっている。とにかく病気だということは確かなようだ」と情報を伝えている。信玄死去の知らせは各地に届き、政治情勢は大きく動く。武田軍の進攻を恐れていた織田信長は危機を脱し、逆に朝倉義景と浅井長政は窮地に追い込まれた。信長はこの機会をとらえて反撃に転じ、将軍義昭を河内《かわち》に追い出し、八月には越前に攻め入って朝倉義景を滅ぼし、近江小谷城も落として浅井長政を討ち取った。反対勢力をおおかた打倒したことで信長の立場は安定し、岐阜を居城としながら京都も掌握して、畿内とその周辺の統治を進めていくことになる。

織田信長の勝利

謙信の関東出馬

謙信は八月のころに越中に出馬したが、数日滞在しただけですぐに帰国し、しばらく春日山にいて兵士を休め、関東出馬の準備を整えた。年明けて天正二年（一五七四）の正月、謙信は関東に向けて出陣し、二月には上野の沼田に到着、厩橋から東に進んで赤堀・善・山上・女淵といった地域を押さえて深沢に進み、三月の末には藤阿久に陣取り、さらに大輪に出て、ここを陣所に定めた。陣所の南には利根川《とねがわ》が流れ、川の南には羽生《はにゅう》城《じょう》があって、木戸伊豆守（忠朝）らが守将をつとめていた。謙信ははじめ羽生の城将たちに参陣を求めたが、北条氏政が攻めてくることを顧慮して、こちらの陣所に来ることはやめて城の防備に専念せよと、あらためて指示を出した。

羽生城将にあてた書状

このときの書状（四月一日付）で謙信は「もしも氏政が出てきたとしても、たいしたことはなかろう」と述べ、「（氏政の分際で）当手に乗り向かうというのは、お笑い草だ。氏康や信玄が健在のときから、当家の実力はわかっているはずだ」と余裕をみせている。自分は名将の氏康や信玄と互角に渡り合ったのだから、若輩の氏政では歯が立たないだろう、というわけである。

三日後にも謙信は羽生の城将に書状を出し、東方にいる佐竹義重や太田資正との連絡の取り方について指示を与えている。仲たがいしていた太田資正も、このころには謙信とのつながりを取りもどし、協力関係を取っていたのである。資正の妹（三戸駿河守の妻室）のとりなしが実を結んだのかもしれないが、謙信が北条と断交したことによって資

北条氏政像（早雲寺蔵）

正の心も動いたということだろう。北条氏と長年争っていた資正にとって、後ろ盾になってくれる謙信の存在はやはり重要だった。佐竹義重も同様で、北条と向かいあうために謙信との協力関係は必要と考え直したようである。

北条氏政は軍勢を率いて武蔵に来ており、羽生城の南に布陣していた。味方の城を救うため、謙信は利根川を渡ろうとしたが、たまたま増水していて兵士が渡れる瀬がなく、大輪の陣に長く留まらざるを得なかった。こうした状況を打開しようと、佐藤筑前守の進言を受け入れて、船で兵粮《ひょうろう》を城に送ろうとしたが、敵方の妨害にあって失敗に終わる結果となった。四月十三日のこと、謙信は羽生の城将にあてて書状を書き、こうした一連の事態を説明しているが、その後段で次のように心情を吐露している。

> 佐藤馬鹿者に候。その故は、大河を隔て、船にて兵粮送り入れ候らわば、羽生の地、瀬端より二里を隔つる由申し候間、敵妨げ候らわば、兵粮は入らず、結句不足を闕《か》

く事に候、如何の由尋ね候らえば、少しも敵の妨げいたすべき地形にこれなく候。船をも三十艘にて一船に越すべき由申し候らいつる条、さかと心得、一世中の不足を闕き候事、無念に候。

――佐藤は馬鹿者だ。「大河で隔てられている城に、船で兵粮を送るという提案だが、羽生の地は瀬端から二里ほど離れているので、敵に妨害されたら、兵粮を届けることもできず、失敗に終わるだろう。どう思うか」と尋ねたところ、「敵が妨害できるような地形ではありません。三十艘の船でいっせいに届けてみせます」と言うので、それならと思って実行に移し、大失敗をした。ほんとうに無念だ。

しかしながら、此度《こたび》に限るまじく候。何様諸口を取り置き、当口に念を入れ、この鬱憤を散らすべく候間、身の備えは一向に苦しからず候。信玄・氏康も了簡なき地形は叶わず候らいつるか。愚老叶わざるにもこれなく候。佐藤地形の様子ありのまま申し候らわば、別して工夫の旨も候らいつるものをと、丹後守合手にこれを成し申す事に候。

――でも、これで終わりというわけじゃない。ほかのところはさておいて、当口にだけ念を入れ、この鬱憤を散らしたいものだ。「信玄や氏康でも、地形がわからなければ、うまくできなかっただろう。愚老（自分）だからできないというわけじゃない。佐藤が地形の様子をありのままに言ってくれたら、いろいろ工夫もできたのに」と、丹後守（北条高広）を相手に話しをした。

信玄と氏康への追憶

佐藤筑前守の提案をうのみにして失敗したことを後悔しながらも、「信玄や氏康でも、こういうときにはうまくいかなかっただろう」と自分を納得させている。氏康は十五歳年長、信玄は九歳年長で、謙信はかなり年下だったが、二人の名将と互角に渡り合ったことを、謙信は自負していた。このとき謙信は四十五歳。氏康も信玄もすでに世を去り、自分だけが残ってしまった、そんな感慨にひたっていたのだろう。

再度の関東出馬

利根川の増水のため、謙信は前に進めずにいたが、このまま帰るわけにもいかず、なんとか浅瀬をみつけて出て行った。北条氏政はこれに対応して本庄に布陣したが、かなわないと悟ったのか、本田方面に引き上げた。敵兵の退散を見届けた謙信は、ここで軍を引いて今村に陣を置き、まもなく帰国の途についた。このあと二ヵ月ほど謙信は越後にいたが、七月末には再び関東に向かって出馬することになる。やがて北条氏政が下総の関宿城《せきやどじょう》に迫っているという知らせが届き、簗田晴助・持助父子を救援するため、謙信は上野に入り、十一月七日には利根川を越えて武蔵に入り、鉢形城下や成田領・上田領の一帯を放火した。北条氏政の陣地のそばに火を放って威嚇するという作戦を取ったのである。氏政の軍勢が引いたとの知らせを受けた謙信は、また利根川を渡って上野に戻り、新田領に放火して、由良成繁のいる金山城に向かって陣取った。ここで関宿城の簗田晴助から注進が届き、城を囲む北条軍がまだ退散していないことを知った謙信は、さらに前に進んで新田領・足利領・館林領の一帯を放火して、二十日には下野の只木山に着き、二日後に沼尻に陣取った。翌日には小山秀綱と簗田晴助が謙信の陣を訪れて今後のことを相談し、謙信は佐竹義重のもとに使者を派遣して参陣を求めた。

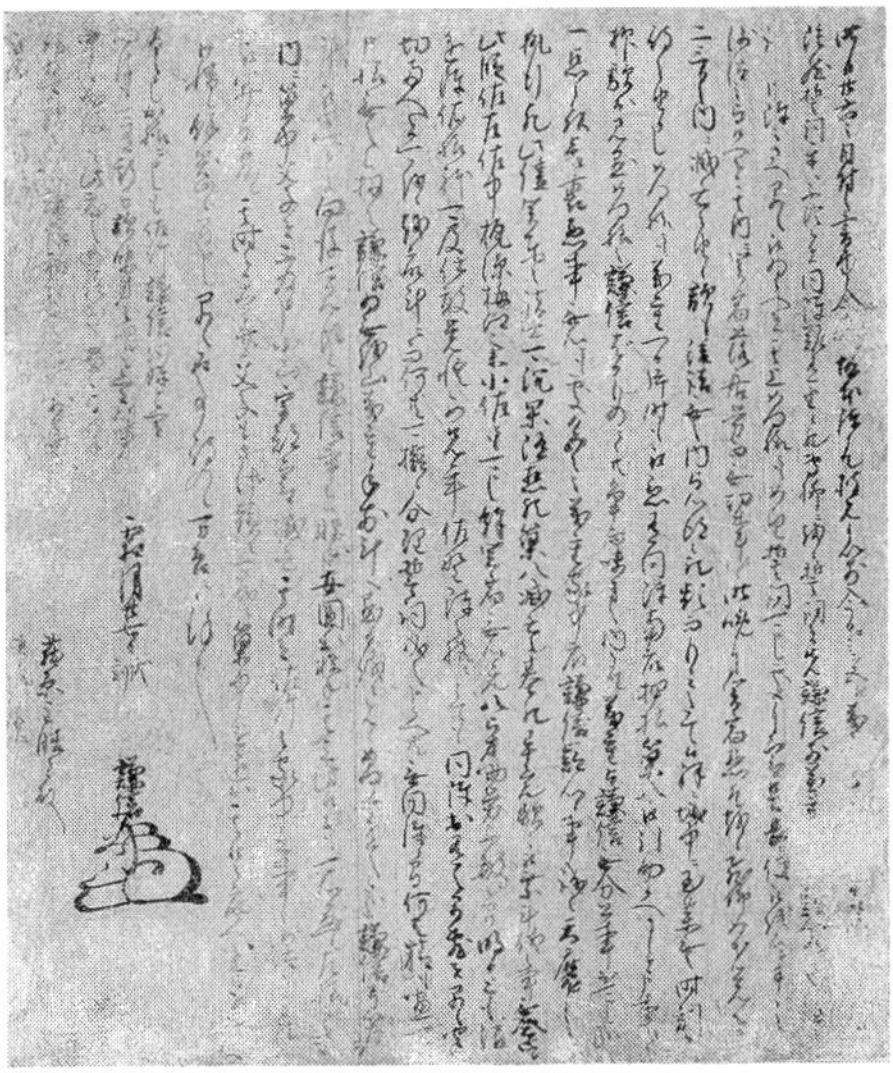

上杉謙信書状
（荻原主膳亮・専柳斎あて，米沢市上杉博物館蔵）

関宿は関東平野の中央にあり、利根川や渡良瀬川《わたらせがわ》といった大河に囲まれ、水運の要衝でもあった。関宿攻略は北条氏の悲願だったが、佐竹や小山など東方の大名にとってみれば、ここが奪われれば北条の勢力が間近に迫ることになる。こうした事情があるので、関宿救

佐竹義重は参陣せず

荻原と専柳斎にあてた書状

援に向かった自分にみなが協力してくれるものと謙信は期待していたが、佐竹義重はなかなか来てくれなかった。義重自身は協力的だが、家臣の中に謙信を疑っている者がいて、事が進まなかったのである。不満をつのらせた謙信は、佐竹への使者をつとめた荻《おぎ》原主膳亮《わらしゅぜんのすけ》と山崎専柳斎にあてて長文の書状を書き、怒りをあらわにした（十一月二十七日）。

昨晩関宿より忍び候らいて越し候飛脚、才覚の如くんば、二三日の内に滅亡の由に候。敵も後詰これなきうちと心得候か、頻ってもみたて候。ことに城中に玉薬これなく、時刻を待つの由申し候。如何様にも義重一日片時も急がれ、同陣あり、南衆押し払い、簗八引き助けられ候らえかしと申す事に候。

――昨晩関宿から忍んで来た飛脚が「関宿は二、三日のうちに滅亡しそうだ。敵も後詰（後援軍）の来ないうちに決着をつけようと、しきりにもみたてている。城中に玉薬もないので、落城は時間の問題だ」と、今の状況を教えてくれた。とにかく義重が急いで来てくれて、いっしょに布陣して北条軍を追い払い、簗田八郎（持助）を助けることができればと切望している。

そもそも、敵を見懸け、如何様の謙信馬鹿者に候とも、いかで味方の内にて、義重と謙信、分なき公事《くじ》申すべく候や。一点毛頭表裏悪事心にもなきところ、いろいろの義重家中衆、謙信疑心候事、まことにまことに天魔の執行《所行》か。このまま関東の諸士沈み果つべき随想（瑞相）か、簗八滅亡の基か。畢竟敵の計儀に乗られ候事、無念までに候。

――だいたい、敵が前にいるのに、どんなに謙信が馬鹿者でも、味方である義重と意味のない争いをするはずがない。一点も表裏や悪事は心にもないのに、いろいろと義重の家中の者たちが謙信を疑っているのは、ほんとうに「天魔の所行」か、このまま関東の諸士が沈み果てる瑞相か、簗田八郎が滅亡する基か、とにかく敵の計策にひっかかったのは、無念なことだ。

先年の佐野の陣の如きのように、とても同陣これあるまじきにおいては、早々聞き切り、両人は越すべく候。越衆ばかりにて何とも擬《あてが》うべく候。理を分け誓詞これを成し申し候らえども、同陣なく候間、何とも精も尽き、申すべき様これなく候。

――先年の佐野の陣のときのように、同陣ができないというのであれば、早く見切りをつけて、両人（荻原と専柳斎）はこちらに帰るように。越後衆だけでなんとかする。ほんとうに誓詞（起請文）も書いて頼んだのに、参陣してくれないのだから、何とも精も尽きてしまい、言葉もない。

さてさて、謙信越山なきため、義重手前ばかりへ懸かる儀に見え候。如何これあるべく候や。謙信弓箭とばかり思われ候らわば、向後見得すべく候。謙信事は安き国を撃ち、その上この口をも心懸くべく候。左様に候らわば、その内に、簗中父子は申すに及ばず、小山・宇都宮滅亡。その時は佐竹の家中公事の沙汰も取り乱れ、開かるまじく候。その時は太美父子もさげ頸になるべく候。

——さてさて、謙信が越山をしなければ、義重は自分だけで対応しなければならないが、どうなることやら。謙信が自分のためだけに戦っているとお考えなら、そのうちわかるだろう。謙信はたやすい国を撃破して、そのうえでこちらのことも考える、ということにしようか。そうなったら、その間に簗田父子はいうまでもなく、小山や宇都宮も滅亡するだろう。そのときは、佐竹の家中の方針も混乱し太田父子も「さげ頸」になってしまうだろう。

関宿から来た飛脚は、敵陣の様子などを見聞きしたうえで、「関宿城はもうすぐ落城しそうだ」と謙信に伝えたのである。謙信は荻原と専柳斎にあてて書状でこのことを伝えながら、なかなか参陣してくれない佐竹に対する不満を書き連ねている。わざわざ関東に出てきているのは、自分のためだけではなく、佐竹をはじめとする諸大名のためを思ってのことなのだから、もっと協力してくれてもいいのに。謙信はそう思っていたのである。「謙信はたやすい国を撃破して、そのうえでこちらのことも考える、ということにしようか」という一文があるが、ここにみえる「たやすい国」というのは、越中や能登《のと》・加賀といった北国の諸国を指すとみてよかろう。このころの謙信は関東と北国の両方面に交互に出馬している状況だったが、地域の大名や国衆の協力を得られず、うまくいかない関東のことはあとまわしにして、簡単に成果を上げられそうな北国の経略を第一に考えようと思い始めていたようである。

謙信と義重の会見と意見対立

激烈な内容の書状を受け取った荻原と専柳斎は、佐竹の陣中に赴いて義重を説得したようで、義重はようやく重い腰を上げ、小山に赴いて謙信と会見した。謙信は関宿に向かって攻め寄せて北条軍と戦おうと意気込んだが、佐竹義重はこれに反対した。謙信は「これは特別の戦いだ」と迫ったが、義重は「関宿のことは自分に任せてほしい」と、一歩も引かなかった。北条軍と戦いを交えたら、多大な損害が出るだろうから、事を丸く収めて和睦に持ち込み、簗田父子の命を救おうと考えたのである。佐竹の協力を得られない中、越後の軍勢だけで攻め込むわけにもいかず、謙信は関宿の処置を義重に任せたうえで、自分の軍勢だけで独自の行動を取ることにした。越後軍は古河《こが》・栗橋・館林を押し通って利根川を越し、武蔵に入って崎西《きさい》・菖蒲・岩付などの敵地を放火して、閏十一月十九日には上野の厩橋に帰った。

関宿城の開城

関宿城では佐竹の仲介によって和睦交渉が進められ、簗田晴助・持助父子は降伏して城を明け渡した。関宿救援という目的を果たせなかった謙信は、木戸伊豆守らが籠っていた羽生城を破却して、城将たちは新田方面の城に配置し、まもなく越後に帰った。羽生城は北条軍の攻撃にさらされかねない場所にあったから、城将たちを危機に直面させるのはしのびないと考え、城の破却を決断したのだろう。心の優しさの表われといえなくもないが、羽生城の放棄によって、謙信は利根川以南の拠点をすべて失うことになったのである。

謙信越後に帰る

四　七尾城からの眺望

越後に帰った上杉謙信は、十二月十九日に剃髪《ていはつ》の儀式を行い、さらに伝法灌頂《でんぽうかんじょう》の儀式を重ねて「法印大和尚」となり、不識院謙信と名乗ることになった。謙信の号はすでに用いていたが、この段階で髪を剃り、出家の身となったのである。しかしもちろん政治の世界から退いたわけではなく、以後も関東や北国への出馬を繰り返してゆく。真言密教に帰依していた謙信のことだから、出家して法印大和尚となることにより、宗教的な霊力をより高め、戦いを有利に進めようと考えていたものと思われる。

出家して法印大和尚となる

このころの謙信は、北条氏政と敵対しながら、武田勝頼《かつより》とも向かいあっており、武田と対立していた織田信長や徳川家康とは友好関係を結んでいた。武田と徳川の戦いは続いていて、勝頼は天正二年（一五七四）に遠江の高天神城《たかてんじんじょう》を手に入れ、天正三年（一五七五）になると家康の本拠である三河に向かって軍勢を進めた。家康は三河の吉田城に籠って武田軍の攻撃に耐え、勝頼は吉田の北方にある長篠城の攻撃を始めた。家康の危急を知った織田信長はただちに救援にかけつけ、織田・徳川の連合軍と武田軍の決戦がなされて、織田・徳川軍が勝利を収めた。五月二十一日のことである（長篠の戦い）。信長は同盟関係にあった越後の上杉謙信のもとに使者を遣わして戦勝を報告し、この機会に武田をこらしめたいので、信濃に出馬してほしいと要請し、謙信もとりあえずこれに同意した。

謙信の越中出馬

しかし謙信が向かったのは信濃ではなく越中だった。これを知った信長は、七月二十日に謙信家臣の村上国清《むらかみくにきよ》にあてて書状を送り、謙信の行動を責めた。約束が違うというわけである。武田の敗戦によって南からの脅威が少なくなったのは、謙信にとってもありがたいことで、無理をして信濃に攻め入る必要もないというのが、謙信の立場だったのだろう。謙信と信長は武田勝頼という共通の敵と向きあうことで連携を保っていたが、武田の弱体化によって両者の関係はむしろ疎遠となり、やがて対立関係に転じてゆく。

謙信の関東出馬

越中に出馬した謙信は、越中の問題を処理したあと、先に進んで加賀に入り、この一帯に火を放った。真宗門徒をはじめとする敵対勢力への威嚇であるが、加賀の人たちが降参したのでこれを赦し、帰国の途についた。春日山に帰ったのは八月二十一日だが、一月ほどここに留まったあと、すぐに関東に向かって出馬した。上野沼田にいた兵士たちが新田の由良氏の軍勢と戦って敗れ、多数討ち取られるという事件が起きたので、謙信も救援に向かわざるを得なくなったのである。新田の近くに陣取った謙信は、由良成繁が築いた谷山城に攻め込み、十月十五日に城を陥落させた。太田資正にあてて出した謙信の書状には「この城に籠っていた者たちは、一騎一人も残さず、男女ともになで斬りにした」と書かれている。城中には兵士だけではなく、一般人の男女もいたが、これを皆殺しにしたというわけである。残酷な話だが、戦国の世相が極限まで達したこの時代になると、こうしたこともよく起きていた。谷山城を落とした謙信は、新田や金山を打ち散らし、猿窪城も攻め落として、やはり男女を問わずに討ち取った。このように由良成繁に対する威嚇行為を続けたあと、謙信は兵を引いて越後に帰る。

関東に出馬し田畠を荒らす

年明けて天正四年（一五七六）の夏、謙信はあらためて関東に出馬し、敵方の領地にある田畠を掘り返すという作戦に出た。直江景綱《なおえかげつな》にあてた書状（五月二十日）によると、上野の赤石・新田や下野の足利のあたりを薙《な》ぎ払い、田畠もいっしょに「七尺返し」をしたという。さらに渡瀬（渡良瀬川）から新田や足利に流れ込んでいる用水に目をつけ、「これを切り落としたら新田・館林・足利の一帯は亡郷になる」と考えて、金井宿のそばに陣取り、堰《せき》を四つ切り落とした。敵方の軍勢と一戦交えるのではなく、敵地にある田畠を蹂躙《じゅうりん》してダメージを与えるという新たな戦術に切り替えたのである。

一帯を荒らし回ったあと、謙信は越後に帰ったが、上方《かみがた》の情勢は大きく動いていて、謙信も新たな対応を迫られることになる。織田信長と対立して紀伊《きい》に逃れていた足利義昭は、前年の暮れに謙信にあてて御内書《ごないしょ》を書き、北条や武田と和睦して自分を援けてほしいと頼んでいたが、天正四年になると義昭は安芸《あき》の毛利輝元《もうりてるもと》との連携を強め、備後《びんご》の鞆《とも》に入って信長打倒の計画を推し進めた。まもなく大坂で本願寺と信長の戦いがあり、信長は手痛い敗北を喫する。この情報は謙信のもとにも伝えられ、謙信も信長との関係を絶ち切ることを決意した。前年に信長は越前を領国に組み入れ、加賀にも力を伸ばしていた。自分が越中から加賀に進んでいけば、いずれは信長と戦わなければならない。謙信はそう感じていたのだろう。外交方針を一転させた謙信は、山崎専柳斎を使節として足利義昭のもとに遣わし、義昭のほうからも常上院という使僧が派遣された。専柳斎はかつて信長に対する使者をつとめていたが、こんどは信長と敵対する義昭のもとに遣わされることになったのである。

足利義昭と通じ信長と断交

足利義昭だけでなく、毛利輝元や小早川隆景《こばやかわたかかげ》とも謙信は書状のやりとりを始め、要請に応じて越前方面に出馬する意向を示した。北条や武田との和睦に関しては明言を避けていたようだが、北条氏政も武田勝頼も、義昭の要請をとりあえずは受け入れて、謙信との和睦に同意するとの返事を出した。京都を追われたとはいえ、自分は将軍だと義昭は考えていたから、その命を受けて行動することは、一定の正当性を持つことになる。義昭の命を奉じるという大義名分を得た謙信は、北国攻略を本格的に進めてゆく。

越中に出馬し能登で越年

関東諸将から出馬要請

秋になって謙信は越中に出馬し、栂尾城《とがおじょう》と増山城を落とし、さらに進んで能登に入り、七尾城《ななおじょう》に迫った。謙信はこのまま能登で越年し、天正五年（一五七七）の春を迎えるが、関東の大名たちから出馬要請が相次ぎ、対応を迫られることになる。関宿を手に入れた北条氏政は、関東全体を統治しようと攻勢を強め、下野小山の祇園城《ぎおんじょう》を攻囲して、前年の暮れに城は陥落して、小山秀綱は佐竹を頼って常陸の古内に落ち延びた。また北条氏は房総の里見義弘《さとみよしひろ》に対する圧力も強め、義弘は苦境に立っていた。関宿救援に赴いたとき、「自分が手を引いたら、小山も宇都宮も滅ぼされるだろう」と謙信は予言していたが、これが現実のものとなったのである。北条軍に圧迫された大名や国衆たちは、やはり謙信の後ろ盾は必要だと考えるに至り、出馬を要請することになる。

謙信の関東出馬

関東のことを放置するわけにもいかず、謙信は能登から越後に戻り、麦秋の時期（麦のできる夏）を狙って関東に出馬した。五月十四日に謙信は梶原政景あての書状で越山《えつざん》を伝え、近いうちに新田や足利に放火するつもりなので、壬生《みぶ》・皆川方面に出てくるよう佐竹義重に言ってほしいと頼んでいる。要請を受けて出馬したのだから、佐竹が協力するのは当然と謙信は考えていたようだが、このときも義重はめだった動きをみせず、謙

越中に出馬し七尾城に迫る

信も越後に帰り、すぐに越中出馬の準備を始めた。閏七月に越中に入った謙信は、魚津《うおづ》に着いたのち、西に進んで末森城《すえもりじょう》を攻め、再び七尾城に迫った。七尾城の守将たちは織田信長に救援を要請し、越中と加賀の国境地帯に出てきて上杉勢をおびやかしたが、効果をあげることができず、しだいに追い詰められた。そして九月十五日、遊佐続光《ゆさつぐみつ》が謙信に内応して決起し、長続連《ちょうつぐつら》とその一族を悉く討ち取ったことで、事態は決着をみた。守将たちも一枚岩ではなく、内部では意見の違いもあったが、謙信はこれを利用して事を起こさせ、城を手に入れることに成功したのである。

七尾城の接収

織田信長との戦い

七尾の城将から救援要請を受けた織田信長は、岐阜を出て越前に出てきていたが、七尾城が謙信の手に落ちたことを知ると、加賀に進んで湊川《みなとがわ》に陣取った。謙信はこれに対抗するべく、まず越後・越中・能登の軍勢を差し遣わし、自身もあとから加賀に向かった。九月二十三日の夜、敵の軍勢を前にして、かなわないと思ったのか、信長は退却を始めたが、謙信は機会を逃さず攻め込んで勝利を収めた。謙信が長尾和泉守にあてて出した書状（九月二十九日）には「千余人を討ち取り、残った者もみな川に追い籠めた。ちょうど洪水で瀬がなかったので、人馬が残らず押し流された」と書かれている。もちろん誇張もあるだろうが、会心の勝利だったことは確かだろう。

七尾城に登る

織田軍を破った謙信は、深追いをせずに七尾に戻り、「鍬立《くわだて》」の儀式を行うため城に登った。九月二十六日のことである。城からの眺望はすばらしく、長尾和泉守あての書状で謙信はこう伝えている。「聞き及んだよりも名地で、加賀・能登・越中のかなめの地形でもあり、要害と山海が相応している。海面や島の姿も、絵に描くことができない」。

要害堅固な七尾城を手に入れたのは「老後の面目」で、年来の信心が実を結んだのだろうと、謙信は喜びをあらわにしていた。織田信長がもういちど出てくるかと思っていたが、意外に「手弱」なので、「この分だと、今後は天下のことまでうまくいくようだ」と、謙信は書状の中で述べている。関東方面の経略は思うに任せないが、北国のほうは順調に進んで、このままいけば織田とわたりあって天下に号令できるかもしれない。謙信はこんなふうに考え始めていたのだろう。

五　謙信の逝去とその影響

関東出馬の準備

七尾城を手に入れた謙信は、能登一国を統治するための仕置きをしたうえで、十一月に帰国の途についた。年明けて天正六年（一五七八）を迎えると、謙信は早速関東出馬の準備を始め、諸将に出兵用意を促す陣触れを行った。二月十日に太田資正・梶原政景父子にあてて書状を出して「麦秋に関東に乗り込んで敵地の郷に損害を与えるつもりだ。去年のように佐竹の家中が参陣しないようでは困るので、結城晴朝《ゆうきはるとも》と相談してうまく事を進めてほしい」と頼んでいる。謙信は越中に出ている軍勢にも陣触れを行い、まもなく関東に出馬するので出兵の準備をするよう指示している。

春日山で逝去

こうしたさなか、謙信は春日山の城中で突然倒れ、意識を回復しないまま、四十九年の生涯を閉じた。『上杉年譜』（謙信公御年譜）によれば、三月九日の午刻《うまのこく》に「中風」を患って倒れ、十三日の未刻《ひつじのこく》に死去したという。三月二十四日に上杉景勝《かげかつ》（長尾政景の子で謙信の甥、かつての長尾喜平次顕景）が小島職鎮《こじまもとしげ》にあてて出した書状に「去る十三日、謙信不慮

上杉謙信像（林泉寺蔵）

の虫気、執り直されず遠行、力落とし察せしめ候」とあるので、謙信が三月十三日に「虫気」により死去したことが確認できる。「虫気」は一般に腹痛を伴う病気を指すが、「虫気」は「中気」のことで「中風」に通じ、脳卒中（卒中風）で死亡したとみるのが自然であろう。突然の逝去で家中も動揺したが、十五日には大乗寺（春日山城北の丸にある）住持の長海法印を導師として葬儀が営まれ、遺骸は甲冑を着せて甕《かめ》に納めて、不識院の中に埋葬された。

上杉景勝実城に入る

謙信には実子がいなかったので、後継者を誰にするか、すぐに問題になったが、謙信の遺言に従う形で上杉景勝が春日山城の実城に登り、自らが後継者だと宣言した。前記した三月二十四日の景勝書状（小島職鎮あて）では「謙信の遺言だとみなが言うので、了解して実城に登った」と表明しているが、昏倒したあとに謙信が確かな遺言を遺したとは考えにくい。『上杉年譜』には直江景綱の後室が枕元に近づき「御家督は景勝公か」と聞いたところ、謙信が首を縦にふったので、みなが安心したと記されているが、これも事実かどうかわからない。景勝は早くから謙信の養子として認められ、「弾正少弼」の官途も継承していたから家督にふさわしいと考えた家臣たちが、本人を納得させて実城に入れたということだろう。

しかし謙信には三郎景虎という養子もいたので、事情は複雑になる。北条氏康の末子の三郎は、上杉と北条の和睦の証として謙信の養子となり、「景虎」の名を与えられていた。北条との和睦が消滅したあとも、謙信は景虎を手元に留めており、景虎も後継者の資格を十分有していたのである。

上杉景虎御館に入る

景勝を擁立した家臣に反発した人たちは景虎のもとに結集し、景虎もこれに応じて春日山城を脱出し、府内の御館《おたて》（上杉憲政の館）に入った。

景勝と景虎の戦い

こうして上杉の家臣たちが景勝方と景虎方に分かれて争う内乱が始まった（御館の乱）。景虎の兄にあたる北条氏政は、景虎が上杉家の家督の地位に立てば自らの勢力拡大につながると考え、支援のために軍勢を指し向けた。また北条と同盟関係にあった武田勝頼も、氏政の要請を受けて越後に向かった。関東や信濃から敵が迫り、景勝は窮地に立たされたが、武田勝頼は景勝を打倒しようという強い意志を持たず、できれば景勝と景虎を和睦させたいと考えていた。こうした動きを察知した景勝は、武田勝頼と連絡を取って戦いを未然に防ぎ、越後に入った勝頼の調停により、八月には両者の和議が結ばれた。しかしまもなく破談となり、勝頼は帰国してしまう。

景虎の滅亡と景勝の勝利

九月になると北条氏の軍勢が山を越えて越後に攻め入り、景勝方の拠点である上田の坂戸城に迫った。しかしなかなか陥落させることはできず、雪の季節になる前に軍勢の多くが関東に帰ってしまった。年明けて天正七年の春、北条軍が再び攻め入る前に決着をつけようと、景勝は御館の攻撃を推し進め、景虎は逃れて鮫尾城《さめがおじょう》に籠るが、城将の離反にあいここで自害した。勝利を手にした景勝は、武田勝頼と正式に同盟を結び、勝頼の妹（菊姫）が春日山城に輿入れすることになる。

上杉領国の縮小

上杉の家中にはさまざまな人がいて、決して一枚岩ではなかったが、謙信が指揮を取っている間は、とりあえず主君に従い、めだった分裂は起きなかった。しかし謙信という象徴的存在を失うと、すぐに内部矛盾が露呈し、深刻な内乱が起きてしまったのである。景勝と景虎の争いは景勝の勝利に終わるが、この間に上杉氏の領国は大きく縮小することになる。上野の北条高広や河田重親が北条氏に属したため、上野は上杉領国から離れた。また景勝が武田と和睦したとき、信濃をすべて武田領とすることを認めたため、これまで謙信が掌握していた信濃の北部も失った。北国の状況はもっと深刻で、織田信長配下の軍勢に攻められて、景勝は能登と越中西部を失い、わずかに越中東部を押さえるのみとなった。景勝の領国として残ったのは越後と越中東部で、もともとの長尾家（為景や景虎）の領国と同じ程度に縮小したことになる。

謙信死去の影響

謙信の死去と上杉家の内紛は、周囲の大名たちの動向にも大きな影響を及ぼした。いちばん安堵したのは織田信長で、北国からの脅威がなくなり、このあと越前の柴田勝家《しばたかついえ》が中心となって加賀や越中の経略を進め、上杉軍を追い詰めてゆく。北条氏政と武田勝頼は同盟関係にあったが、勝頼が上杉景勝と和睦したことで関係が変わり、北条と武田は敵対するようになる。北条氏は上野国をとりあえず押さえるが、やがて武田軍が西から進攻し、天正八年には武田が上野の大半を掌握した。

上杉景勝の会津移封

天正十年の春、武田勝頼が滅亡すると、越中と信濃から織田氏の軍勢が迫り、上杉景勝は危機に陥った。しかしまもなく織田信長が京都で横死し（本能寺の変）、事態は大きく変わる。信濃北部を領していた森長可《もりながよし》が逃亡したすきを狙って景勝は信濃に攻め入り、川中島《かわなかじま》を含む北部の一帯を領国に組み込むことに成功した。このあと景勝は上方を押さえた羽柴秀吉《はしばひでよし》と手を結び、秀吉が関白《かんぱく》として天下に号令すると、大名の一人としてこれに協力し、中央政権の中に地歩を築いた。慶長《けいちょう》三年（一五九八）の春、景勝は秀吉の命により陸奥《むつ》の会津に移封となり、春日山城を出て会津に入った。まもなく秀吉が死去して、政権内部が分裂すると、景勝は石田三成《いしだみつなり》と通じて徳川家康と敵対し、慶長五年には徳川方の伊達政宗《だてまさむね》や最上義光《もがみよしあき》と戦いを交えた。しかし美濃関ヶ原《せきがはら》で家康が勝利したことで形勢は定まり、景勝は家康に帰順して、大幅に石高を減らされ、出羽《でわ》米沢に移封となった。慶長六年のことである。

米沢移封

謙信の霊廟

慶長三年に景勝が会津に移ったとき、謙信の霊廟のある不識院はそのまま残り、大乗寺・妙観院・宝幢寺の三寺が守護していたが、新たな領主の堀秀治《ほりひではる》に迫られて、会津への引っ越しを余儀なくされた。遺骸の入った甕を輿に納めて駕籠に乗せ、会津まで運んだという。ところが慶長六年に景勝は米沢移封を命じられ、またもや甕は米沢に運ばれて「角の御蔵」に安置された。八年後の慶長十四年、景勝は米沢城本丸の南隅に謙信の廟堂《びょうどう》を建てることにして工事を始め、三年後の慶長十七年六月五日に廟堂と二の丸寺院の完成を祝う儀式が挙行された。謙信の廟堂は初め「御経堂」といったが、やがて「御堂」と呼ばれるようになる。米沢藩上杉家の時代は長く続き、不識庵の御堂は上杉家の精神的支柱として大切に保護された。明治になると御堂の祭祀は仏式から神式に改められ、謙信を祭神とする上杉神社が創建された（謙信とともに上杉鷹山も祭神となる）。その後、明治《めいじ》九年（一八七六）に謙信の遺骸は御廟所に移され、現在に至っている。

米沢における御堂造営

米沢藩上杉家の祖

上杉謙信は越後の春日山城で死去しており、米沢にいたことはない。米沢藩上杉家の初代は上杉景勝だが、米沢に入ってきた家臣たちにしてみれば、上杉謙信こそ家の「初代」と認識される存在であり、その後の上杉家でも「家祖」にあたる謙信に思いをはせ、これを顕彰する行事がひんぱんに営まれた。延宝《えんぽう》八年（一六八〇）に不識庵の御堂で藩主（上杉綱憲）が武具を着用する儀式（御武具召初）が始まり、さらに謙信の事績をまとめた『謙信公御年譜』を会読する行事も続けられた。現在でも謙信は上杉鷹山《ようざん》とともに地域の人々の尊崇の対象となっている。また謙信が本拠とした越後の春日山には、林泉寺《りんせんじ》をはじめとしてゆかりの寺が多く、謙信の人気は不動のものといえる。四十九年の生涯は多忙を極め、当面の課題に向き合いながら夢中で生きていたのだろうが、彼の記憶は人々の中に長く留まり、後世の人たちによる再評価もあって、並み居る戦国武将の中でも著名な存在となったのである。

第八　人と領国の統轄

一　近臣たちの顔ぶれ

本庄実乃と大熊朝秀

上杉謙信《うえすぎけんしん》（長尾景虎）が長尾家の家督を継承したのは天文《てんぶん》十七年（一五四八）、死去したのは天正《てんしょう》六年（一五七八）である。三十年に及ぶ動乱の時代を、大名家の当主として過ごし、その領国を拡大させた。関東や信濃《しなの》に出兵を繰り返し、越中《えっちゅう》にも出て能登《のと》まで支配圏に組み入れたが、こうした軍事行動を進めるとともに、領国の経営にも意を注ぎ、さまざまな施策を実施した。自身の力量によって現実の状況に対処し、意欲的な活動を続けたと評価することもできるが、こうしたことは謙信一人でできるものではなく、有能な家臣に支えられたという側面も否定できない。特に謙信の側近くにいて日常的な諸事を処理していた近臣の存在は重要で、その果たした役割は大きい。

長尾景虎《ながおかげとら》が家督を継いだとき、景虎とともに府内《ふない》（春日山）にいて、政権運営を担ったのは、本庄新左衛門尉実乃と大熊備前守朝秀の両人だった。本庄実乃は栃尾の城主で、栃尾に入った若年の景虎を支え、家督継承を実現させた功労者であり、栃尾から離れて府内に居を定め、年若い主君を補佐した。一方の大熊朝秀は越後《えちご》長尾氏に仕えた名門の当主で、長尾晴景の時代にも重臣の立場にいた。晴景から景虎への家督継承にあたっても、朝秀はその政治的立場を保持し、新たな政権の中核的存在として活動を続けた。

天文十八年十一月、本庄実乃と大熊朝秀は、小林新右兵衛尉宗吉を加えた三名の連署で松本河内守にあてた書状を作り、景虎の命令を下達した。翌年十二月に出された段銭《たんせん》請取状《うけとりじょう》も本庄・大熊・小林の三名が連署しており、彼らが政権の中心にいたことがわかる。主君の命令を下達するといった政治的な業務と、領内の家臣たちから段銭を徴収するという財政的な業務を、三名がまとめて担っていたのである。

直江実綱

しばらくすると、小林宗吉に代わって直江実綱が政権担当者として登場する。天文二十一年に本庄実乃・大熊朝秀・直江実綱の三名が連署して庄田定賢《しょうださだかた》に書状を出し、関東における陣労をねぎらう景虎の「御直書《ごじきしょ》」が発給されたことを伝えている。直江は三島《さんとうぐん》郡の与板を拠点とする国衆《くにしゅう》だが、景虎は彼を抜擢して重臣の一員に加えたのである。天文二十二年十一月には本庄・大熊・直江の三名が連署して段銭請取状を出しており、以前と同じように三人の家臣が財務も司っていたことがわかる。

国衆たちの指南

この三名の重臣は、越後国内の国衆たちの申し出を受理して景虎に披露するという役割を持ち、国衆たちからもそうした行動を期待されていた。天文二十一年のこと、宇佐美定満が多劫という武士の処遇について景虎に訴えようとしたことがあった。定満はまず本庄・大熊・直江らに「侘言」をしたようだが、なかなか事が進まず、庄田定賢を通して景虎に申し上げた。景虎もこれを了解し、本庄と大熊も異議がない旨の「一札」を書いた。その後定満はあらためて本庄・大熊・直江の三人にあてて書状を出し、多劫の進退についての執り成しを依頼している。景虎に対して何事かを頼む場合は、本庄ら三名を通すのが一般的だったが、彼らもすぐに対応して景虎に披露していたわけでは必ずしもなく、事態が解決されないまま時日が過ぎることも多かった。そして定満の場合、庄田定賢という人物に景虎への披露を依頼している。政権の中枢にいたのは本庄・大熊・直江だったが、庄田も景虎に直接申し入れができる立場にあったのである。

　本庄実乃・大熊朝秀と直江実綱の三名は、協力しながら政務にあたっていたが、越後国内の国衆たちの多くは、この中の一人を「指南者」「奏者」としていて、何かを訴えるときには、自身を「指南」してくれている人に申し出るという形を取った。上野《うえの》家成《いえなり》と下平修理亮は、所領をめぐって争っていたが、上野は本庄、下平は大熊を指南に仰いで自己主張を続けた。このことについては前にみたが、こうした争いが紛糾すると、それぞれを指南している重臣どうしの人間関係も悪化するという結果をもたらす。前代以

斎藤朝信
北条高広
柿崎景家
長尾藤景

来の長尾家重臣である大熊朝秀と、景虎擁立の功労者として参入した本庄実乃の関係は、当初から微妙なものだったが、弘治《こうじ》二年（一五五六）におきた景虎の引退騒動をきっかけとして、大熊は政権から排除され、国外に去ることになる。

直江実綱はこの後も景虎の近臣として活動を続けるが、本庄実乃は一線から退いたようで、表立った行動はみえなくなる。そしてしばらくすると、斎藤朝信《さいとうとものぶ》・北条高広《きたじょうたかひろ》・柿崎景家《かきざきかげいえ》・長尾藤景といった面々が、景虎の意を奉じた文書を発給するようになる。永《えい》禄《ろく》二年（一五五九）十二月、この四名が連署して広泰寺に奉書を出し、湧光寺領の郡司不入や諸役免除を認めるという景虎の意向を伝えていて、このころには四名が景虎の重臣として政務に関わっていたことがわかる。斎藤は刈羽郡《かりわぐん》の赤田、北条は刈羽郡北条、柿崎は頸城郡《くびきぐん》の柿崎をそれぞれ拠点とする国衆で、府内とそれほど遠くない地域に勢力を張っていた。長尾藤景は長尾一門だが、系譜は定かでない。前述したように、斎藤朝信と柿崎景家は景虎の姉妹を娶っており、柿崎景家の子息と北条高広の娘の縁組が進められたことも史料にみえる。彼らはそれなりの伝統と立場を持つ有力領主で、互いに婚姻関係を結んでおり、景虎の政権の担い手として登用されることになったのである。

永禄三年に景虎は軍勢を率いて関東に出馬し、翌年には北条氏の居城である小田原《おだわら》城《じょう》を攻囲した。上杉家の家督を継いで上杉政虎《まさとら》と名乗り（まもなく輝虎と改名）、この後は関東への出陣を繰り返すことになる。こうした状況に応じて、重臣たちの構成や役割分担にも変化がみられた。特に注目すべきなのは河田長親《かわだながちか》（豊前守）の登用である。彼は近江《おうみ》の出身で、永禄二年に景虎が上洛したときに、比叡山の麓でこの少年を見出し、越後に召し連れたと伝えられている。長親はすぐに景虎の近臣として召し抱えられ、永禄三年の関東出陣にあたっては、景虎に従って関東に赴き、直江実綱とともに政務を担った。永禄四年の三月、越後の上田荘・妻有荘・藪神の一帯に徳政《とくせい》を施行するという条《じょう》書《しょ》（景虎の朱印が捺されている）が出されたが、この文書に署名したのは直江実綱と河田長親の両人だった。同じ時期に「関東海道往還の輩」が頸城郡内で狼藉行為をすることを禁じた制札《せいさつ》が出されたが、これも同じ形式で、景虎の朱印を捺して直江と河田が連署している。政治的才覚を認められた河田長親は、経験豊かな宿老である直江とともに政権の中枢におさまり、政治の担い手となったのである。

河田長親の登用

長親の活躍

永禄四年の冬に上杉輝虎《てるとら》は再び関東に出陣したが、河田長親は輝虎につき従い、その近臣として活動した。年末には北条高広とともに上野の妙沢小屋における軍勢の狼藉を禁止する制札を発給している。北条高広は上野の厩橋《うまやばし》城将に任じられて関東の経営にあたっていたが、長親は輝虎の重臣として行動し、地域の人々の要請に応じて制札を出したりしていたのである。このあと輝虎は関東と越後を往還しながら活動するが、長親は常に輝虎に近侍していたらしく、越後や関東の国衆たちなどからの申請を取り次ぎ、輝虎が彼らに書状を発給するときには、長親も添状を出して詳しい事情を相手に伝えた。国衆たちも彼の存在を認識していて、輝虎に何かを依頼するときには、長親にあてて書状を出して、輝虎への披露を頼むという形を取るのが一般的だった。

家臣たちの説得と問題解決

越後北部の国衆である色部勝長《いろべかつなが》は、輝虎のために尽力したことを評価されて、鷹《たか》の羽《は》を描いた小旗を下賜された。ところが大江という者が同じ紋の旗を指していたので、勝長は河田長親に申し入れて、大江がこの小旗を用いるのを止めてほしいと頼んだ。長親に説得されて大江は引き下がり、一件落着となったが、まもなく平賀左《ひらがさ》京亮《きょうのすけ》（重資）が鷹の羽紋の旗を指していることがわかり、色部勝長はまた長親に依頼して、平賀にこの旗を使わないよう指示してほしいと頼んだ。長親から話を聞いた平賀は、自分の小旗は色部のものと「似て似ざる」ものだから、引き下がるのは無念だけれども、しかたがないので、輝虎からの「御意」によって旗の使用をやめる、ということにしてほしいと要望した。結果的に平賀は旗の使用をとりやめ、色部の要求が通ることになるが、河田長親は色部の求めに応じて平賀の説得につとめ、事態を解決させたのである。長親は色部の奏者（取次役）なので、こうした行動を取ったともいえるが、輝虎の近臣として活躍している長親に説得されたら文句もいえないと、平賀も判断したのだろう。

山吉豊守の登場

河田長親は輝虎に近侍しながら、多くの実務をこなしていたが、永禄九年になると山吉孫次郎豊守が輝虎の近臣として登場し、長親が担っていた役目を引き継ぐことになる。この年の十月、上野《こうずけ》の沼田の守将だった小中大蔵丞は、黒岩と名胡桃《なぐるみ》を堅固に守っていることを山吉豊守のところまで連絡し、これを受けて輝虎が小中に書状を書いて功労を賞している。このころ輝虎は越後を出て関東に入ったところだったが、山吉豊守は輝虎の側近く仕えて、関東の諸将からの連絡を取り次いでいたのである。

鯵坂長実

輝虎の近臣として登用された人はほかにもいた。鯵坂清介長実《あじさかせいすけながざね》である。永禄五年二月の輝虎書状（蔵田五郎左衛門尉あて）に、「巨細《こさい》九郎太郎・清介ところより申し越すべく候」とみえるが、この「清介」は鯵坂長実で、この時期すでに輝虎に仕えていたことがわかる。詳細は定かでないが、小姓のような存在だったのだろう。長実が政治的な活動をみせるのは永禄十年からで、七月の智光院頼慶・新保秀種の書状の宛名に河田長親とともにその名をみせ、河田と並ぶ近臣として認識されていたことがわかる。

本庄討伐の陣中

永禄十一年に北越後の本庄繁長《ほんじょうしげなが》が反乱を起こすと、直江政綱（直江実綱は政綱と改名し、その後景綱と名を改めた）と柿崎景家が現地に派遣され、そのあと輝虎も自身出馬して、河田長親と鯵坂長実もこれに従った。本庄攻めの陣中に輝虎と重臣たちが集結する形になったが、このとき中条藤資が石塚玄蕃允《いしづかげんばのじょう》の「表裏《ひょうり》」について注進するという一件があ

直江と山吉と鰺坂

った。ことの経緯については前述したが、直江・山吉・鰺坂の三名が申し出を受理し、輝虎の機嫌のいいときをみはからって言上している。山吉や鰺坂が輝虎の近臣として活躍するようになっても、直江はその地位を保ち、政権の一員として存在感を放っていた。

山吉豊守の活躍

このころから関東の北条氏康《ほうじょううじやす》・氏政《うじまさ》父子が輝虎との和睦を求め、積極的な働きかけを始める。北条氏や関東の国衆たちは輝虎の近臣にあてて書状を出して、輝虎への披露を依頼しており、近臣たちも対応に明け暮れたが、いちばん活躍したのは山吉豊守だったようである。永禄十二年十一月、上野新田の由良《ゆら》成繁《なりしげ》が沼田城将（河田重親と上野家成）に書状を出しているが、その中に「輝虎の御直書はもちろんだが、山孫（山吉孫次郎）の一札もいただきたい」という一文がみえる。豊守が輝虎の信頼厚い側近であることは周知のことで、上杉家の意志を確認するためには、輝虎だけでなく豊守の書状も必要だと認識されていたのである。翌年に北条氏康の子息三郎が輝虎のもとに遣わされ、沼田で対面の儀がなされるが、このときも山吉豊守が中心に立って対応し、事が成就したあと、氏康から感謝の意をこめた書状をもらっている。このころ輝虎は太田《おおた》資正《すけまさ》と絶縁状態になっていて、関係を取り戻したいと思い、資正の妹（三戸駿河守の内室）に働きかけたが、輝虎の意を受けて長文の書状をしたためたのは山吉豊守だった。

国衆の訴えの受理

関東の諸将との交渉における山吉豊守の活躍はめだっていたが、越後国内の国衆たちの訴えを受理するという業務もあり、多忙を極めていたと想像される。永禄十二年の八月、中条越前守と黒川清実《くろかわきよざね》の所領争いが表面化し、中条が本庄宗緩《そうかん》（実乃）に輝虎への披露を依頼するが、本庄は「自分は老齢で力がないから、山吉を通してほしい」と返答した。中条は山吉豊守に申し出たが、輝虎への披露はしないで引き延ばす。一方の黒川氏の側は奏者の直江景綱を通して輝虎に上申し、輝虎も黒川の言い分を認めており、こうした状況を知っていたので、山吉も披露をためらっていたのだろう。やがて直江が中条にあてて書状を出し、輝虎も納得しているのだから、あきらめてこの土地を黒川に渡すようにと迫った。山吉豊守も中条にあてて書状を書き、「あなたのことをおろそかにしているわけではないのですが、上様の御諚《ごじょう》なので、しかたありません」と弁明している。本庄実乃（宗緩）は健在だったが、輝虎に披露できる立場にはなく、中条は山吉豊守に頼らざるを得なかった。しかし直江景綱も重臣としての地位を保持していて、輝虎への披露も行っており、豊守も気を遣いながら諸事に対処していたのである。

輝虎は関東出兵を重ねるとともに、西の越中にもしばしば出馬していたが、関東における勢力拡大が叶わない情勢の中、越中経略を積極的に進めるようになり、重臣も越中に送り込んだ。河田長親は越中のまとめ役として派遣され、鰺坂長実も越中に赴いて城将をつとめることになる。輝虎が謙信と名乗ったころ、謙信の側近として活動していたのは山吉豊守だったが、まもなくして吉江喜四郎資堅《よしえきしろうすけかた》が近臣として登場し、山吉に代わって側近として活躍することになった。資堅は近江出身で、長尾景虎が上洛したときに召し抱え、吉江佐渡守忠景の養子となったと伝えられているが、元亀《げんき》三年（一五七二）十月には越中に出馬していた謙信に近侍して、府内にいた直江景綱らに状況を伝えていたことが知られる。直江景綱らはすぐに資堅に返書を出しているが、その末尾に「この旨御披露に預かるべく候」とみえ、資堅が謙信の側近として諸事の披露にあたっていたことが確認できる。このあと資堅は諸将からの申し出を受けて謙信に披露し、謙信が書状を出すときには添状《そえじょう》を出して具体的なことを伝えるといった側近の役目を着実にこなした。

吉江資堅の登場

天正三年に謙信は越後国内の諸将から自身の軍役《ぐんやく》を記した指出書《さしだしがき》を出させ、これをもとに「軍役帳」という帳簿を作成したが、このとき諸将が出した指出書の宛名は「吉江喜四郎殿」で、資堅がとりまとめていたことがわかる。天正五年に謙信は能登を攻略するが、このころ資堅は信景と改名していて、三条信宗（道如斎）とともに能登や加賀《かが》の経営にも関わった。長年にわたって政権を支えた直江景綱はこの年に死去し、山吉豊守も早世していた。謙信はこの翌年に死去し、上杉景勝《かげかつ》があとを継ぐが、吉江喜四郎信景はそのまま景勝の近臣として活動を続けた。

近臣たちの構成とその変遷

謙信の時代は三十年に及び、近臣たちの構成は時期によって変化をみせた。初めは本庄実乃と大熊朝秀が政権の中心にいて、直江実綱（政綱・景綱）がこれに加わった。大熊が失脚すると、斎藤朝信・北条高広・柿崎景家・長尾藤景といった面々が政治に関わるが、まもなく河田長親が登場して、直江実綱とともに政務を担い、やがて長親は謙信の側近として活躍するようになる。若年で有能な近臣を側に置いて諸事を担当させる形が固まったわけで、今の秘書のような存在といえる。側近の人選は固定的ではなく、河田長親のあと山吉豊守、さらに吉江資堅がこの役割を受け継いだ。しかし彼らがすべてをとりしきっていたわけではなく、宿老の直江は長年にわたってその地位を保ち、謙信への披露も行っていた。自身に近侍する側近に支えられながら、伝統と経験を持つ重臣たちも重んじるという形で、謙信の政治は運営されたのである。

二　蔵田と栗林

身分の低い人々の登用

謙信の重臣は、直江景綱や山吉豊守など越後の国衆出身者と、河田長親や鯵坂長実といった新参の武士から構成されていたが、新参の家臣も一定の給地を与えられ、身分的には高く遇されていた。ただこうした領主クラスの武士ではなく、一段身分の低い人たちも謙信は登用し、活躍の場を与えていた。

蔵田五郎左衛門尉

天文二十四年（一五五五）ごろ、景虎が府中《ふちゅう》にある居屋敷の統轄に関わる条書を出しているが、この文書の宛先は荻原掃部助《おぎわらかもんのすけ》と蔵田五郎左衛門《くらたごろうざえもん》で、両名が府中という都市のまとめ役だったことがわかる。しかし二人は対等ではなく、蔵田五郎左衛門は一段身分の低い存在だった。宛名の書き方をみると、荻原は「荻原掃部助殿」、蔵田は「蔵田五郎さへもんとの」と記されていて、二人の身分の違いが明らかになる。蔵田は一般の武士より身分の低い存在だが、府中の管理という重要な任務を担っていたのである。

青苧座の統轄

蔵田は伊勢《いせ》の神宮の御師《おし》出身で、越後の青苧座《あおそざ》を統轄する商人だったようである（青苧は苧《からむし》という草の茎の皮からとった繊維で、衣類の原料となる。青苧を扱う商人が結成した組織を青苧座という）。長尾為景《ためかげ》の時代の大永《たいえい》五年（一五二五）に蔵田五郎左衛門が越後から京都に上り、三条《さんじょう》西実隆《にしさねたか》のもとを訪れて青苧座公用の減額を求めていて、このときすでに越後を拠点としていたことがわかる（三条西家は越後の青苧座の本所として公用を徴収していた）。蔵田家の当主は代々五郎左衛門尉を名乗っているので、彼は初代にあたり、謙信に仕えた五郎左衛門尉は二代目とみるのが自然であろう。

府中の管理と治安維持

蔵田五郎左衛門尉は青苧座を統括するだけでなく、荻原掃部助とともに府中の管理にもあたっていた。永禄四年（一五六一）四月、関東在陣中の上杉政虎は蔵田にあてて書状を出して、府内の蔵にある大刀をこちらに届けるよう指示し、あわせて府内の番をきちんと行うよう念を押している。八月に政虎が長尾政景にあてて出した条書には、「もし会津衆や大宝寺衆が着くことがあったら、蔵田の所で会うように」「越中への援兵が出陣したら、蔵田に申し付けて府内の者たちを召し連れさせよ」といった指示がみえ、蔵田が府内の人々のまとめ役になっていたことがわかる。蔵田の屋敷は府内のセンターのようなもので、会津衆や大宝寺衆といった遠国の人々が府内に来るときはまず蔵田が対応し、府内の住人たちも蔵田の指示を受けながら生活していたと推測されるのである。こののち輝虎は関東出兵を繰り返し、府内を留守にすることが多くなるが、蔵田五郎左衛門尉は荻原伊賀守（掃部助と同一人か）とともに府内に留まり、治安維持につとめた。府内や春日の火の用心、春日山城《かすがやまじょう》の普請などについて、輝虎はしばしば蔵田にあてて書状を出して指示しており、彼を深く信頼していたことがわかる。

栗林次郎左衛門尉

越後上田出身の栗林次郎左衛門尉（房頼）も、低い身分でありながら謙信に登用され活躍した。栗林は上田長尾氏の家臣で、天文二十年のころに栗林長門守経重が長尾政景の重臣として活動していたことが史料にみえる。長尾政景は永禄七年七月に横死するが、子息の喜平次顕景は上杉輝虎の養子として待遇され、上田荘の管理はその一門や家臣が担うことになる。永禄八年五月に輝虎は長尾伊勢守と栗林次郎左衛門尉にあてて書状を出して、上野沼田（倉内）への加勢について指示しており、栗林次郎左衛門尉が上田衆のまとめ役になっていたことがわかるが、宛先の書き方を子細に見ると、「長尾伊勢守殿」「栗林次郎左衛門とのへ」とあり、栗林が一段身分の低い存在だったことが確認できる。栗林は長尾政景の家臣だったので、輝虎からみれば陪臣にあたり、一般の国衆とは身分が違っていたのである。

上田衆のまとめ役

政景なきあとの上田と上田衆をまとめるために、輝虎は長尾一門の長尾伊勢守と、上田長尾家重臣の栗林次郎左衛門尉を抜擢し、政景の弟にあたる大井田藤七郎もこれに加えて上田の管理を任せた。そのため書状の宛所には大井田藤七郎・長尾伊勢守・栗林次郎左衛門尉の三人の名が記されたが、しばらくすると大井田と長尾は史料にみえなくなり、栗林が単独で輝虎の命令を受けるようになる。永禄九年四月、輝虎は栗林にあてて書状を出し、上野猿京《さるがきょう》近辺の証人（人質）を上田に置き、浅貝《あさかい》に寄居《よりい》（城塞）を作って、沼田（倉内）との連絡がつきやすくするようにと、細かな指示をしているが、このときには栗林が一人で命令を受けていたことがわかる。

上田衆を率いて各地に赴く

上田は越後と関東を結ぶ枢要の地で、越後の軍勢が関東に入るときには必ず通る場所だった。上田にいる武士たち（上田衆）は、山を越えた先にある上野国、特に沼田をめぐる情勢を監視し、事態が切迫したら一団となって上野に進軍する責務を負っていた。栗林次郎左衛門尉はこうした上田衆の統率役という役目を任せられ、輝虎の命令を受けながら活動していたが、ときには軍勢を率いて遠方まで赴いた。北越後の本庄繁長が反乱を起こしたときには、輝虎の命を受けて蒲原郡《かんばらぐん》まで出兵し、勲功を上げている。まもなくして輝虎と北条氏との和睦が成立すると、武田信玄《たけだしんげん》が当面の敵ということになり、元亀元年（一五七〇）十一月、謙信は栗林に書状を出して、武田が沼田を攻めたときには援軍としてかけつけるよう指示している。翌年二月にも謙信は栗林に書状を書き、近く越中に出陣するので、「その地の者ども」を召し連れて府内に来るようにと指示したが、あわせて北条氏康にあてた「直書」を小田原まで届け、自身も遠山康光にあてて書状を書いて送るよう命じた。栗林の書状の内容についても謙信は細かく指示を与えているが、自身の「直書」だけでなく栗林の書状（添状のようなもの）も必要だと謙信は考えており、相手方の北条氏も栗林次郎左衛門尉の役目と力量を認めていたのである。

謙信の直書と栗林の添状

上田を拠点として上野における武田の動きを警戒しながら、ときには府内まで兵士を率いて参陣するというように、栗林次郎左衛門尉は軍団のまとめ役として、謙信の命に従いながらめまぐるしい日々を送った。しばらくして北条氏との和議が破れると、謙信は再び武田と北条の両者と争うことになり、栗林の任務も重要性を増した。元亀三年八月、謙信は栗林にあてて書状を出して、もし厩橋の山際に敵が出てきたら、地下人《じげにん》でもいいからかき集めて、多勢にみせかけて援助するようにと命じ、「傍輩《ほうばい》ども」のうちで指示に従わない者がいたら、名前を列記した「交名《きょうみょう》」を書いて連絡するようにと書き加えている。九月になると越中方面の情勢が緊迫し、栗林も謙信の命を受け、上田の軍勢を率いて府内に赴き、さらに謙信のいる越中まで兵を進めている。

謙信から栗林に雁を送る

栗林がある城に長く詰めていたところ、謙信から雁が一羽送られてきて、書状には「長々その地に在城、辛労是非なく候。よって愚老自身合わせ候鷹の雁一つ、これを遣わし候。悦びて吾分の所において傍輩どもに汁を振る舞うべく候」と書かれていた。謙信は鷹狩りの場で自ら仕留めた雁を栗林のもとに贈り、「あなたのところで雁の汁を作り、傍輩たちに振る舞うように」と指示したのである。自分だけで食べないで、汁にして傍輩に配れというわけで、何とも細かな指図だが、栗林と傍輩の関係を気にしているからこその配慮といえなくもない。上田やその近辺の武士たちのまとめ役として栗林は任務を果たし、謙信の期待に応えていたのである。

三　使者たちの活躍

戦国大名である謙信の家臣は、国衆と呼ばれた越後国内の領主層を基本とし、その中

使者をつとめた人々

から抜擢された重臣が政治や軍事を担った。河田長親や鯵坂長実のように、その才覚を認められて個別に登用された近臣もいたが、彼らも領主の身分に属し、一人前の家臣として国衆たちと肩を並べた。またこうした人々より一段身分の低い者が登用されるケースもまれにみられた（蔵田や栗林）。このような家臣たちは、政治に関わったり、指令に応じて戦いに参加したりしながら謙信を支えたが、室町将軍家や遠方の大名・国衆との間の連絡役である「使者」をつとめる形で役立った人たちもかなりいた。使者といってもその業務は高度かつ複雑なもので、主君の内意を正確に理解して相手方に伝え、場合によっては相手方との具体的交渉も担った。大名間の通信には書状が用いられたが、その内容は簡略なものが多く、使者が口頭で詳細を伝えるのが一般的だった。数多い家臣の中でも、こうした能力を備える限られた者が、抜擢されて使者をつとめたのである。

永禄十一年（一五六八）の冬に武田信玄が駿河《するが》に攻め入ると、これまで戦いを続けてきた北条氏から和睦要請がなされ、上杉輝虎と提携していた佐竹義重《さたけよししげ》や太田資正ら「東方の衆」は、上杉と北条の和睦を警戒しながら動くことになるが、こうした情勢転回の中で、北条氏や東方衆との交渉を担う使者がめだった活躍をみせる。

広泰寺昌派と進藤家清

北条氏のもとに使者として派遣されたのは広泰寺《こうたいじ》昌派《しょうは》と進藤《しんどう》隼人佐《はやとのすけ》家清《いえきよ》である。進藤家清の出自は不明だが、永禄十二年二月の段階で、本庄繁長の討伐にあたっている輝

輝虎の使者として小田原に赴く

虎の陣中から、出羽《でわ》庄内の土佐林禅棟《とさばやしぜんとう》のもとに使者として派遣されていたことが確認できる。このあと輝虎と北条氏との和睦交渉が進み、北条氏の使僧である天用院の一行が関東から越後に入り、五月十八日に塩沢に到着するが、進藤家清はただちに直江景綱と河田長親にあてて書状を書き、一行の様子と今後の予定を伝えている。進藤は上田の塩沢にいて一行を迎え入れたわけだが、この書状の内容はきわめて詳細で、天用院をはじめとするそれぞれの人物について、酒や食べ物の嗜好《しこう》に至るまで具体的に書き記していて、彼の几帳面《きちようめん》な性格と実務能力をうかがうことができる。

このあと家清は天用院一行とともに府内に至り、輝虎と天用院の対面が実現のはこびとなるが、輝虎のほうからも使者を派遣することになり、広泰寺住持の江室昌派と進藤家清が指名された。広泰寺の昌派も家清と同じく出羽庄内の土佐林氏のもとへの使者をつとめたことがあり、こうした実績をみこまれて北条氏への使僧となったものと思われる。昌派は閏五月十五日に上野の沼田に着き、翌日に本庄宗緩にあてて書状を出すが、この書状の中に「進藤隼人は、輝虎の御諚とはいいながら、いろいろ懇切にしてくれる」という一文があり、進藤家清が昌派に同行し世話をしていたことがわかる。両人は六月には小田原に着いて北条氏康・氏政と対面し、その場で父子から血判《けつぱん》の起請文《きしようもん》を作ってもらい、これを受け取った、講和交渉に尽力した北条氏照《うじてる》（氏政の弟）のもとにも

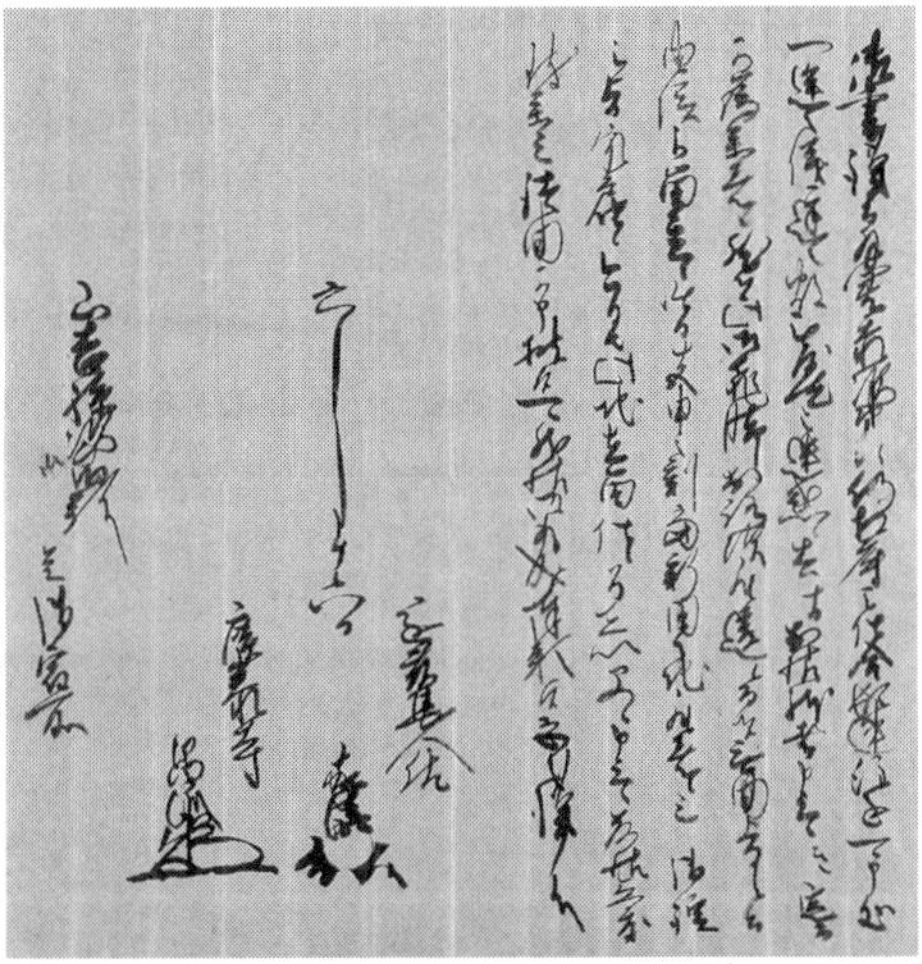

広泰寺昌派・進藤家清連署書状
(山吉豊守あて，米沢市上杉博物館蔵)

両人は赴き、氏照は同様に両人の面前で血判起請文をしたためている。目的の起請文を受け取った昌派と進藤は帰路につくが、北条氏康は進藤家清を信頼したようで、家臣の遠山康光が越後に向けて出立したので「指南」してほしいと書状で依頼している。

上杉と北条の和睦にあたっては、上野や武蔵《むさし》の諸城の振り分けが問題になっており、北条氏康は武蔵の松山城は自分が確保したいと希望していた。広泰寺昌派と進藤が越後に帰るにあたって、氏康はこのことを両人に伝えたようで、府内に帰った両人は北条氏の起請文を輝虎に渡すとともに、氏康の希望も口頭で伝えたものと推測される。昌派と進藤は輝虎の使者であり、主君の意思を相手方に伝えるのを任務としていたが、相手方の希望を受け取って自らの主君に伝達するという役目も帯びていたのである。この氏康の希望は聞き入れられなかったようだが、進藤家清はこのあとも北条氏に対する使者をつとめ、再び小田原に赴いて輝虎の意思を北条氏に伝え、小田原を出立したあとは上野に留まって輝虎と北条の連絡役を担っていたようである。

大石右衛門尉

東方衆に対する使者

佐竹義重や太田資正など「東方の衆」に対する使者として活動したのは、大石右衛門尉という家臣である。永禄十二年十二月、輝虎は大石にあてて長文の書状をしたため、「佐竹や太田への書状は、おまえが直接持っていって渡すように。そちらの様子をいちいち手日記に書いて、私のほうに届けよ」と指示している。当時輝虎は越中に出陣していたが、佐竹や太田に対して、小田氏との戦いばかりに没頭しないで自分に協力してほしいと求め、使者として大石を派遣したのである。大石は命令どおり輝虎の書状を佐竹と太田に渡したようだが、満足な返答は得られなかったようである。翌年になると、太田資正が輝虎の内密の書状を「ひろげ物」にしたことが判明した。怒った輝虎は大石にあてた書状で「資正は天罰者だ」と書いたが、交渉をやめるわけでもなく、資正の子の梶原政景に自分の気持ちを伝え、資正に対する説得も続けるようにと指示している。佐竹や太田との交渉は輝虎の思いどおりには進まず、使者も苦労を重ねたのである。

上杉と北条との和睦は成立したが、元亀二年（一五七一）には同盟は破棄されて、上杉謙信は再び武田と北条の両者と向き合うことになった。佐竹義重や太田資正・梶原政景父

荻原主膳亮

子など「東方の衆」との関係は継続されたが、このころには大石に代わって荻原主膳《おぎわらしゅぜんの》亮《すけ》が使者として活動するようになる。天正元年（一五七三）六月、荻原主膳亮は謙信の命により佐竹のもとに使者として赴いた。佐竹義重は会津の蘆名盛氏《あしなもりうじ》と争っていたが、謙信はこの争いを調停しようと思い、使者を派遣したのである。閏七月四日、謙信は梶原政景にあてて書状をしたためたが、ちょうどそのとき荻原が府内に帰参し、佐竹をめぐる状況を具体的に伝えた。「白川を義親（白川義親）に渡すことで、田村も惣無事《そうぶじ》ということになれば、謙信の意見に従う」というのが義重の考えらしいというのがその内容だった。荻原の話を聞いた謙信は、梶原あての書状に書き継ぎをして、「荻原を重ねて差し越すので、資正と政景の父子で奔走してほしい」と頼んでいる。またこの書状の追而書《おってがき》には「蘆名に白川を渡すのが口惜しければ、使者の荻原に渡して、自分（謙信）が預かるという方法もある。こうでもしなければ和睦は調わないと、荻原主膳が申していた」と書かれていて、使者の荻原が謙信に的確なアドバイスをしていたこともわかる。

山崎専柳斎

天正二年になると北条氏の攻勢が強まり、下総《しもうさ》の関宿城《せきやどじょう》が危機に陥った。謙信は十一月に関東に出馬し、佐竹義重も出陣したが、このときも荻原主膳亮が佐竹に対する使者をつとめた。謙信は義重に同陣を求めたが、義重はなかなか動かず、しびれをきらした謙信は荻原主膳亮と山崎専柳斎《やまざきせんりゅうさい》（秀仙）にあてた長文の書状で不満をあらわにしている。このときは荻原だけでなく、山崎専柳斎という有能な家臣も使者の役目を帯びていたが、謙信の思うとおりに東衆は動いてくれなかったのである。

山崎専柳斎の活動はこれ以前から史料にみえる。永禄九年二月に輝虎が北条高広にあてて出した書状の冒頭に、「専柳斎を越したというので待っていたが、なかなか来ないので、飛脚《ひきやく》で書状を送る」とあり、上野厩橋城将の北条高広のもとにいて使者をつとめていたことがうかがえる。このあとも厩橋近辺にいたようで、永禄十一年十二月には北条高定《きたじょうたかさだ》と連署して沼田城将にあてて書状を出している。このあと専柳斎は謙信に直接仕えたらしく、元亀三年には織田信長《おだのぶなが》のもとに使者として派遣された。このころ信長は浅井長政《あざいながまさ》の居城である小谷城《おだにじょう》に迫り、周囲に城を築いていたが、専柳斎はこうした状況を実見し、越後に帰って謙信に伝えた。天正二年にも専柳斎は使者として信長のもとに赴いて面会を果たし、武田勝頼《かつより》の動きなど、さまざまな情報を得て越後に帰った。このころ謙信と信長は友好関係にあったが、専柳斎は使者として奔走し、両者の同盟を支えたのである。荻原主膳亮とともに佐竹ら東衆への使者をつとめたのはこの直後で、まさに東奔西走の毎日だった。まもなくして謙信と信長の関係は疎遠になり、天正四年には本願寺と和睦するが、専柳斎は使者として加賀に赴き、門徒衆にこのことを伝えた。このように専柳斎は力量ある使者として活躍し、謙信が死去したあとは、あとを継いだ上杉景勝の側近に加えられるが、天正九年九月に春日山城内で毛利秀広に殺害され、その生涯を閉じた。

四 家臣たちと軍役

さまざまな家臣たち

政権運営や財務に関わった家臣や、使者をつとめた人々の足跡をここまでみてきたが、謙信の指示に従いながら活動した家臣はもちろんこれにとどまらず、かなりの数にのぼった。越後の国内には上杉氏（越後上杉氏）や長尾氏の一門、鎌倉御家人の系譜を引く領主、上杉氏入部以後に台頭した領主などが並び立ち、河田長親のように新たに家臣に加わった者もいた。また謙信の領国に編入された上野や越中・能登の領主たちも、家臣の列に加えられた。謙信のもとには多様な家臣がいて、それぞれが領主として所領支配を行い、この所領の高に応じた軍役（兵士を調達する役）をつとめていたのである。

上杉家軍役帳

謙信の家臣と、彼らがつとめた軍役の実態をよく伝えてくれるのが、天正三年（一五七五）二月に作成された「上杉家軍役帳」である。上杉家に伝来された冊子で、表紙に「御軍役帳」と記されており、四十人近くの家臣（およびその同心）の軍役の内容を列記している。記載の形式をみるために、とりあえず冒頭に置かれた「御中城様」（上杉景勝）に関わる部分を示したい。

御中城様

弐百五拾丁　　　鑓
四拾人　甲・打物・籠手・腰指　手明
弐拾丁　笠・腰指　鉄炮
弐拾五本　　　大小旗
四拾騎　甲・打物・籠手・腰指　馬上

以上

兵士の構成

上杉景勝が率いる部隊は、①鑓《やり》を持つ兵士、②「手明《てあき》」と呼ばれる、打物《うちもの》（刀）で戦う兵士、③鉄炮を持つ兵士、④大小の旗を持つ兵士、⑤馬上の武者の五種類で構成されている。①の鑓持ちは人数も多く、鑓を手にして戦う一般的な兵士である。②の「手明」は甲《かぶと》をかぶり、籠手《こて》をつけ、「腰指《こしさし》」と呼ばれる小旗を腰に指し、打物で敵と戦う。③の鉄炮を持つ兵士は、笠をかぶって腰指をつけている。④の旗指《はたさし》は旗を持つことを任務とする兵士である。⑤の馬上の武者は「手明」と同じいでたちで、馬に乗っているので、一般の兵士より上位の存在とみられる。馬上と手明は甲をかぶり、鉄炮の兵も笠をかぶることになっていたが、鑓持と旗指については規定がなく、露頭の状態で任務にあ

表1 「上杉家軍役帳」にみえる家臣と軍役

家臣名	鑓(丁)	手明(人)	鉄炮(丁)	大小旗(本)	馬上(騎)	備考
御中城様	二百五十	四十	二十	二十五	四十	
山浦殿	百七十	二十	二十五	十五	二十	
十郎殿	五十四	十	四	五	八	
上条殿	六十三	十五	二	六	十	
弥七郎殿	百六	十五	十	十	十五	
山本寺殿	五十	十	二	三	六	
中条与次	八十	二十	十	十五	十五	
黒川四郎次郎	百二十五	十五	十一	十一	十七	同心土沢
色部弥三郎	百六十	二十	十二	十五	二十	
水原能化丸	五十八	十	五	六	八	
竹俣三河守	六十七	十	五	六	十	
新発田尾張守	百三十五	二十	十	十二	十七	
五十公野右衛門尉	八十	十五	十	八	十一	
加地彦次郎	百八	十五	十	十	十五	
安田新太郎	九十	二十	十	十三	十五	
下条采女正	三十二	十	二	三	五	
荒川弥次郎	三十二	十	二	三	五	
菅名与三	四十七	十	六	六	九	同心菅名孫四郎
平賀左京亮	六十二	十	七	八	十一	同心力丸・木津・千田

新津大膳亮	五十八	十	六	七	十	同心舟山・蔵吾
斎藤下野守	百五十三	十二	十	十二	十八	
千坂対馬守	三十六	十	二	四	六	
柿崎左衛門大輔	百八十	三十	十五	十五	二十	
新保孫六	四十	十五	二	三	七	
竹俣小太郎	四十六	十	三	五	六	
山岸隼人佐	三十五	十	二	三	五	
安田惣八郎	六十	十五	五	五	十	
舟見	七十	十	五	六	十	
松本鶴松	百一	十五	十三	十三	十六	同心力丸・湯山・向井・白川・氏江・山屋・松江・大堀
本庄清七郎	百五十	三十余	十五	十五	三十	
吉江佐渡守	七十六	十	五	六	八	同心石坂七郎三郎・壱丁通《とおり》之分
山吉孫次郎	二百三十五	四十	二十	三十	五十二	
直江大和守	二百	三十	二十	二十	三十五	
吉江喜四郎	六十	十五	五	十	十五	
香取弥平太	九十	十五	五	七	十五	
河田対馬守	六十	二十	五	七	十五	
北条下総守	六十	二十	七	七	十一	

（注）数値は同心分も合わせたものである。

たっていたものと思われる。

　このように軍団の兵士は五種類に分かれ、それぞれに人数が記載されている。上杉景勝の軍団の総数は三百七十五人だが、このうち二百五十人が鑓持で、全体の三分の二にあたる。ほかの大名でも同様だが、この時代の兵士の中心にいたのは、鑓を持って戦う人たちだったのである。北条氏などの場合には弓を持って戦う兵士が存在するが、この軍役帳には鉄炮兵はいるが弓の兵がいないのが特徴的である。以上のような記載形式は全体に共通するもので、家臣のそれぞれについて同様の記事が盛り込まれており、その内容をまとめると表1のようになる。

軍役帳にみえる家臣たち

　軍役帳の記載の順にまとめた表であるが、家臣の記載の順序にも一定の意味があるようである。「御中城様」から「山本寺殿」までの六人は、上杉名字の人、もしくは上杉氏（越後上杉氏）の一門であり、「様」「殿」という敬称をつけて記されている。

上杉氏の一門

「御中城様」は謙信の養子の上杉景勝である。上田の長尾政景の子、母は謙信の姉で、謙信からみれば甥にあたる。初めは長尾喜平次顕景と名乗っていたが、天正三年正月に上杉の名字を与えられ、上杉弾正少弼景勝と称した。「山浦殿」は山浦源五国清、信濃の村上義《むらかみよし》清《きよ》の子で、上杉一門山浦家の名跡を継いでいた。「十郎殿」は上杉十郎景信、古志長尾氏の当主だが、上杉の名字を与えられ一門に列した。「弥七郎殿」は「琵《び》琶《わ》島《じま》弥《や》七郎《しちろう》」

とも呼ばれ、詳細は不明だが上杉一門と推測される。「山本寺殿」は頸城郡西部に本拠を持つ上杉一門の山本寺《さんぼんじ》定長《さだなが》である。

越後の国衆たち

「中条与次」から「安田新太郎」までは、越後の北部、阿賀野川《あがのがわ》以北の地域に割拠する国衆たちである。中条・黒川・色部《いろべ》・水原《すいばら》・竹俣《たけのまた》・新発田《しばた》・五十公野《いじみの》・加地・安田という面々で、いずれも鎌倉時代以来領主支配を継続してきた伝統を持つ存在である。これよりあとは阿賀野川以南の地域、越後の中部から西部に及ぶ地域に拠点を持つ武士たちが並び、赤田の斎藤下野守（朝信）、柿崎の柿崎左衛門大夫（晴家）、栃尾の本庄清七郎、三条の山吉孫次郎（豊守）、与板の直江大和守（景綱）といったところが大身といえる。彼らの系譜は不明なところが多いが、上杉氏が越後に入部したあとに地域の領主として台頭したケースが多いものと考えられる。

家臣たちの階層分布

家臣たちそれぞれに課された軍役の量は、彼らの所領規模に対応していると考えられるので、軍役数の比較によって家臣の階層分布をみることも可能になる。こうした視点から、こころみに「馬上の人数」と「鑓の本数」に注目して、数の多い家臣を一部抽出し、表2にまとめてみた（馬上は十五騎以上、鑓持は百人以上）。これによると、トップクラスにいるのは上杉景勝・山吉豊守・直江景綱の三人で、馬上は三十五人以上、鑓持は二百人以上となる。続いて山浦国清・柿崎晴家・色部《いろべ》顕長《あきなが》・斎藤朝信・本庄清七郎という

表2　「上杉家軍役帳」にみえる大身の家臣の軍役

馬上の人数順	（騎）	鑓の本数順	（丁）
山吉孫次郎	五十二	御中城様	二百五十
御中城様	四十	山吉孫次郎	二百三十五
直江大和守	三十五	直江大和守	二百
本庄清七郎	三十	柿崎左衛門大輔	百八十
山浦殿	二十	山浦殿	百七十
色部弥三郎	二十	色部弥三郎	百六十
柿崎左衛門大輔	二十	斎藤下野守	百五十三
斎藤下野守	十八	本庄清七郎	百五十
黒川四郎次郎	十七	新発田尾張守	百三十五
新発田尾張守	十七	黒川四郎次郎	百二十五
松本鶴松	十六	加地彦次郎	百八
弥七郎殿	十五	弥七郎殿	百六
中条与次	十五	松本鶴丸	百一
加地彦次郎	十五		
安田新太郎	十五		
吉江喜四郎	十五		
香取弥平太	十五		
河田対馬守	十五		

面々がいて、馬上は十八騎以上、鑓持は百五十人以上である。このあと数はそれほど違わないが、新発田《しばた》長敦《ながあつ》・黒川盛実・加地彦次郎・松本鶴松・琵琶島弥七郎といった家臣たちが続く。こうした人たちが一定規模の所領を持つ有力家臣とみていいだろう。

　このように天正二年の軍役帳から、謙信の家臣の構成をうかがうことができるが、ここに登場するのは越後に拠点を持つ人たちだけで、謙信の家臣の全体像を示しているわけではない。大きく広がった領国の各地で活動している家臣たちについて、その軍役を示す史料はみつかっていないが、天正五年十二月に謙信が自筆で記した「上杉《うえすぎ》家《け》家中《かちゅう》名字《みょうじ》尽《づくし》」という記録から、彼らの名前だけは確認できる。九メートルにも及ぶ長い文書で、「屏風折り」の形式で折り込まれているが、ここに八十人以上の人名が列記されているのである。題箋に「名字尽」、奥書に「天正五年十二月廿三日　法印大和尚謙信」とみえ、謙信が自ら筆記したものと推定される。

上杉家家中名字尽

名字尽に記された家臣たち

ここに記された人名を順番に列記すると表3のようになる。「北条安芸守《きたじょうあきのかみ》」から「勝興寺」まで、自らの配下にいた八十人あまりの名前を、謙信は丁寧に書き連ねたのである。この記載順にも法則があるようで、1北条安芸守（高広）から11小中彦兵衛尉までは、上野国で活動していた人たちである。北条高広は越後刈羽郡の国衆だったが、上野厩橋の城代をつとめており、景広はその子息である。河田伯耆守（重親）と上野中務丞（家成）は上野沼田城将として任地にいた。大石芳綱は山内上杉家の家臣で景虎（謙信）に仕えており、那波・倉賀野《くらがの》・後藤といった面々は上野の国衆である。12上杉十郎（景信）からは越後で活動している家臣たちが列記されており、その多くが天正二年の軍役帳に登場する（軍役帳に本人がみえるものに○、後継者らしい人がみえるものに△の印をつけた）。49河田豊前守（長親）と50鯵坂備中守（長実）は前述したように輝虎（謙信）の近臣だったが、この当

軍役帳作成の過程

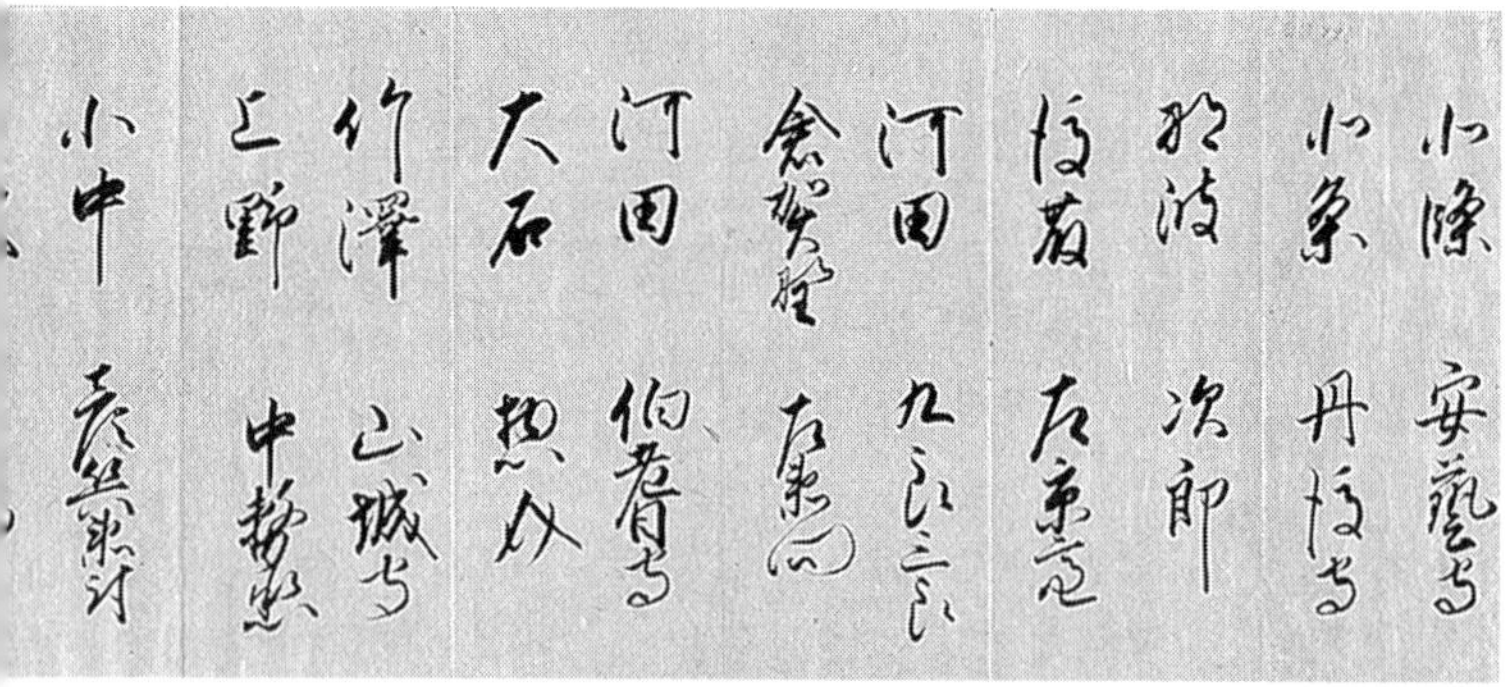

上杉家家中名字尽（米沢市上杉博物館蔵）

時は越中で活動しており、このあとは越中の国衆たちがその名をみせる。67長与一（景連）・68遊佐美作守（続光）・69三宅備後守（長盛）・71温井《ぬくい》備中守《びっちゅうのかみ》（景隆）・72平加賀守（尭知）は能登の国衆で、数年前に謙信に従った人たちである。そのあと下間頼純《しもつまらいじゅん》・七里頼周といった本願寺の坊官《ぼうかん》や、瑞泉寺・勝興寺という真宗寺院の名前が書かれて、長い連名は末尾を迎える。能登七尾城《ななおじょう》の接収によって謙信の領国は大きく広がり、家臣たちもここまで膨張していたのである。

ここで再び「軍役帳」に戻り、軍役の設定についてみてみたい。軍役帳の作成の直前の二月九日、上杉景勝から謙信近臣の吉江喜四郎資堅にあてて一通の文書が出されているが、これは自身の軍役を列記した書き上げで、その内容は「軍役帳」の記載と一致する。おそらく謙信から吉江を通して、自身の軍

軍役を記した朱印状

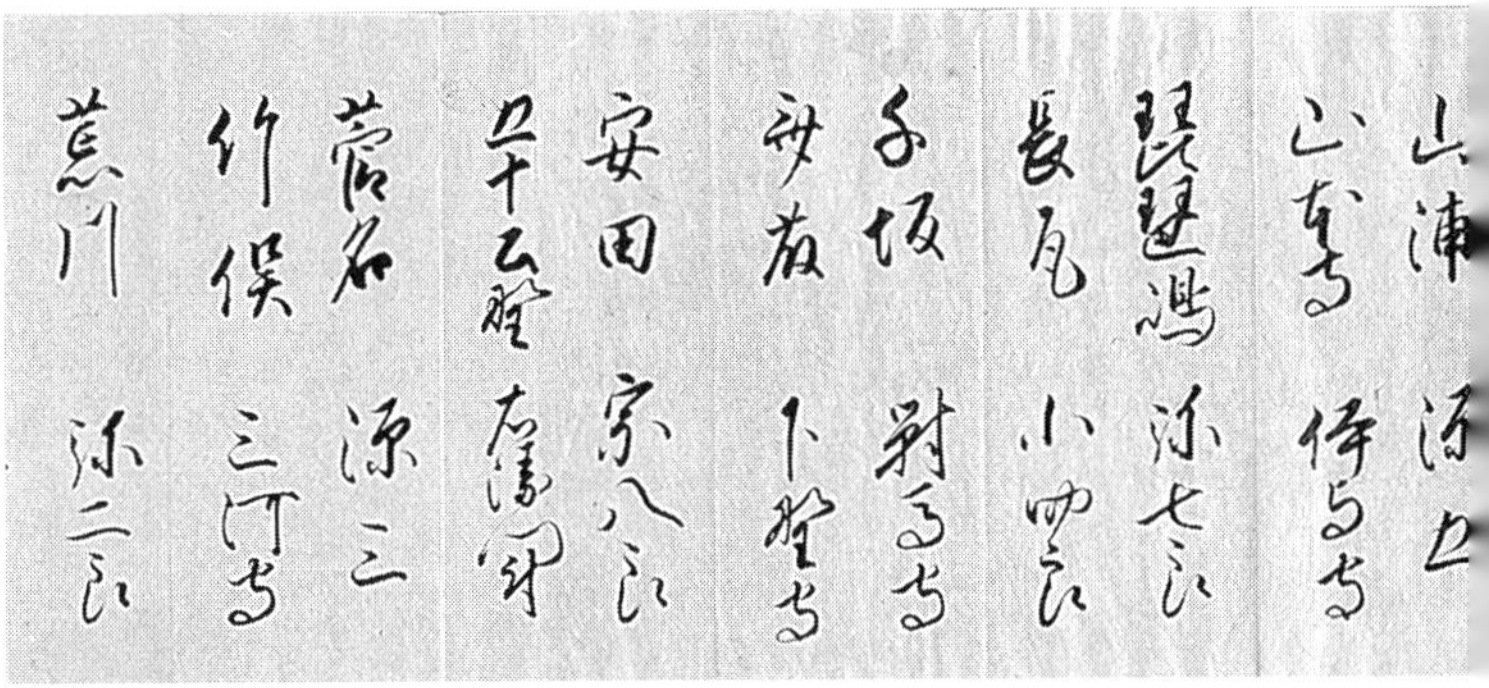

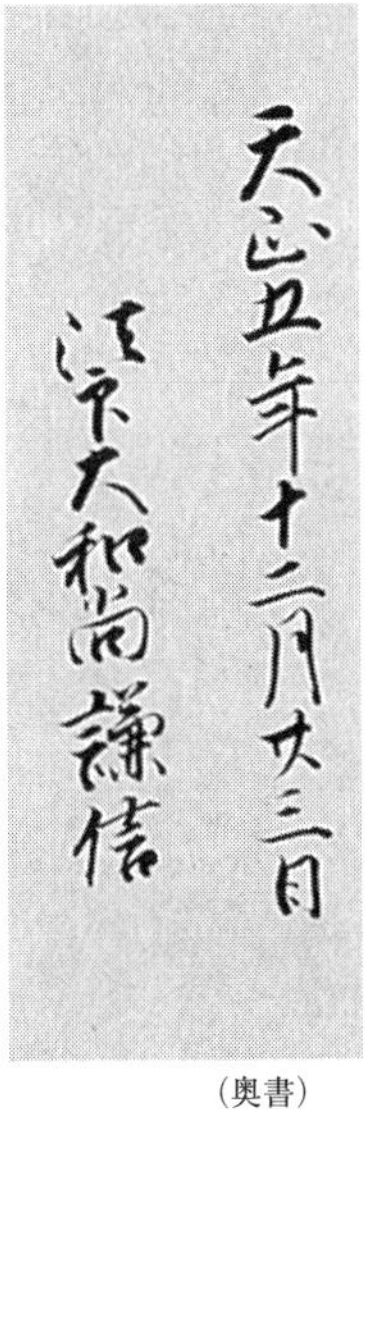

（奥書）

役を書き出すよう景勝に指示がなされ、これに応えて景勝が指出書を提出したということだろう。景勝のものしか現在は遺されていないが、ほかの家臣に対しても同様の下命がなされ、それぞれが自身の軍役の内容を列記して吉江に提出し、これをまとめる形で「軍役帳」が作成されたものと考えられる。

　そうすると、「軍役帳」作成の以前から、家臣たちは自身の軍役を把握していたことになる。天正二年六月、中条景泰（吉江景資の子）が中条家を継ぐことになり、謙信が軍役の内容を確認する朱印状《しゆいんじよう》を出しているが、その内容は次のようなものだった。

表3 「上杉家家中名字尽」にみえる家臣

1	北条安芸守（高広）
2	北条丹後守（景広）
3	那波次郎
4	後藤左京亮（勝元）
5	河田九郎三郎
6	倉賀野左衛門尉（尚行）
7	河田伯耆守（重親）
8	大石惣介（芳綱）
9	竹沢山城守
10	上野中務丞（家成）
11	小中彦兵衛尉
12	上杉十郎（景信）○
13	山浦源五（国清）○
14	山本寺伊予守（定長）○
15	琵琶嶋弥七郎○
16	長尾小四郎（景直）
17	千坂対馬守（景親）○
18	斎藤下野守（朝信）○
19	安田宗八郎（顕元）○
20	五十公野右衛門尉○
31	三条道如斎（信宗）
32	竹俣小太郎○
33	山岸隼人佑○
34	新保孫六○
35	安田新太郎○
36	北条下総守（高定）○
37	河田対馬守（吉久）○
38	新発田尾張守（長敦）○
39	船見○
40	松本○
41	山吉（景長）△
42	鮎川（盛長）
43	大川（長秀）
44	小国刑部少輔（重頼）
45	堀江駿河守（宗親）
46	和納伊豆守
47	本田右近允
48	村山善左衛門尉（慶綱）
49	河田豊前守（長親）
50	鯵坂備中守（長実）
61	寺嶋牛介（盛徳）
62	上条弥五郎（政繁）○
63	直江大和守（景綱）○
64	長沢筑前守
65	平子若狭守（房長）
66	井上肥後守
67	長与一（景連）
68	遊佐美作守（続光）
69	三宅備後守（長盛）
70	三宅小三郎
71	温井備中守（景隆）
72	平加賀守（堯知）
73	西野隼人佑
74	畠山大隅守
75	畠山将監
76	下間侍従法橋坊（頼純）
77	七里三河法橋坊（頼周）
78	坪坂伯耆守
79	藤丸新介（勝俊）
80	瑞泉寺

21 菅名源三(綱輔)△	51 吉江織部佑(景資)	81 勝興寺
22 竹俣三河守(慶綱)◯	52 土肥但馬守(親実)	
23 荒川弥二郎◯	53 計見与十郎	
24 色部惣七郎(長真)△	54 小嶋六郎左衛門尉(職鎮)	
25 加地宗七郎△	55 神保安芸守(氏張)	
26 柿崎左衛門大夫(晴家)◯	56 遊佐左衛門尉	
27 本庄清七郎◯	57 石黒左近大夫	
28 吉江喜四郎(資堅)◯	58 斎藤次郎右衛門尉	
29 中条与次(景泰)◯	59 寺崎民部左衛門尉(盛永)	
30 河田勘五郎	60 小嶋甚介	

(注) ◯印は軍役帳に本人がみえる家臣、△印は後継者らしい人がみえる家臣。

鐺は九十丁(挺)だが、十丁免除して、八十丁の軍役に定める。
馬上は十騎だが、五騎を「過上」して、十五騎とする。腰差《こしさし》をつけるように。
大小の旗は十三本。
手明は二十人。腰差をつけるように。
鉄炮は十丁。腰差をつけるように。

以前から鐺は九十挺、馬上は十騎と定められていたが、鐺は十挺分を免除し、馬上は五騎増員することにしたのである。詳細は不明だが、ある段階で中条の所領規模に応じて軍役が設定され、家督交代にあたって個別に交渉がなされて、軍役の免除や過上が決められたということだろう。ちなみに翌年の「軍役帳」の内容もほぼ同じだが、旗が二本増えて十五本になっている。

御鑓御穿鑿

軍役に関わる記事はより以前からみられる。永禄三年（一五六〇）五月、大関定憲ら七名の武士が血判の起請文を提出しているが（宛名は本庄玖介と宇野左馬允）、初めに「右意趣は、今度当郡御鑓御穿鑿《おやりごせんさく》につきて、吾等私領所納の儀、少しも私なく、御日記に記し、差し上げ申し候事」とあり、続いて「御軍役の儀、ならびに要害普請《ようがいふしん》以下、少しも御後ろ暗くなくこれを致すべき事」とみえる。「当郡」で「御鑓御穿鑿」があったので、自身の所領の所納（年貢量か）を正しく「御日記」に記して提出したと述べ、「御軍役」や「要害普請以下」をきちんとつとめると誓約しているのである。この「当郡」がどこかはわからないが、この時期に軍役を確定するため、所領規模の調査がなされていたことが確認できる。長尾景虎の関東出陣が予定されており、家臣たちにどれだけの兵士を動員させるか決める必要に迫られていたのだろう。

兵士の調達に関わる指令

同年八月、関東出兵にあたって景虎は「在陣留守中掟書」と題する掟書《おきてがき》を出したが、その第一条には「残し置く留守中、おのおの且つは自専、且つは軍役方の儀といい、分限相当の外、一廉過上あり、人数已下、しかと在府させらるべき事」と記されていた。

柿崎景家ら府内に留まる家臣に向けられた指示だが、所領の「分限」に相当する人数だけでなく、ひとかど「過上」して数を増し、在府させるようにというのである。所領規模に応じて軍役は賦課されていたが、これを上回る人（兵士）を用意して尽力することを、景虎は家臣たちに求めたのである。

小身の家臣たちの軍役

小身の家臣たちに所領を給与したときに、軍役についても記した朱印状を出すこともあった。たとえば永禄十年十二月に上杉輝虎が大石右衛門にあてて出した朱印状には、「堪忍分」として与えた所領の記載のあとに、「軍役　鑓二丁、小旗一本、糸毛の具足、金の前後」と書かれている。本人は糸毛の具足を着用し、「金の前後」で飾られた馬に乗り、鑓持ち二人、旗指一人を連れて参陣せよ、というわけである。「軍役帳」には一定規模の兵士を集められる家臣のみが記載されたが、せいぜい数人規模の兵士しか調達できない家臣もいて、彼らにも相応の軍役が賦課されていたのである。

地下人の動員

このように軍勢を確保する方法はそれなりに取られていたが、それでも兵士の不足は否めず、「地下人《じげにん》」と呼ばれる地域の住人（百姓）が動員されることもあった。永禄十二年二月、本庄繁長討伐のため北越後に出陣していた上杉輝虎は、「地下鑓触之覚《じげやりふれのおぼえ》」と題する朱印状を発給し、地下人を徴発するよう指示を出した（山吉豊守・直江景綱・柿崎景家が連署し、宛先は羽田六助・岩船藤左衛門尉である）。「地下」から鑓持ちを集め、それぞれが縄と鉈《なた》・鍬《くわ》を持ってくるように、鑓持ち百人につき三人の旗指を用意するようにと指示し、「武具を着けて罷り出た者には褒美を与える」と付け加えている。地域の百姓たちは日常的に武装していて、鑓を所持している者も多かったが、こうした人々も動員して、敵に向かい合わざるを得ない状況になっていたのである。縄や鉈・鍬を持ってくるよう命じられていることから、彼らは要害普請やさまざまな作業に関わる労働力としても期待されていたことがうかがえる。

元亀四年（一五七三）五月、謙信は河隅忠清《かわすみただきよ》・庄田隼人佑《しょうだはやとのすけ》にあてて書状を出し、越後と越中の境目地域の防備について指示しているが、「これからは、敵の船が見えたら、境・市振・玉の木・宮崎近辺の者たちに、鑓を用意させ、小旗も相当に申し付け、その近辺の村に集まって、船が着いたところに降り懸かるようにせよ。敵が一人でも見えたら散り散りに逃げたりするから、敵も村々に入りこんで焼き廻るのだ。これからは、地下人も自分のためなのだから、鑓や小旗を用意するよう申し付けよ」といった記載がここにはみえる。地域の住民も自分たちの生活を守るために、鑓や小旗を持って防衛にあたるようにというわけである。限定された兵士だけでは戦いや防備を担いきれず、一般の地域住民にも協力を呼びかけなければならないと、謙信は考えていたのである。

五　領国経営と振興政策

戦国大名上杉氏

謙信の時代、長尾氏（上杉氏）の領国は広がりをみせたが、そのすべてを大名が領主として支配していたわけではなく、各地にいた国衆たちがそれぞれの所領を確保して、百姓から年貢などを徴収していた。大名が年貢を徴収できるのは自らの所領（直轄領）からだけで、国衆の所領の内部のことに大名が介入するというケースはほとんどなかった。しかし、戦国大名は領主の一人にすぎない、というわけでもなく、領国全体の統治者であり、主要な都市を直轄して産業や流通を掌握し、領国内の人々から広汎に段銭や棟別《むねべつ》銭《せん》を徴収する権利も持っていた。

府内の管理

長尾氏（上杉氏）の拠点は越後の府内（府中）で、隣接した春日山城を居城としていた。領国の首都ともいうべき府内の管理には大名も意を用いていて、さまざまな布令が出されている。まず注目されるのは、天文二十四年（一五五五）のころに長尾宗心（景虎）が荻原掃部助・蔵田五郎左衛門にあてて出した条書である。冒頭に「おぼへ」（覚）と表題があり、以下のような条文が記されている。

景虎の条書

府中、板屋にさせべく候。もし、兎角の事言い候人候らいて、造らぬにおいては、誰人被官に候とも、追い立て、造るべき者を置くべき事。
奥衆、直の居屋敷をば、期日まで待つべく候。ただし、町屋敷に被官《ひかん》ども居候らわば、たとえ人躰《にんたい》どもの被官に候とも、造れえぬにおいては、追い立てべき事。
町屋敷を悴者《かせもの》人躰誰々ふさぎ、板屋に造れえず候と、日記にどの町に幾人《いくたり》と記し、越すべき事。

家をすべて板屋にさせる

府中にある家をすべて「板屋」（板葺きの家）にするというのが、この法令の眼目で、従わない者がいたら、誰の被官であっても追放して、板屋にすると申し出た者をその家に置くようにと定めている。二条目は「奥衆」（越後北部の国衆）の屋敷に関わる規定で、「奥衆」本人が住んでいる居屋敷については、期日を決めて待つが、町屋敷に「奥衆」の被官たちがいる場合は、有力者の被官であっても、板屋にできないと言ったら追放するとしている。そして三条目で、町屋敷において悴者（国衆の被官や身分の低い侍）たちが板屋にできないと言ってきたら、そういう人がどの町に何人いるかを「日記」に記して申告せよと指示している。

景虎が府中の家をすべて板屋にしようとした意図は確言できないが、火災対策であった可能性が高いと思われる。萱《かや》や藁《わら》などで葺いた家は火がつきやすいから、比較的安全な板屋にするように求めた、ということかもしれない。そしてこの条文から、当時の府

府内に集住する人々

内（府中）の様子の一端をうかがうこともできる。府内には大名に従う国衆や、その被官たちの家があり、遠方に本拠を持つ「奥衆」たちとその被官も、府内に屋敷を持っていた。そして「奥衆」本人は「居屋敷」に居住し、その被官たちは「町屋敷」に住居を構えていることが多かった。国衆の被官や、大名に直属しているが身分の低い侍は「悴者」と呼ばれたが、彼らは一般的に町屋敷に住んでいたようである。大名の家臣や国衆たちは、町の中心部に「居屋敷」を持ち、彼らの被官や身分の低い侍は、周辺部に存在する「町屋敷」の中に家を持ち、ここに住んでいたのである。

永禄三年の条目

永禄三年（一五六〇）五月、長尾景虎の関東出陣を前にして、府内の町に関わる長文の条目が発布された。斎藤朝信・柿崎景家・北条高広・長尾藤景の四名が連署して出した条目で、その内容は次のようなものである。

① 府内の町人に対して、以前から臨時の課役《かやく》や新儀の役は賦課してこなかったが、みなが日を追って困窮しているというので、救済のため、昔からかけてきた諸役や地子《じし》などを、五年の間免除する。

② 寺社領の地子について、これを免除すると町人たちに伝えたが、これに相当する土地を寄進するので、国家安全の祈念や、恒例の祭祀、寺社の修造などを怠ることのないようにせよ。

③ 給人方《きゅうにんかた》についても、地子に相当する土地を給与するので、軍役奉公に不足がないようにせよ。

④「船道前」について。年中さまざまな御用を調達してもらっているが、越後や他国の船が安心して出入りできるようにするため、彼らだけでなく、「役所船」についてはすべて諸役を免除する。「鉄役」も免除するが、「二階堂」と「青苧座《あおそざ》」だけは船の中を検見することにする。

⑤「清濁酒役」も免除する。

⑥「麹子役《こうじやく》」も免除する。

⑦「地方雪垣《じかたゆきがき》」などの役も免除する。ただし、「宿送《しゅくおくり》」だけはつとめるように。

⑧「馬方前」について。越後や他国から来る商人たちが、荷物の駄賃について、とても苦労しているということなので、「馬方」の役を停止し、「駄賃」については、問屋《といや》と商人衆が談合して額を決め、徴収するように。ただし、「伝馬《てんま》」については問屋が出すことにする。

⑨「薬の座」から若林のところへ納めていた代物（銭）は免除する。

⑩ いろいろの売り物の「りうひん」取りの役も免除する。

⑪「茶の役」も免除する。

⑫　寺社や給人が得ていた地子については、相当の土地で補填《ほてん》したので、府内は御《ご》料所《りょうしょ》とし、今後は郡司不入と定める。

諸役と地子の免除

府内の町人たちの困窮を救うため、五年の間諸役と地子を免除するというのが眼目で、具体的な内容について詳細にまとめている。町人たちに対しては臨時の課役や新儀の役は賦課されなかったが、古くから定められている一定の諸役があり、さらに町人は自身が居住している場所の給人（寺社や武士）に対して「地子」（現在の固定資産税のようなもの）を払っていた。この諸役と地子を五年間免除するというわけだが、地子がなくなると給人が困るので、これに相当する土地を与えると約束している（②③）。

船に関わる役

④からあとは、さまざまな役に関わる規定である。④は船を持っている人に対する役に関わるもので、「船道前」と呼ばれる特定の人が、毎年大名のためにいろいろの「御用」をつとめていたことがわかる。今回の諸役免除にあたっては、こうした「船道前」のみを対象とすることもできるが、越後や他国から来る船が安心して出入りできるように、こうした船に対する課役も免除するというのが規定の内容で、越後だけでなく遠方から来た船が府内の湊（直江津）に出入りしていたことがうかがえる。

鉄役

なおこの箇条には「鉄役」は免除するが、「二階堂」「青苧座」については船中を検見するという追加部分がある。鉄や鉄製品を運ぶ船から「鉄役」と呼ばれる役が徴収されていて、これが免除されることになったが、同じく船で運ばれていた青苧などは重要な財源なので、いままでどおり船の中を調べて課税すると定めたのである。

馬に関わる役

⑧の「馬方前」の規定は、陸路を利用し馬で物を運ぶ人々に関わるものである。越後や他国から来る商人たちは、荷物の内容に相当する「駄賃」を払っていたが、彼らが困窮しているというので、とりあえず馬に関わる役（馬方）は廃止し、「駄賃」についても

駄賃

問屋と商人衆が相談してその額を決めるようにと指示したのである。府内の町にも「問屋」と呼ばれるまとめ役がいて、駄賃を徴収していたわけだが、今後はその額を勝手に決めずに商人たちと相談するように、というわけである。なおこの箇条には「伝馬は問

伝馬

屋方が出すように」という追加部分があり、公用の使者などのために馬を調達する「伝馬」の制度がすでに確立され、問屋がこれを準備する責任者だったことがわかる。

酒や薬などに関わる役

このほかの箇条は個別の役に関わるもので、酒の製造や販売に関わる者に賦課される「清濁酒役」や「麹子役」という役があり、これが免除されたことがわかる（⑤⑥）。⑨は薬の製造・販売に関わっていた「薬の座」に関わる規定で、若林という者のところに代物（銭）を納めていたが、これも当面免除すると定められている。若林は薬座を統括する存在で、薬座から一定の上納物を受け取っていたのである。⑪は「茶の役」に関わる規定で、茶の製造・販売をする人も役を納めていたことがわかる。⑩の箇条（「色々売

物りうひん執之役之事」）は難解だが、物の売買にあたって賦課される、現在の消費税のようなものがあり、これが免除されたということかもしれない。

地方雪垣等の役

⑦の「地方雪垣等」の役も、詳細はわからないが、冬の降雪期に「雪垣」（雪囲い）を作る役などがあり、府内の町人たちがこれをつとめていた、ということだろう。町人が自分の家に雪垣を作るのは当然なので、これは地域にある公共の施設の雪囲いを大名から命じられていて、これが免除されたということだと思われる。この箇条には「ただし、

宿送

宿送だけはつとめるように」という追加記事があるが、「宿送」とは使者などの旅人を次の宿場に送り届ける役である。彼らのために馬を調達する「伝馬」の役は問屋がつとめていたが、「宿送」は町人が担っていた。そしてこの役目は重要なので、ほかの役と同じく免除することはせず、きちんとつとめるよう指示がなされたのである。

府内を御料所とする

府内の町の中は寺社や武士などに給地として配分され、住人（町人）は個別の給人に地子を払っていた。長尾景虎と重臣たちは、こうしたシステムを改め、府内全体を御料所（直轄地）とし、給人には代替地を用意した。そして条目の⑫においてこのことを記し、以後は「郡司不入」とすると表明している。大名の直接支配とするので、「郡司」などのほかの権力は介入できないと、あらためて明言したのである。

蔵田五郎左衛門尉に対する指令

八月末に景虎は関東に向かって出馬するが、その直前に景虎は蔵田五郎左衛門尉にあ

府内の夜番と火の用心

府内の町人たちを厳しく管理するよう指示している。「府内の掟などを、みなに申し付け、条書を作って制札を立て置いたけれども、ややもすれば、町人たちがあなたの差配に従わないということで、困ったものだ。今度在陣の留守中に、あるいは有力者の権威をかり、あるいは主人に対して軍役をつとめているとかいって、町屋《まちや》にいる者が何事でも難渋したら、だれでもかまわず成敗するように」というのがその内容だった。諸役や地子を免除しながら、一方では府内の町人が守るべきことを定めて、制札を作って立て置き、蔵田に統轄させたわけだが、蔵田の指示に従わない町人もいたようである。関東に出陣したあとも景虎は府内のことを気にかけ、永禄四年二月にも蔵田にあてて書状を出した。「府内の夜番や町中の用心などのことが、まだ徹底されていないようだが、きちんと申し付けるように。火事が起きないように、油断してはならぬ。もし従わない者がいたら、だれでもかまわず成敗せよ」という内容で、府内の夜番や町中の警戒に関わる任務を町人たちが帯びていたことがわかる。府内で火事が起きたらたいへんだと心配した景虎は、半月後にも蔵田にあてて書状を出し、「府内の火の用心が肝要だ。敵方から火付《ひつけ》が多く越しているという知らせもあるので、万一油断して火事が起きたりしたら、あなただけでなく、その町の代表者を糾明するつもりだ」と注意を喚起している。

春日と府内と善光寺町

府内の火の用心に関わる指令はその後も出された。永禄五年三月、上杉輝虎は吉江景《よしえかげ》資《すけ》ら八名にあてて書状を出したが、「春日・府内・善光寺門前などの所々の火の用心について、重ねて申し遣わす」として、注意点を詳しく書き連ねている。

時には夜回りを立てて、堅く警備せよ。日が暮れたら、町人衆にも道の通行をやめさせ、うまく狙いを定めて、火付を成敗するように。怪しい者と目が合ったら、注進に及ばず、たちどころに成敗せよ。もし、町方《まちかた》の者のようだったら、搦め置いて穿鑿せよ。抵抗したら、これもその場で成敗せよ。少しも油断してはならぬ。善光寺町には信州の者たちが多いので、自分から火をつけることもあるかもしれない。火が出たら、双方三間の者たちを成敗するように。これも急いで申し付け、用心させるようにしなさい。

府内にもこのことを申し触れるように。もしも何かがあったら、如来堂《にょらいどう》を堅固に守るようにと申し届けよ。奉公人や牢人《ろうにん》たちでも、怪しい者がいたら、かまわず成敗せよ。

書状の宛先の八名は、春日（春日山の麓）の警備を任されていたものと思われるが、輝虎はこの書状で、春日だけでなく府内や善光寺町（善光寺門前）の火の用心について詳しく指示している。火付に襲われて火災が起きることを何より警戒していたのである。弘治元年（一五五五）に信濃に攻め入ったとき、景虎は善光寺大御堂の本尊を持ち出して帰国し、春日山城の城下に御堂を建てて安置した。これが越後の善光寺で、その門前が「善光寺町」といわれたが、ここには信州出身の者が多く、武田に内通して自ら火付となるのではないかと警戒されていたのである。

柏崎町にあてた制札

府内や春日は領国の中心都市であるが、このほかにも都市的な場は存在し、大名もその管理と振興に関わる対応を進めていた。永禄七年四月、上杉輝虎は柏崎町《かしわざきまち》の町人たちに対して制札を出し、諸役や治安維持に関わる指示を下している。

①当町（柏崎町）で商売をするために出入りする牛馬や荷物などに対して、近辺の所々で新たに役を課すことは、堅く禁止する。

②青苧役は、前々のようにきちんと納めるように。

③当町は先年再興したが、前々の町人があちこちに勝手に住んで、今でも帰っていないようで、困ったことだ。とにかく、当宿（柏崎宿）に早く帰住させるように。

④盗賊や火付がいると、その人の名を申し出た者には、多くの褒美を与えよ。

⑤当町中で、無道なことや狼藉行為をした者がいたら、誰でも名前を書いて注進せよ。その場で捕えたり、討ち取ったりしても、町人の落度とはしない。

退去した町人を帰住させる

以前から柏崎町は衰微しており、町人たちの多くが町から離れていた。最近になって町の再興が果たされたが、まだ戻ってこない人もいたので、すぐに帰住させるようにと厳命している(③)。①は柏崎に来る商人に関わる規定で、出入りする牛馬や荷物などに、近辺の所々で新たに役をかけることを禁じている。柏崎町に来た商人たちは、町で一定の役を賦課されたと思われるが、出入りが頻繁になると、町の近くのあちらこちらで商人から役を取ろうとする者が現われていたのである。こうしたことが重なれば商人も困ってしまい、柏崎町で役を払わないということにもなりかねない。町場をまとめる町人たちにとっても大きな問題だったが、輝虎は彼らの利益を守るべく、近辺における役の賦課を禁止したのである。②は青苧役に関わるもので、前々のように厳しく徴収せよと命じている。あるいは府内と同じように、町場の振興のために諸役が免除されていたのかもしれないが、大名にとっても重要な財源である青苧役はきちんと取るようにと念を押しているのである。④と⑤は町の治安維持に関わる規定だが、狼藉者を捕えたり、殺害したりしても町人の責任は問わないという記述から、町人たちが自ら町の治安維持を担い、問題のある者を殺害することもありえたことがわかり興味深い。

近辺所々における役賦課の禁止

青苧役の徴収

治安維持に関わる規定

　二年後の永禄九年五月、輝虎は柏崎の「御百姓中」にあてて朱印状を出した。「柏崎の地が疲弊していると「御侘言《おわびごと》」を申し上げてきたので、これまでの負債を免除するから、町人衆は自身の家に居住するように」と書かれていて、柏崎の地域が長年にわたっ

柏崎の百姓中にあてた朱印状

て疲弊しており、柏崎の百姓たちが大名（輝虎）に「侘言」をしてきたので、大名が負債の免除を認めたという一連の経緯を知ることができる。この文書は「柏崎御百姓中」にあてて出されているが、この「百姓中」には柏崎の町人たちも含まれる。柏崎宿の町人を中核として、農業や漁業などを営む人々もあわせて「百姓中」が構成されていたと考えられるが、地域の疲弊が続くという現実の中で、彼らは大名に対して主体的に訴え、負債の免除という成果を得ることに成功した。大名である輝虎とその家臣たちも、重要な町場である柏崎に人を呼び戻し、地域の復興を実現させるために、彼らの要望に応える判断を下したということなのだろう。

伝馬や宿送の供給

先にみた府内に関わる条目には伝馬と宿送についての規定がみえ、伝馬は問屋が出し、宿送は町人たちがつとめると定められていた。この時代には道路の整備も進み、宿場において伝馬や宿送を供給するシステムが成立していたのである。大名の御用などで陸路を進む人たちは、宿場で伝馬を支給され、次の宿場まで「宿送」の人に案内してもらっていたわけだが、伝馬や宿送をめぐってトラブルが起きることも多く、しばしば法令が出されている。

伝馬宿送をめぐるトラブル

永禄四年三月、斎藤朝信・長尾藤景ら四名の連署で制札が出されたが、一条目には「道を上り下りする者たちが、際限なく宿送を申し付けるので、路次番の地下人が困っているようだ。今後は、奉行の面々の一札《いっさつ》がなければ、伝馬や宿送をつとめる必要はない」と書かれていた。道路を往復している人が「自分は大名の御用をつとめている」などと言って、宿場の人の中から宿送を出させていたのだろうが、困った宿場の住人が訴え出たので、大名の側も対処したということだろう。伝馬や宿送を調達してもらうためには奉行衆の「一札」が必要で、これを携帯している人にだけ伝馬・宿送を出せばいいという方式にして、問題を解決しようとしたのである。

陣中からの使者や飛脚の送迎

一条目は宿場の住人の立場を重んじる内容だが、二条目には「御陣中から御急用の子細があって差し越された使者や飛脚については、夜であっても送り迎えのために尽力するように」とみえ、大名の陣中から急用があって派遣された使者や飛脚に対する支援は怠ることのないようにと厳しく指示している。当時景虎は関東に出陣していて、越後府内の家臣たちとの間の連絡のため、使者や飛脚がひんぱんに派遣されていた。大事な情報を伝える使者や飛脚が一刻も早く目的地に着き、任務を果たすためには、街道の宿場の住人たちの協力（伝馬や宿送に関わる敏速な対応）が不可欠だったのである。

伝馬宿送に関わる朱印状

元亀二年（一五七一）四月、上杉謙信は伝馬・宿送に関わる朱印状を発給した。弥彦神社《やひこじんじゃ》に一通が所蔵されているが、各地にいっせいに発給されたものと推測される。「この御印判に一人御蔵より人添わず候らわば、誰が者に候とも、伝馬・宿送いたすまじく候。もしがいがいを申し候らわば、惣村より召し搦め、爰元へ引かせ申すべく候。以上」という文面で、年号月日の上に謙信の朱印が捺されている（亀形の朱印で、印文は「立願勝軍地蔵摩利支天飯縄明神」）。この印判を据えた文書を持ち、「御蔵」から派遣された人を伴っていない場合は、この旅人に伝馬・宿送を出す必要はないという内容で、やはり際限ない伝馬・宿送の強要を制限するものとなっている。地域住人の要求に応える形で、謙信はこうした法令を出したものと思われるが、その後段で「もしあれこれ言って強要する者がいたら、惣村《そうそん》で召し搦め、こちらに連れてくるように」と述べていることは興味深い。法令を出しても従わない者が出ることが予想されていたわけだが、そうしたときには「惣村」で協力してこの者を捕えて府内（春日山）まで連行せよと指示しており、「惣村」の主体的行動に謙信が期待し、これを認めていたことがわかる。柏崎の町人たちが狼藉者の捕縛・殺害を認められたことは前述したが、「惣村」を構成する地域住民も、問題のある人物を自力で捕える機能を持ち、大名からもこれを認められていたのである。

惣村の主体的行動

荒井町の問屋にあてた定書

天正三年（一五七五）六月、新発田長敦・竹俣慶綱《たけのまたよしつな》・斎藤朝信が連署して荒井町問屋の和田六右衛門にあてて定書を出した。「あなたを大崎郷荒井町の問屋に任命するので、伝馬・宿送を油断なく町中に申し付けるように」と書かれていて、荒井町に問屋が置かれ、伝馬・宿送について町人たちに指示を出すことが問屋の任務だったことがわかる。先にみた府内においても問屋がいて伝馬を出していたが、荒井町の場合は伝馬を出すよう町人に命じるのが問屋の役目と規定されている。史料にみえるのは府内と荒井町だけだが、主要な宿場には問屋が置かれ、町人たちを統括していたものと思われる。

過所の発給

上杉氏（長尾氏）の領国は越後だけでなく関東・信濃や越中方面に広がりをみせ、領国の交通網も整備されて、多くの人や物資が行き交うことになった。こうした中で、スムーズに道を通ることができるよう、通行手形を出してほしいと大名に請求し、大名がこれに応じて「過所《かしょ》」を発給することも多くみられた。永禄十年三月、上杉輝虎は上野の国衆である小川可遊斎《おがわかゆうさい》に朱印状を出したが、「越国より毎月十五疋荷物受用、諸関・渡、相違すべからざるものなり。よって件の如し」という文面で、越後からの荷物輸送にあたって、関や渡を支障なく通ることを保証する内容となっている。この文書は小川可遊斎に手渡され、実際に旅をした人が携行して関や渡でこの文書を見せ、道を進んだり川を渡ったりしていたものと推測される。

村落に対する施策

戦国大名上杉氏の地域経営に関わる文書は、都市や交通に関連するものが多いが、一般の村落に対する施策を示すものも、わずかながら残されている。

徳政の施行

永禄四年三月、関東出陣中の長尾景虎が朱印状を出して、越後の上田荘・妻有荘・藪神の地域に徳政を施行した。この地域が去年水害で損亡したので、地下人たちを救済するために徳政令《とくせいれい》を出すとしたうえで、徳政を適用することがらについて、個別に規則を定めている。借銭《しゃくせん》・

借米《しゃくまい》などは徳政が適用され、借主《かりぬし》の弁済が免除されたが、人の質入れに関わる項目もあり、「質置きの男女も同様に徳政を適用する。ただし売り切りは除外する」と規定されていることは注目すべきだろう。困窮した地下人が自分の家族などを質に入れたり、売り渡したりすることが日常的に行われていたわけで、当時の百姓たちが厳しい生活環境の下に置かれていた様子をうかがうことができる。

退去した百姓を帰住させよ

災害や戦乱などで地域の百姓たちが退散してしまうケースも多く、こうした百姓たちを村に帰し、地域を振興させることも大名のだいじな課題となっていった。天正元年十月、上杉謙信は越中国太田郷を河田長親と村田秀勝に与え、それぞれにあてて判物《はんもつ》を出しているが、「ここを料所として申し付けるので、前々から無沙汰をしている百姓がいたとしても、今回は赦免して召し返し、以前のように家を建てて用をつとめさせるように」と、退散した百姓を帰住させるよう指示している。困窮して年貢を払えず、未進を重ねて村から出て行った百姓が多くいたわけだが、彼らの未進については帳消しにして、村に戻って役をつとめるよう促してほしいというわけである。

戦国大名と町人百姓

戦国大名は領国の経営に意を注ぎ、検地《けんち》を実施して郷村《ごうそん》の高を定め、家臣たちには所領の高に応じた軍役を課し、領民たちにも普請役《ふしんやく》などを負担させた。年貢を徴収できるのは自身の直轄領の百姓からだけだったが、段銭や棟別銭などの税は領国の住人に広汎

検地

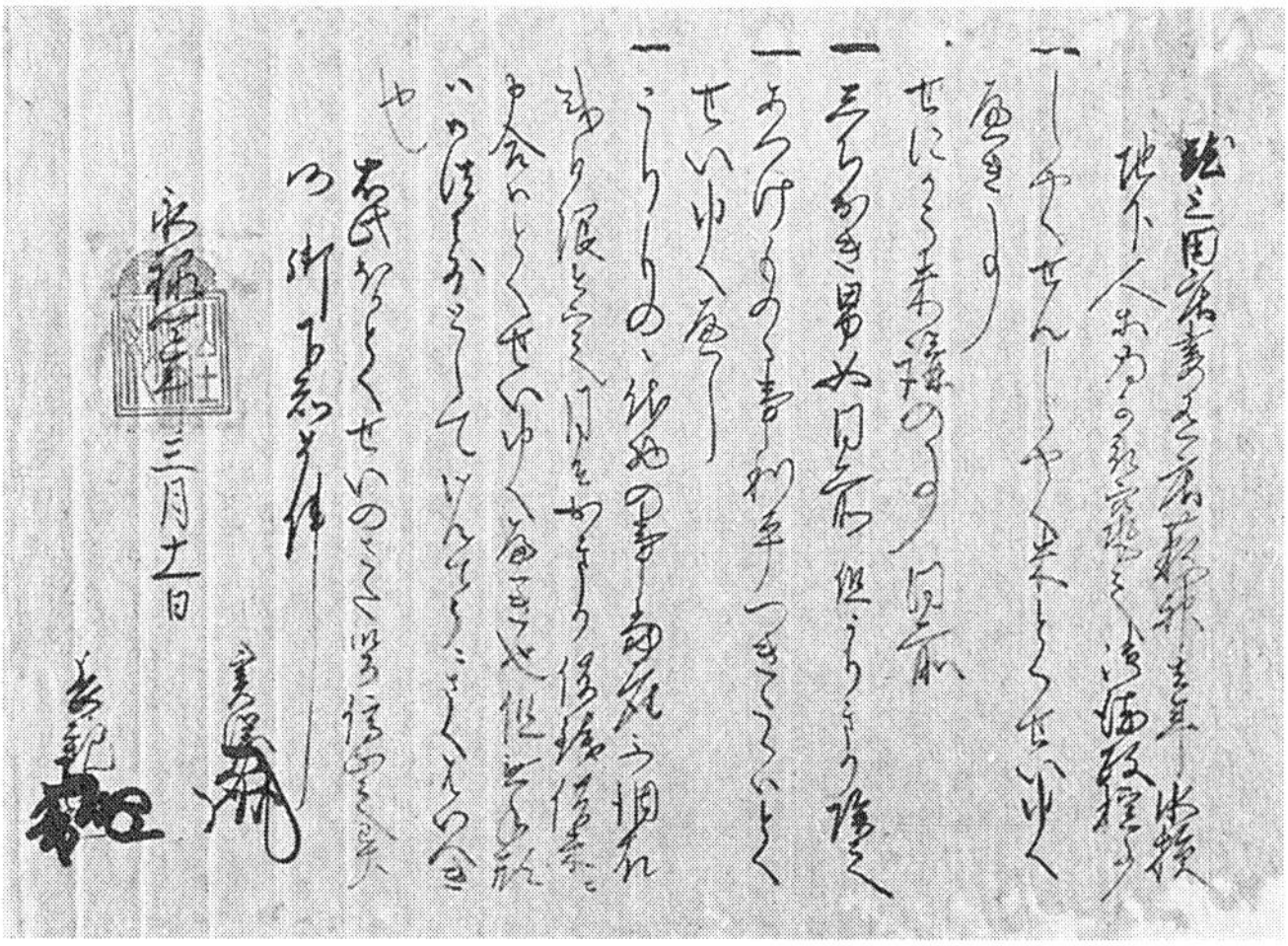

長尾景虎朱印状（米沢市上杉博物館蔵）

に賦課した。大名は地域の町人や百姓と直接向き合い、彼らの要求を受理したり、町人・百姓あてに文書を発給したりした。北条氏・武田氏・今川氏といった東国の大名の事例をもとにして、戦国大名についてはこうした認識が一般化している。上杉氏の場合は史料が少なく、具体的なところはわからないことが多いが、大名が都市や村落にいる町人や百姓と向き合い、その訴えを受理したり、文書を発給したりしていたことは確認できる。検地については史料が少ないが、天正二年九月に安田筑前守の所領における検地結果をまとめた帳簿（安田領検地帳）が作成され、天正五年九月には三条領の闕所分《けつしょぶん》に関わる帳簿が作られている。後者は三条城主山吉豊守が死去した直後に作られたもので、領内の給人ごとに村の「刈高《かりだか》」（稲穂の量を記載）と、これに対応する「貫高《かんだか》」（銭の額を記載）が記載されているが、「本符」（以前から確認されていた分）と「見出《みだし》」（今回新たに発見された分）とに分かれ、このときの検地によって大幅な「見出」がみつかったことがわかる。検地の主体についてはわからない部分も多いが、上杉氏の領国の内部において広汎に検地が実施されていたことは確認できる。詳細な検地がなされない場合でも、家臣（国衆）たちの申告によって大名はそれぞれの所領高（貫高）を把握し、これに基づいて軍役などを賦課していたものと考えられる。

段銭や棟別銭については史料が乏しく、具体的なことはよくわからない。天文十九年十二月、本庄実乃・大熊朝秀・小林宗吉が越後頸城郡夷守郷上広田の領主である飯田与七郎にあてて「公田潤役代」の請取状を出しているが、これは所領の面積（ここでは八反）に応じて徴収した段銭とみてよかろう。天文二十二年十一月には本庄実乃・大熊朝秀・直江実綱が連署して段銭請取状を出しているが、「納む、京都御要脚公田段銭の事」とあり、京都に関わる費用を捻出《ねんしゅつ》するために賦課された段銭だったことがうかがえる（この「京都御要脚」に関わる段銭請取状は永禄二年まで数通確認できる）。これは特定の目的のためになされた臨時の課税であり、前にみた「公田潤役代」も内容は不明で、恒常的な賦課かどうかはわからない。

棟別銭の賦課

棟別銭については永禄十二年閏五月に上杉輝虎が「所々領主中」にあてた朱印状を出し、越後国内の人々に棟別銭を賦課したことが知られる。「伊勢大神宮御遷宮のため、当国越後棟別三銭、しかしながら、この上の儀は心差し次第たるべきものなり。よって執達件《しったつくだん》の如し」という文面で、伊勢の大神宮の造営に関わる賦課だったことがわかる。おそらく神宮造営に関わった人が輝虎に申請し、輝虎がこれに応じて文書を作成し、そのあと神宮関係者がこの文書を携帯して各地をめぐり、住人から銭を集めたのだろう。「棟別三文が原則だが、それ以上は志次第だ」とあるのも面白いが、これはあくまで大神宮の造営に関わるもので、収益は神宮関係者のものとなる。大名である輝虎は領国の住人に棟別銭を賦課する権限を持っていたが、このケースはあくまで臨時のもので、恒常的な賦課をして大名の財源にあてていたかどうかはよくわからない。いずれにせよ大名上杉家の財務については史料が乏しく、今後の研究に委ねざるを得ない。

第九　信仰と文事

一　高僧たちとの交流

天室光育

長尾景虎《ながおかげとら》は二十四歳のときに宗心《そうしん》と号し、数年間この名で文書を発給した。四十歳のとき謙信《けんしん》と名乗り、四十五歳で剃髪して法印大和尚となった。このことからもわかるように、彼は仏教に深く帰依しており、各地の高僧たちとも親交を持った。

府内《ふない》や春日山《かすがやま》には多くの寺院があったが、長尾氏と最も近い関係にあったのは、菩提寺にあたる林泉寺《りんせんじ》で、長尾景虎も林泉寺住持の天室光育《てんしつこういく》の指導を受けたようである。『謙信公御書集』には「天文五年三月、虎千代《とらちよ》が七歳のとき、春日山の林泉寺に入り、現住の天室和尚を師として読書や学問をした。しかし、勇猛で才智があり、心を武術に寄せていたので、これは只人《ただびと》ではないと思った和尚が、父の為景のところに送り返した」という記載があり、幼少の一時期に虎千代が林泉寺に入り天室光育に師事したと伝えている。記事の信頼度は高くないが、その後の景虎と天室の交流から推測するに、少年のころ虎千代が天室の指導を受けたことはまちがいないと思われる。天文《てんぶん》二十年（一五五二）に天室光育は林泉寺の住持職を弟子の益翁宗謙《やくおうそうけん》に譲り、自身は長慶寺の住持となったが、景虎は天室を信頼し、さまざまのことを依頼している。

国衆の争いを調停

弘治《こうじ》元年（一五五五）の冬、越後《えちご》北部の国衆《くにしゅう》である中条藤資《なかじょうふじすけ》と黒川清実《くろかわきよざね》が所領をめぐる争いを起こし、景虎が調停にあたることになったが、なんとか和解に持ち込みたいと考えた景虎は、「東堂様」と呼ばれた天室光育に、中条と黒川の双方に自分の気持ちを伝えてほしいと頼んだ。天室は中条藤資にあてて書状を書いて、使僧にこれを持たせて遣わし、中条は調停を受け入れて景虎の意に従った。一方の黒川の説得は難航したようだが、天室光育は景虎の依頼に応えるべく努力を重ねたのである。

景虎の隠遁と天室光育

翌年の弘治二年六月、景虎は隠遁を決意して長文の書状をしたためたが、この文書の宛名は「長慶寺衣鉢侍者禅師」で、師にあたる天室光育にあてたものとみられる（形式的な宛所は天室の従者）。書状の内容については前にみたが、自身の功績を書き連ねながら隠遁を決意するに至った経緯を述べた長大なもので、これをもとにして家臣たちに自分の気持ちを伝えてほしいと、景虎は天室に頼んだのである。詳しい経緯はわからないが、天室は書状の内容を家臣たちに披露し、家臣たちも少し反省して景虎の帰還を望むようになったものと考えられる。このように天室光育は政治的局面においても景虎の支援者として活動し、永禄《えいろく》六年（一五六三）六月に示寂《じじゃく》した。

益翁宗謙

天室のあとを継いで林泉寺の住持となった益翁宗謙も、景虎（上杉輝虎）に大きな影響を与えた高僧である。『日本洞上聯燈録《にほんとうじょうれんとうろく》』によれば、益翁は越後の出身で、はじめ天室光育に師事し、のちに他国に赴いて、武蔵《むさし》の永林寺にしばらくいたあと、越後に戻って林泉寺の住持となったという。『益翁宗謙禅師語録』に益翁が林泉寺住持になったのは天文二十年三月とあり、このあと長尾景虎（上杉輝虎）との交際が始まったものと思われる。

益翁と輝虎の問答

『日本洞上聯燈録』には上杉輝虎（「霜台藤原輝虎居士」）の伝もあるが、ここに益翁と輝虎の交流のさまが具体的に記されている。あるとき輝虎がお忍びで林泉寺に赴き、多くの人が従った。益翁は彼らに向かって「達磨《だるま》が武帝に会う」という「公案《こうあん》」を挙げて、議論を戦わせた。人々の論戦が一区切りついたあと、輝虎に対して「達磨不識の意味をどう会得したか」と尋ねた。輝虎が答えられず黙っていると、「太守《たいしゅ》はいつもは能弁なのに、こういうときにどうして説破《せっぱ》できないのか」と益翁は言い放つ。いったん城に戻った輝虎は、数月の間考え続け、悟るところがあったのでまた林泉寺に赴く。益翁は「あなたは漆桶（煩悩）を打ち透したのですね」と喜び、輝虎も下拝した。益翁と輝虎の問答に関わる記事はこのような内容である。

達磨は五世紀から六世紀にかけて活動した天竺《てんじく》出身の僧で、武帝は中国の南朝（梁国）

の皇帝である。達磨を招いて会見した武帝は、「自分は即位して以来、寺を造り、経を写し、僧を保護してきたが、どれくらいの功徳《くどく》があるものなのか」と質問したが、達磨は「どれも功徳はない」と一蹴《いっしゅう》し、「どうすれば功徳があるのか」という問いにも「浄智は妙円で、その体は空寂である。功徳などはこの世界にはない」と答え、「おまえはいったい何者か」と問われて「識《し》らない（不識）」と対応した。禅宗の世界では有名な公案だが、益翁は輝虎もいる法論の場でこれを持ち出し、輝虎の反応を試したのである。もちろん事実でないかもしれないが、益翁と輝虎の関係を伝える面白い逸話といえる。

益翁と輝虎の交流

やがて老齢に達した益翁は、林泉寺の住持職を弟子の泰室宗慧に譲り、輝虎が新たに直江津《なおえつ》に造営した妙照寺の開山となったという。このことは『越後頸城郡誌稿』の妙照寺の項に記載されていて、益翁が入寺したのは永禄十年と伝えられるが、同書には益翁と輝虎の交わりのようすを示す記事もみられる。「益翁宗謙は聡慧明達で、覚道徹通だったが、これに加えて武識があり、そのため輝虎は、弓箭《きゅうせん》の暇があるときには益翁を招いて禅要を研究、法門を説破して深理に徹洞し、そのかたわら武談に及ぶこともあった」というもので、益翁が武門の道にも通じていて、輝虎との法話のかたわら、武談を交わすこともあったと伝えている。妙照寺に入った二年後、永禄十二年二月に益翁宗謙は示寂したが、輝虎はその遺徳を忘れず、のちに師の名の一字を拝領して謙信と号した。

謙信の名の由来

謙信の「謙」の字が益翁宗謙を慕って拝借したものだということは、先にみた『日本洞上聯燈録』の輝虎伝にもみえるので、おそらく事実とみていいだろう。

遠方の高僧との交流

天室光育や益翁宗謙をはじめとする、府内や春日山に居住する僧侶たちと、景虎（輝虎）は親交を結んでいたが、高僧たちとの交わりはこれにとどまらなかった。二回にわたって上洛したこともあり、遠方にいる僧侶たちとも関わりを持ち、交流を続けたのである。

徹岫宗九に参禅

天文二十二年の冬、景虎は最初の上洛を果たすが、このとき京都の大徳寺に赴いて前住の徹岫宗九《てつしゅうそうきゅう》のもとに参禅し、「衣鉢法号」と「三帰五戒」を授けられ、「宗心」という道号を与えられた（当時景虎は二十四歳）。

この直前に景虎は紀伊《きい》の高野山に参詣したようである。高野山には多数の院があるが、越後の人々と深いつながりがあったのは清浄心院《しょうじょうしんいん》で、高野山に参詣するときはここに宿泊する決まりになっていたし、死者の供養なども清浄心院の僧侶たちが執り行っていた。清浄心院の僧たちは長尾家のため祈念に励み、祈禱の報告書である巻数《かんず》を毎年送り届け、景虎も返礼として鳥目《ちょうもく》（銭）を進上していた。

高野山無量光院の清胤

このように長尾家とつながりの深かったのは清浄心院だが、景虎は無量光院《むりょうこういん》の清胤《せいいん》という高僧（景虎より八歳年長）を師と仰ぎ、清胤も景虎の要請に応えて越後に赴くことになる。『上杉年譜』（謙信公御年譜）に「永禄初年のころに清胤は越後の府内に至り、景虎はこれを迎え入れて「真言秘密の法」

清胤を師として出家受戒

に帰依《きえ》するとともに、「禅機法流」も怠りなく励んだ。清胤は禅の世界にも通じていたので、林泉寺などの禅宗寺院の僧たちも彼を尊崇した。清胤は宝幢寺に住んで真言の法の授受を行い、しばらく府内に滞在した」という記事があり、永禄初年からしばらく清胤が府内の宝幢寺にいたことを伝えている。『北越軍記』には「永禄五年七月に越後の国分寺である五智如来堂の再興供養がなされたが、導師は高野山無量光院の清胤法印だった」という記載がみえる。いずれも後世の記録なので、そのまま信頼できないかもしれないが、この時期に清胤が越後府内にいた可能性は高いとみていいだろう。

そののち清胤はいったん高野山に帰るが、上杉謙信の求めに応じて再び越後に赴いた。『上杉年譜』には、謙信が高野山に使者を派遣して清胤の下山を乞い、長年にわたり帰依してくれている謙信の求めを拒むこともできず、清胤も下向を決意したと記されている。あるとき謙信が清胤を召して「秘密の印明《いんみょう》」について問答し、その奥義《おうぎ》を伝授してほしいと頼んだが、「出家受戒の身でなければ授与することはできない」と清胤が拒否したという逸話も『上杉年譜』にみえる。謙信は道号を名乗っていたものの、出家受戒は果たしていなかったわけだが、天正《てんしょう》二年（一五七四）十二月十九日に剃髪《ていはつ》して法体《ほったい》となり、清胤を師として伝法灌頂《でんぽうかんじょう》の儀を行って、法印大和尚と名乗った。

年明けて天正三年、謙信は清胤のもとで受戒したことを伝えるため、高野山に使者を派遣して、学侶惣分に黄金百両を献上し、高野山に一院を再興して菩提所にしたいと申し出た。このとき清胤は宝性院にあてて書状を出し、衆徒中への披露を依頼しているが、この書状の差出《さしだし》には「宝幢寺清胤」とみえ、当時清胤が府内の宝幢寺にいたことが確認できる。謙信が菩提所として再興したいと考えたのは、おそらく無量光院のことで、謙信が無量光院を「御願寺」にしたいと申し出たと記す史料もある。

無量光院との師檀契約

受戒以前の天正二年三月、謙信は無量光院と師檀契約を結んでおり、自身の一門はもちろん、旗下の将士や分国《ぶんこく》の檀徒も同様にすると約束している。以前から関わりのあった清浄心院ではなく、領国の人々は無量光院の檀那《だんな》になるように指示するというわけで、大きな転換といえなくもない。清胤が謙信と越後に与えた影響力はかなりのものだったのである。

清胤はまもなく高野山に戻ったようで、謙信の死去に立ち会うことはできなかった。このころ謙信は京都から画工を越後に招いて自身の寿像《じゅぞう》(画像)を描かせていた。天正六年三月十三日、謙信が死去したまさにその日に寿像は完成したが、これは春日山に留め置かれることなく、謙信の「御遺言」によって、高野山の清胤のもとに寄附され、以来無量光院に伝えられることになる。清胤は上杉家との関わりをその後も保ち、慶長《けいちょう》五年(一六〇〇)十月、七十九歳で示寂した。

二　仏神への祈願と看経

上杉謙信は真言密教や禅の世界に親しみ、高僧たちとも交流を持ったが、特定の宗派にこだわることはなく、さまざまな仏や神々を信仰して、日常的に祈りを捧げ、周囲にいる僧侶たちにも自身の武運長久のため祈禱に励むよう指示していた。

看経の次第

元亀《げんき》元年（一五七〇）十二月、謙信は「看経《かんきん》の次第」と題する自筆の願書を宝前に捧げ、自身が果たすべき看経の内容を列記している。「来年の春に越中《えっちゅう》に出馬するが、留守中当国（越後）や関東が何事もなく無事で、越中が思いどおり平定されて、謙信の手に入ったら、明年一年は必ず日々看経に励みます」と最後にあるので、越中出陣を前にして、来年行うべき看経の内容をまとめあげたものと推測できる。看経の対象となる神仏の名と、それぞれの看経の内容を詳しく書き上げているが、列記すると次のようになる。

阿弥陀《あみだ》　真言三百返、念仏千二百返、仁王経《にんのうきょう》一巻
千手《せんじゅ》　真言千二百返、仁王経二巻
摩利支天《まりしてん》　真言千二百返、摩利支天経二巻、仁王経一巻
日天《にってん》　真言七百返、仁王経二巻

弁財天《べんざいてん》　真言七百返、仁王経二巻
愛宕勝軍地蔵《あたごしょうぐんじぞう》　真言七百返、仁王経二巻
十一面《じゅういちめん》　真言七百返、仁王経二巻
不動《ふどう》　真言七百返、仁王経二巻
愛染《あいぜん》　真言七百返、仁王経二巻

看経の対象となる仏神

看経の対象となる仏神は、阿弥陀如来《あみだにょらい》・千手観音《せんじゅかんのん》・摩利支天・日天・弁財天・愛宕勝軍地蔵・十一面観音・不動明王《ふどうみょうおう》・愛染明王で、さまざまな仏神を信仰していたことがわかる。ちなみに謙信といえば毘沙門天《びしゃもんてん》が想起されるが、この願書に毘沙門天の名はみえない。看経の内容をみてみると、すべての仏神において「真言」と「仁王経」がみえ、阿弥陀如来に対しては念仏、摩利支天に対しては摩利支天経が追加されていることがわかる。

経典や呪文の読誦

「真言」は密教における真理を表す呪文（陀羅尼）だが、これをそれぞれの仏神の前で何回（何百回）唱えるか記されている。「仁王経」（仁王波羅蜜多経）は護国安穏のすべを説いた経典で、巻子になっており、それぞれの仏神に対して二巻（阿弥陀如来と摩利支天は一巻）看経すると定めている。「看経」はもともと経文を黙読することを意味したが、のちには声を出して経文を読む読経《どきょう》と同じ意味で用いられるようになった。この場合はおそらく後者で、謙信も声を出して真言を唱え、経文を読んでいたものと思われる。

謙信は自身看経に励んでいたが、まわりにいる僧侶たちに戦勝祈願をするよう指示することも多かった。元亀三年六月、謙信は「御宝前」にあてて願文《がんもん》をしたためたが、その文面は以下のようなものである。

僧侶への祈禱命令

加賀国と瑞泉寺・安養寺の一揆が蜂起したという知らせが届いたので、当郡の能化《のうけ》衆《しゅう》六人に申し付け、摩利支天法を七日間修行させることにした。また、仁王経・尊勝陀羅尼・千手陀羅尼を読誦《どくじゅ》するよう衆僧に命じた。そういうことなので、加賀と越中の凶徒がみな退散して雑意が消え、越中・信州・関東・越後という「藤原謙信」の分国が無事に安全長久で、諸人が歓び安堵できるようにしていただきたい。

頸城郡の能化衆と衆僧

瑞泉寺と安養寺は越中の真宗寺院で、加賀と越中の真宗門徒の一揆が蜂起したとの知らせが謙信のもとに届き、これに対応するよう謙信が僧侶たちに祈禱を命じたことがわかる。まず頸城《くびき》郡《ぐん》の「能化衆」六人に摩利支天法という護摩を七日間執行するよう命じ、周辺の僧侶には、仁王経と尊勝陀羅尼・千手陀羅尼を読誦するよう指示している。「能化衆」とは、衆生を教化できる人たちという意味で、高い地位と能力を持つ僧侶たちを指す。こうした特別な僧侶が六人いて、戦勝を導く効験ありとされてきた摩利支天法を執行し、その他の僧侶（衆僧）は仁王経や陀羅尼を読誦することになったのである。

謙信は僧侶たちの祈禱の効験に期待していたが、思うような成果が挙げられないこともあった。越中に出馬していたときのようだが、謙信は発心坊という僧侶にあてて書状を出し（八月二十四日付）、宝幢寺と八幡別当の加持について不満を述べている。

僧侶の加持力に対する不満

夏中に千手の法を千座、五十余日執行するようにと、宝幢寺と八幡別当に命じたが、いいことはなく、このように分国が安定しないでいる。これはひとえに両僧の加持力が不足しているからではないか。とにかく、肝胆を砕いて、留守中に分国が何事もなく無事で、長久堅固で、こちらの陣でも勝利を収め、思いどおりになって帰還できるように、夜も寝ないで、帰陣するまでの間はきちんと祈禱に励むように。この書状はあなた（発心坊）が持参して、両僧にきつく指示しなさい。とにかく両僧にすべての祈念を申し付けているのだから、身命に替えて祈るようにと伝えてほしい。戦況もかんばしくなく、国内も不安定なのは、頼みにしていた僧侶の加持力《かじりき》の不足が原因だ、というわけで、期待される側もたいへんだが、熱心な加持祈禱によって戦いの勝利や国内の安定が実現できると、謙信は真剣に考えていたようである。

謙信につながる寺院

謙信や僧侶たちの祈禱に関わって、『上杉年譜』に注目すべき記事がある。前述した高野山の清胤の活動に関わる記述に続く部分だが、「謙信は城内北ノ丸の大乗寺において、平生護摩を修し、武運長久の御祈禱をされた。また宝幢寺・至徳寺・林泉寺・転輪寺・広泰寺において、七月十四日と十五日の両日、金銀や米穀を遣わして、施餓鬼《せがき》を営むよう命じられた」というものである。謙信が自身看経に励んでいた場所は、春日山城内の大乗寺で、府内・春日山やその周辺において主要な寺院と認識されていたのは、宝幢寺・至徳寺・林泉寺・転輪寺・広泰寺といった寺々のようである。

大乗寺

春日山城内にあった大乗寺は真言系の寺院で、謙信の日常的な信仰の場となっていた。謙信の葬儀の際に大乗寺住持の長海法印が導師をつとめたと『上杉年譜』にみえ、謙信と住持の親交をうかがうことができる。謙信が大乗寺にあてて出した書状も残されているが（九月十日付）、「摩利支天の法を千座申し付けたところ、厳重につとめられ、巻数をいただき、目出たく思います」という内容で、謙信の出陣中に大乗寺の僧侶たちが祈禱に励んでいた様子をうかがえる。

宝幢寺
至徳寺
林泉寺
転輪寺
広泰寺

宝幢寺は高野山の清胤が一時住していたので、おそらく真言系の寺院だろうが、至徳寺以下の四ヵ寺はいずれも禅宗寺院である。至徳寺は南北朝時代に開かれた臨済宗の名刹で、府中《ふちゅう》に所在していた（現在の直江津駅の南）。林泉寺は春日山の東北麓にある曹洞宗の寺院で、明応《めいおう》六年（一四九七）に長尾能景《よしかげ》が父重景の菩提を弔うため建立したと伝えられ、長尾家の菩提寺として繁栄した。転輪寺は府内の東方の天林寺村（旧新潟県吉川町）にあった曹洞宗の寺院で、長禄《ちょうろく》二年（一四五八）の開創と伝えられている。広泰寺はもと湧光寺といい、府内東方の榎井村（旧新潟県頸城村）にあったが、弘治三年（一五五七）に景虎の命により府内東方の海に近い大場の地に移転して広泰寺と号したという。景虎（輝虎）の使僧として活躍した江室昌派は転輪寺の芳山周薫の弟子で、広泰寺の住持となったと伝えられる。このように府内・春日山やその近辺には真言系や禅宗の寺院が並び立ち、僧侶たちも謙信の指示に従いながら、それぞれの役割を果たしていたのである。

三　書と文芸

景虎の妻室に関わる史料

上杉謙信は生涯妻をめとらなかったといわれる。彼に実子がいたという史料はないので、妻室が一人もいなかったかもしれないが、あるいは妻かもしれない女性に関わる史料が実をいうと存在する。高野山清浄心院にある『越後過去名簿』に「昌栄善女逆　越後府中御新造ノ御内宮崎御松子、永禄二年四月一日、トリ次東易談義所ニテ」という記事があり、永禄二年（一五五九）四月に「越後府中御新造」の「御内」の宮崎御松の子の逆《ぎゃく》修《しゅ》供養《くよう》（生前の供養）がなされたことがわかるが、この「越後府中御新造」は長尾景虎の妻室ではないかと思われるのである。「御新造」は貴人の妻を指す言葉で、「越後府中御新造」とは、府中を支配している人物（当時は長尾景虎）の妻とみるのが自然であろう。ちなみに長尾為景《ためかげ》の正室の「天甫喜清」も「府中御新造サマ」と記されている。

永禄二年に長尾景虎は三十歳だったが、このころ彼には妻がいた可能性が高いのである。ただこの女性に関わる史料はこれだけで、以後は妻室の存在を示す手がかりはない。おそらくこの女性は早世もしくは離別して、その後景虎（輝虎）は妻をめとらなかったというのが真相だろう。

長尾喜平次顕景

彼には兄が数人いたが、みな早くに亡くなったらしい。男性の家族は限られていたが、血縁関係にある人の中でいちばん愛情を注いだのは、甥にあたる喜平次顕景（のちの上杉景勝）だったようである。喜平次は越後上田の長尾政景《まさかげ》の子で、母は景虎の姉（仙洞院）である。弘治元年（一五五五）十一月二十七日に誕生し、卯松《うのまつ》といったが、四歳のとき（永禄二年）に景虎に近侍し、すぐに元服して長尾喜平次顕景と名乗ったと伝えられる（『景勝公御年譜』）。永禄七年に政景が横死したあとも、喜平次は上田に帰ることなく春日山に留まり、やがて上田衆を率いて戦陣に加わるようになる。

喜平次にあてた書状

永禄九年のころ、おそらく関東に出陣していた上杉輝虎のもとに、府内にいる喜平次からの書状と「守り巻数」が届いた。喜んだ輝虎はすぐに返書をしたためた（二月十三日）。

> 心を入れ細々音信、ことに祈念として守り巻数、悦び入り候。爰元やがて隙明《ひまあ》け帰府のうえ申すべく候。謹言。
>
> かえすがえす、細々音信悦び入り候。手いよいよ上がり候らえば、手本まいら

せ候。以上。

喜平次は輝虎に何度も手紙を出していたが、今回は戦勝祈願のため「守り巻数」を書状に添えて届けたのである。輝虎は返書で感謝の意を示し、「こちらのことが解決して府内に帰ったら、いろいろ話しましょう」と述べたが、追而書《おってがき》（追伸部分）に「手いよいよ上がり候らえば、手本まいらせ候」と一言書き加えている。喜平次の書状は自筆のもので、その筆跡を評価した輝虎は、「あとで手本をあげよう」といっているのである。

手本を与えると約束

輝虎の自筆手本

この数年後、永禄十一年十月に、輝虎は書状に用いる語句の文字とその読みを書き出した「手本」を自ら作成している。「態」（わざと）から始まり「謹言」に至るまで、書状で用いられる基本的な用語を行書体《ぎょうしょたい》で列記し、その文字の右傍に書状における読みを示し、左傍には該当の文字のそれ以外の読みを記すという形式のものである。たとえば冒頭部分には次のようにある。

○態《ワざと》○一筆《ひつ》《ふで》申遣《つかわし》《け》候○尤《もツともに》候○悦《よろこび》《ゑつ》○雨《あめ》《う》○風《かぜ》《ふう》○不《ず》レ申《まふさ》候

それぞれの語句は○で区切り、文字は行書で書き、読みを右左に傍書しているわけで、きわめてわかりやすい構成になっている。この手本からだけで、文字の書き方、書状の中での読み、文字ごとの読みがまとめて理解できるしくみになっているのである。文字

伊呂波尽という手本

の形を学ぶことが主たる目的の手本だが、「文」「春」「夏」「秋」「冬」という文字については、書体の異なる字を二つ書いていて、細かな気配りをうかがえる。輝虎が自筆でしたためたものと推測されるが、筆遣いは丁寧かつ優美で、輝虎が書に通じていたことをよく示す一品といえる。喜平次のために作った手本かどうかは確言できないが、上杉家に伝来されているので、その可能性も高いとみていいだろう。

輝虎はこのほかに「伊呂波尽《いろはづくし》」と題された手本も作成している。これは個別の文字を音の「いろは順」に並べたもので、それぞれの文字を行書体で書き、左傍に訓の読みを記している。冒頭の部分を示すと次のようになる。

以《イ》 モツテ カヅ　伊《イ》 コ、ロ○コレ ヨキ イマ　為《イ》 シテ タル タメ セ　井《イ》 イツ、　意《イ》 コ、ロ　怡《イ》 ヨロコブ　違《イ》 タガウ　遺《イ》 ノコス

「い」の音を持つ文字は「以」「伊」「為」「井」「意」「怡」「違」「遺」「已」「位」の十文字で、右傍にはみな「イ」と記され、左傍にそれぞれの文字の読みを示している。中にはいくつもの読みを列記する場合もあり、たとえば「為」には「シテ」「タル」「タメ」「セ」という読み方があると、丁寧に記している。このような形式で「イ」から「ス」までの文字を並べ、そのあと「壹」から「拾」までの文字を置き、さらに「薬一

上杉輝虎署名消息手本（米沢市上杉博物館蔵）

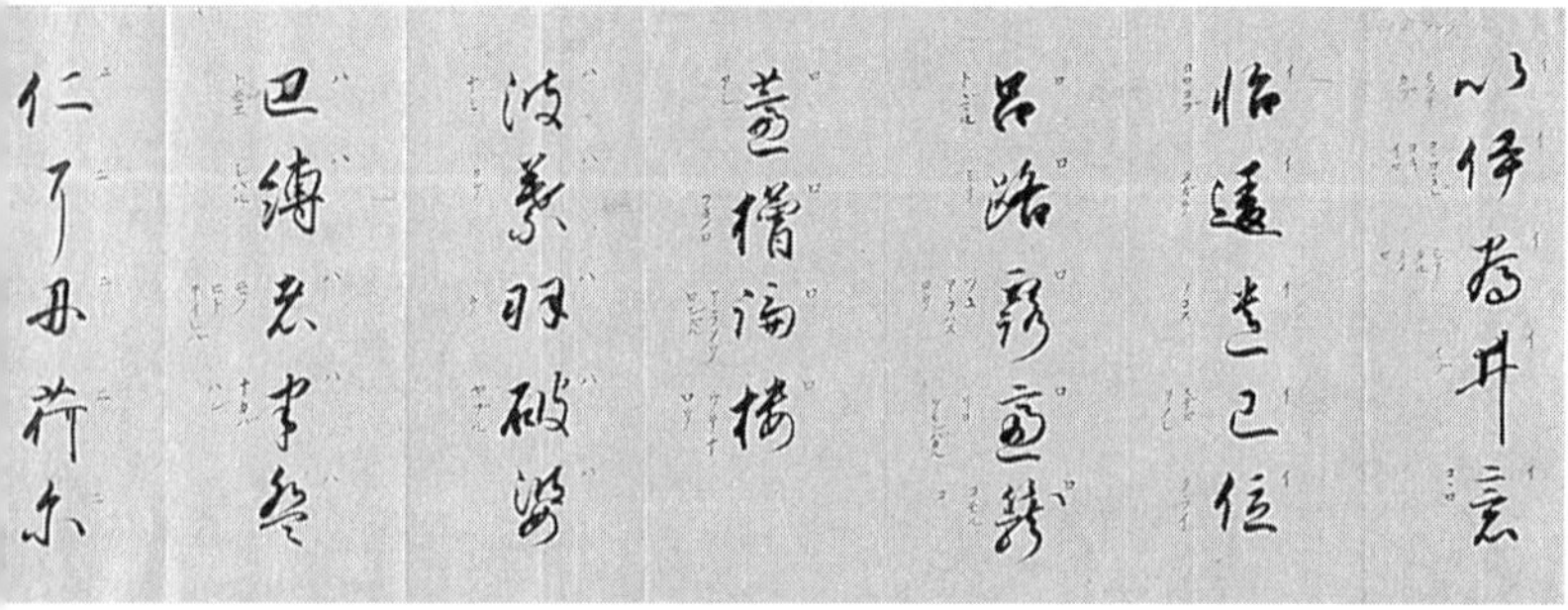

（巻頭）

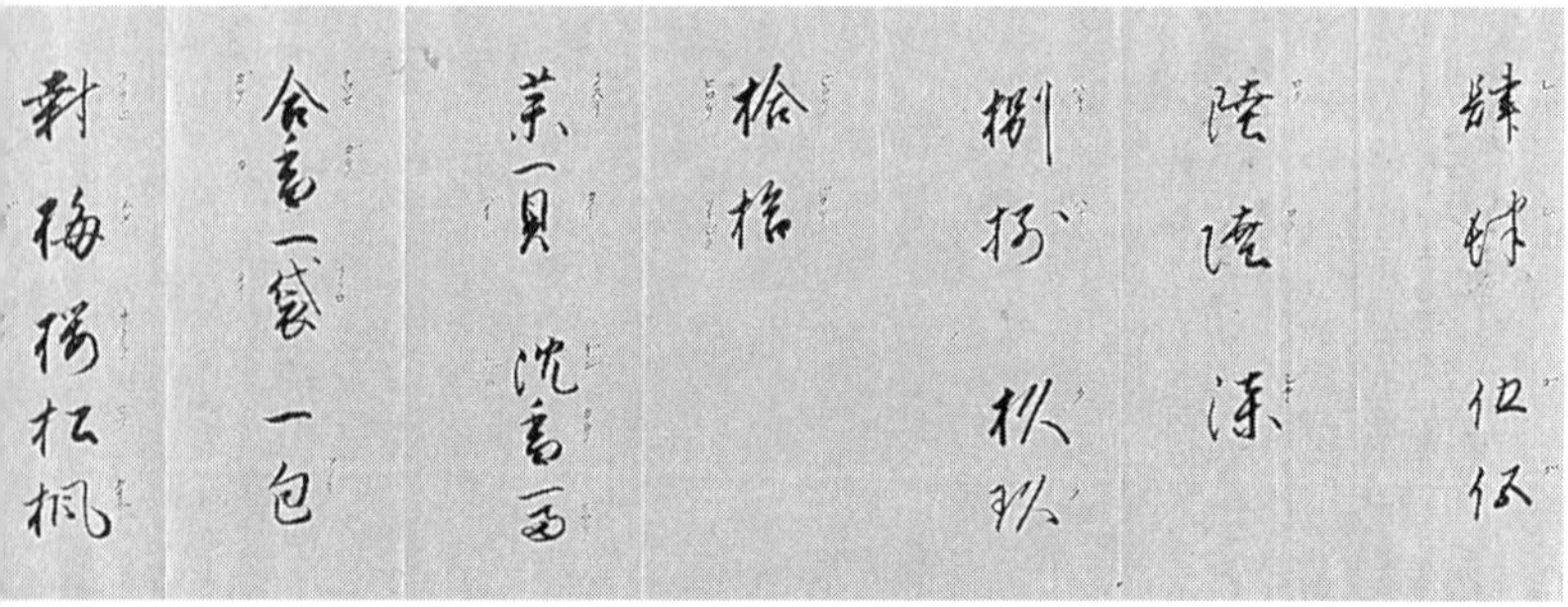

（巻末）

仮名手本伊呂波尽（同上蔵）

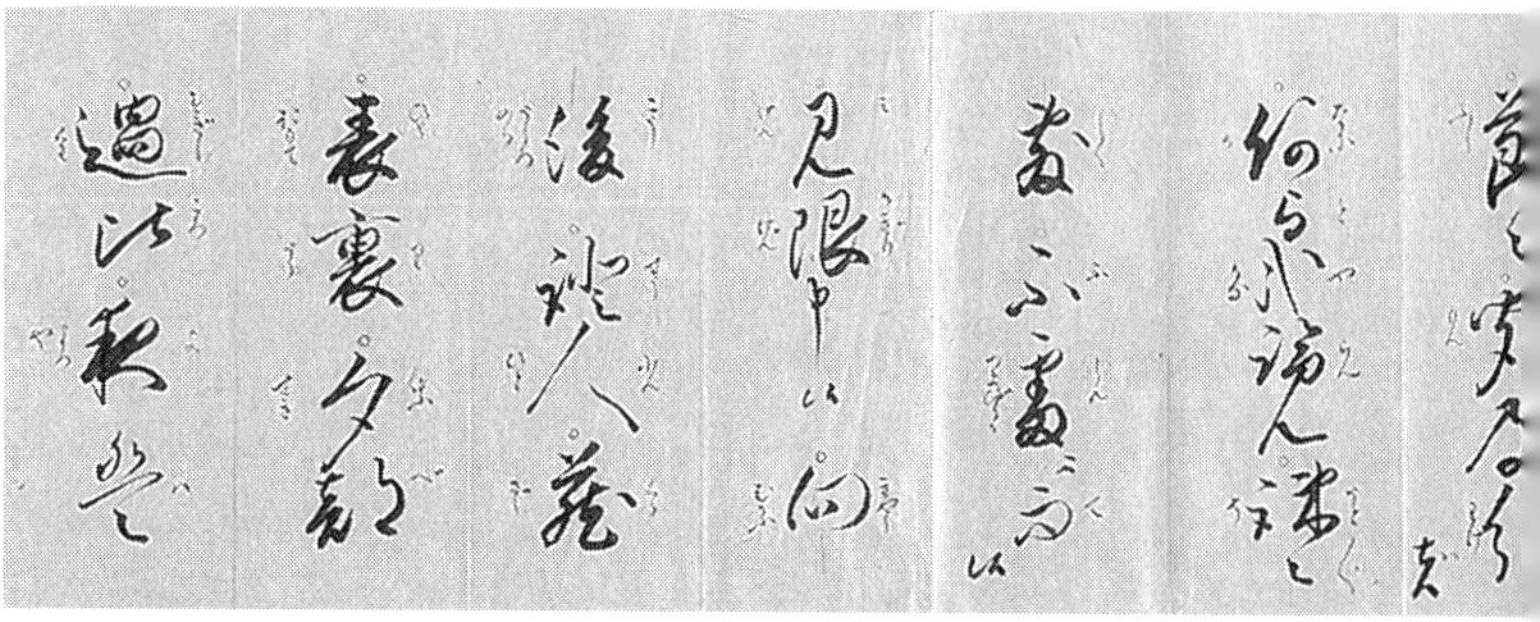

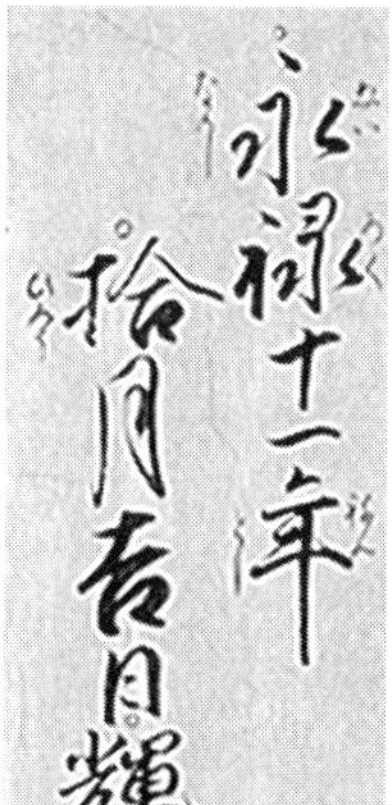

（奥書）

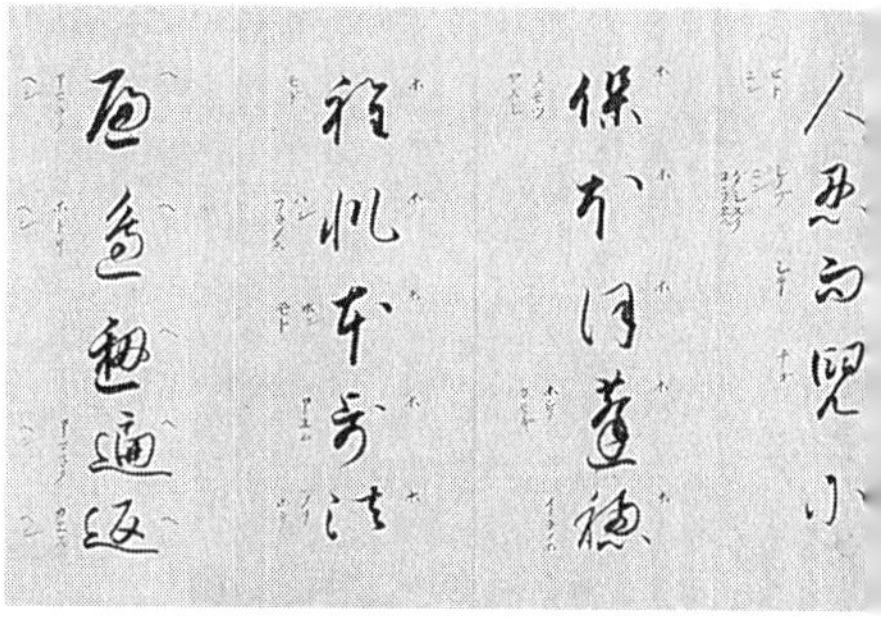

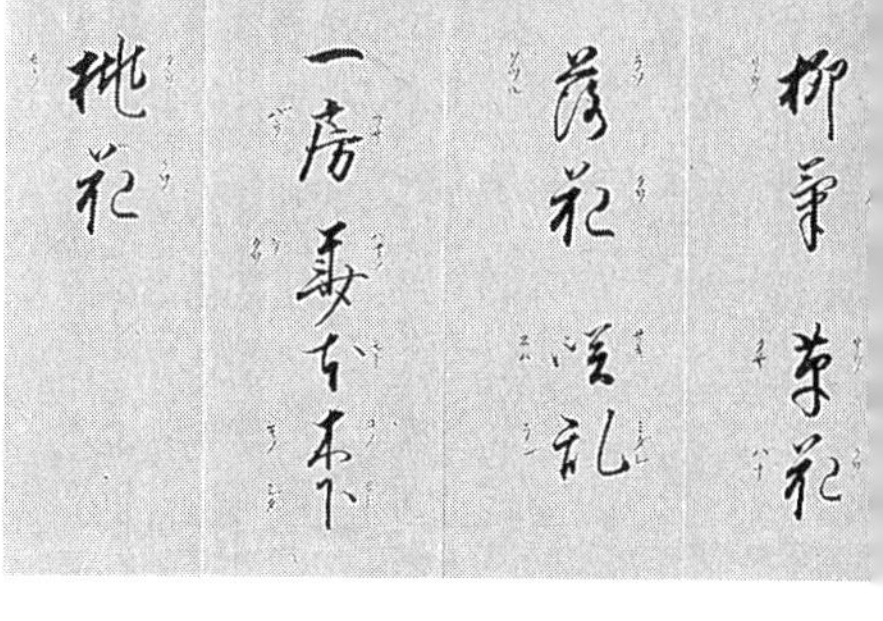

貝」「沈香一両」「合香一袋」「一包」「封」といった、進物に関わる語句を記し、そのあと「梅」「桜」といった花に関わる語句を並べて「桃花」で終えている。これも輝虎の自筆と推測され、奥書《おくがき》はないが前記した手本と同じ時期に作成したものと思われる。

謙信の筆勢と力量

謙信（輝虎）の自筆書状はいくらか残されていて、その筆勢を知ることができる。丁寧に書かれた手本とは違っているが、それでも優美かつ円熟した筆づかいで、なみなみならぬ力量がうかがえる（右筆よりも大名のほうが上手といってもいいだろう）。書を得意とした謙信は、書状の多くも自筆でしたため、甥で養子である喜平次のために手本を作ったりしていたのである。

和歌

謙信の書状は長文のものが多く、内容も論理的で、あれこれ考えながら長文の文章をまとめる能力を持っていたことはまちがいない。韻文については関連史料が少ないが、和歌や連歌はそれなりに嗜んでいたようで、いくらか史料もある。下野《しもつけ》足利の長尾憲長から、「昨朝の初雪」を見て詠んだという和歌が送られてきたとき、これを受け取った景虎は、すぐに返歌をしたためている（「むかしよりさだめし四方に立ち帰りおさめさかふる千代の初雪」）。また「春日同詠三首和歌」と題する景虎の和歌懐紙（「弾正少弼景虎」と記名）があり、「春月」「雲雀」「祈恋」というテーマで詠んだ和歌が記されている。

春月　とはばやなたがみる空に春の月のかすみかすまぬかげはありやと

雲雀　なれもまた草のまくらやゆふひばりすそ野の原におちてなくなり
祈恋　つらかりし人こそあらめ祈るとて神にもつくすわがこころかな

連歌

永禄七年正月、上杉輝虎は常陸《ひたち》の小田城を攻めたが、この陣中において夢の中で一句を感得し、早速連歌の会を開いた。発句《ほっく》は輝虎が感得した「さしむかふ山ははるかに水落ちて」の句で、脇句は覚翁が「ことしおりとる里の梅がえ」とつけ、「みどり立つ松に嵐や帰るらん」と輝虎が継いだ。輝虎はこうした句を反古紙に書きつけて、御守袋の中の火取玉の包み紙にし、これを御蔵の笈《おい》の中に納めたと伝えられている。輝虎（謙信）は日常的に連歌に親しんでいたようだが、天正三年（一五七五）二月には多くの連衆を集めて百韻連歌《ひゃくいんれんが》の会を開いた。当時謙信は越後にいるので、春日山城内で開催したものと思われる。発句は謙信がつけ（「けふからは木毎におもふ一葉かな」）、十五人の連衆が句を継いで百韻に至っているが、謙信が詠んだのは発句の一句のみである。謙信はあくまで主催者で、連衆のようすを見ながら楽しんでいたのだろう。

漢詩

天正五年九月十三日、謙信は能登《のと》の七尾城《ななおじょう》で詩歌の会を開き、「露は軍営に満ち秋気重し」で始まる漢詩を詠んだと伝えられている。「露満軍営秋気重　数行過雁月三更
越山併得能州景　任他家郷念遠征」という七言絶句《しちごんぜっく》で、はるばる能登まで遠征して領国を広げた謙信の気概と心境を語るものといえる（『古老物語』）。この漢詩は湯浅常山《ゆあさじょうざん》の

『常山紀談』や頼山陽《らいさんよう》の『日本外史』などで紹介され、人々によく知られるものとなった。さまざまな形で伝えられる中で詩の文言も微妙に変化し、最初の七言「露満軍営秋気重」をみてみると、『常山紀談』では「露満軍営秋気清」と、「重」が「清」になり、『日本外史』には「霜満軍営秋気清」とみえて、「露」が「霜」になっている。この漢詩は多くの人々に親しまれてきたが、謙信の時代の史料に記されているわけではなく、江戸時代にまとめられた『北越軍記』などにみえるだけなので、謙信が本当にこの句を詠んだかどうかは定かでない。

四　書状からうかがえる人柄

活動的で多忙な生涯

上杉謙信（長尾景虎・上杉輝虎）は三十年にわたって越後の国主（戦国大名）として統治にあたったが、これにとどまらず、関東や信濃《しなの》、さらには越中方面に出馬を繰り返し、相模《さがみ》の小田原《おだわら》や下総《しもうさ》臼井、能登の七尾など、かなり遠方まで進軍したこともあった。特に関東の出陣は回数も多く、上野の厩橋《うまやばし》で年を越すこともよくあった（春日山での越年のほうが珍しい時期もある）。本拠地の春日山に留まるのではなく、自身が軍勢を率いて各地を動いていたわけで、活動的で多忙な生涯だったといえる。

居城の春日山や戦陣において、謙信は多くの文書を発給した。家臣の所領を安堵したり、町場などに定書《さだめがき》を出したりするという、統治に関わる証文類もあるが、家臣たちに対する指令や、大名や国衆への意思伝達にあたっては、「恐々謹言」「謹言」などで文章を終わらせる書状形式の文書が主に用いられ、こちらのほうが圧倒的に多かったと推測される。書状の作成にあたっては、筆記役の右筆《ゆうひつ》が主人の意を受けて文字を書き、主人が花押《かおう》を据えるというのが一般的で、謙信の場合もこうした文書が多いが、主人（謙信）が自ら筆を取って文字を書き花押を据えた書状（自筆書状）もいくらか遺されている。筆跡から自筆と判断できるものもあるが、写の形で伝えられた文書で、書状の内容から自筆と推測できるものもあり、謙信の自筆書状の割合はかなり高いと考えられる。

こうした自筆書状の場合、謙信が自身で考えたことをそのまま文字に表わしているので、彼の思考の特徴や人間性を書状の文面からうかがうことができる。また右筆書きの書状であっても、謙信の意思を代弁しているので、謙信の内面に迫る素材となりうる。人の個性や人柄というものは、なかなか把握しにくいもので（そもそも自分の性格もよくわからない）、状況によって性格や行動が変わる場合もあるが、手紙やメールの文体が人によってかなり違う（個性的である）ことは実感できるし、一人ひとりの文体や文章の内容からその人の個性をとらえるという手法も一定の有効性を持つと思えるからである。

天室光育にあてた長文書状

弘治二年（一五五六）六月、長尾景虎は天室光育にあてて長文の書状をしたためた。引退を決意した景虎が、自身の気持ちを書き連ねて、家臣たちに示してほしいと依頼したわけだが、書状の末尾に「草案も書かずに筆に任せたので、文章が整わないところや、重ね字や落とし字もあるでしょう」とあるので、景虎自身が下書きもせずに、頭に浮かんだことをそのまま書き込んでいったものといえる。書状の内容については前述したが、二千字近くに及ぶ長文で、長尾家や自身の功績を述べたうえで、引退を決意した経緯を語るという構成になっている。

論理展開と持久力

草案を作っていないので、全体の構成に不自然なところもある（長尾家の功績を重複して記すなど）が、論理展開は明確で、頭脳の明晰《めいせき》さをうかがえる。またこれだけの長文を一気にまとめあげていることから、思考を継続させて文章を書き続ける集中力と持久力を持っていたこともわかる。

謙信の書状の特徴

これほどの長文はほかにはないが、謙信の書状は長文のものが多く、家臣にあてた書状では、自分なりの理屈をつけて家臣を納得させようとした、特徴的な内容のものがかなりある。永禄十二年（一五六九）三月、上杉輝虎は北越後の国衆である新発田《しばた》忠敦《ただあつ》に長文の書状を出して、人質の提出を求めているが、そうせざるを得なかった事情を懇々と書き連ねて理解を求めた。書状の末尾には「家中の面々から証人（人質）を取るのは、自分のためだけでなく、みんなのためにもなる」と、領国の安定のためには人質提出は必

論理で迫る手法

要なのだという理屈を表に出している。元亀四年（一五七三）五月に謙信は河隅忠清と庄田隼人佑にあてて長文の書状を出し、越後と越中の境目地域の防備のために地下人《じげにん》も協力させるよう指示しているが、「地下人たちも、自分のためなのだから、鑓や小旗を用意するよう申し付けよ」といった記載がみえる。家臣や地域住民に何かを要請するときに、「これは大名のためになるだけでなく、あなたがたのためにもなるのだ」という論理で迫るというのは、謙信がよく用いる手法である。相手を説得するときに、感性に訴えるだけでなく、道理を述べるという方法が取られているわけで、謙信自身が論理的に物事を考える能力を持っていたことも確認できる。

細かな指示

家臣たちは領国の各地に配置されていて、こうした家臣たちに的確な指示を出すのが大名のつとめだった。謙信もひんぱんに書状を出していたが、その内容は具体的で、こと細かにアドバイスしている事例もみられる。元亀二年二月、謙信は上田にいた栗林次郎左衛門尉にあてて書状を書き、小田原の北条氏康《ほうじょううじやす》への対応について指示しているが、栗林のほうから遠山康光にあてた書状を出すようにと命じたあと、「その書状にはこうしたことを書くように」と、書状の文面について細かな指示を出している。元亀三年九月、栗林は上田衆を率いて越中に進軍するよう命じられるが、このときの謙信の書状には「上田衆が出発するときには、小旗を絞り、夜中に歩きだして、途中で小旗を開いて

風変わりな書状

掲げよ。こちらから鑓《やり》と小旗を遣わすので、なるべく大軍にみせて堂々と進軍せよ」といった細かな指示が書きこまれていた。浜通りに進む軍勢が敵に襲われないように、的確なアドバイスをしていたのである。

各地からもたらされる情報をもとに、そのつどの判断に従って書状で指示をしていたわけだが、書状を書いている最中に新たな情報が入り、事情が変わるということもよくあった。こうした場合、途中まで書いた書状は破棄して、新たに書状を書くというのが一般的だろうが、謙信の書状の中には、もとの書状をそのまま残して、これに書き継いでいくという形を取るものもみえる。永禄八年五月、輝虎は長尾伊勢守と栗林次郎左衛門尉にあてて書状を書き、「北条高広《きたじょうたかひろ》の注進によれば、武田が安中口に出てくるということなので、そちらの面々に準備するよう指示し、こちらから連絡があったら出動するように」と命じた。ところがこの書状を書いている最中に、また注進が来たので、輝虎はこれまで書いた文章のあとに、こうした事情を書き加え、「すぐに倉内（沼田）まで進軍するように」と指示して書状をまとめあげている。考えてみれば、書状の前半の指示は改められているわけで、この部分は破棄して書状を書き直すというのがふつうだが、新たな指示を続けて書き加えるという簡便な方法で対応している。多忙を極めていたのだろうが、形式にはあまりこだわらない性格だったのだろう。天正元年（一五七三）閏七月に謙信が梶原政景にあてて書状を書いたときにも、その最中に使者の荻原主膳亮が来て謙信に所見を語ったが、謙信はこれまで書いた書状を反故にするわけでもなく、途中まで書いたところに、このことを書き足して書状をまとめあげている。

元亀二年十月に北条氏康が死去すると、子息の氏《うじ》政《まさ》は謙信との関係を断ち切って武田信玄《たけだしんげん》と結んだ。このことを知った謙信は、北条高広にあてた書状で「こんな馬鹿者のせいで」と氏政を罵倒しているが、このころから謙信の書状に「馬鹿者」の文字がみえ

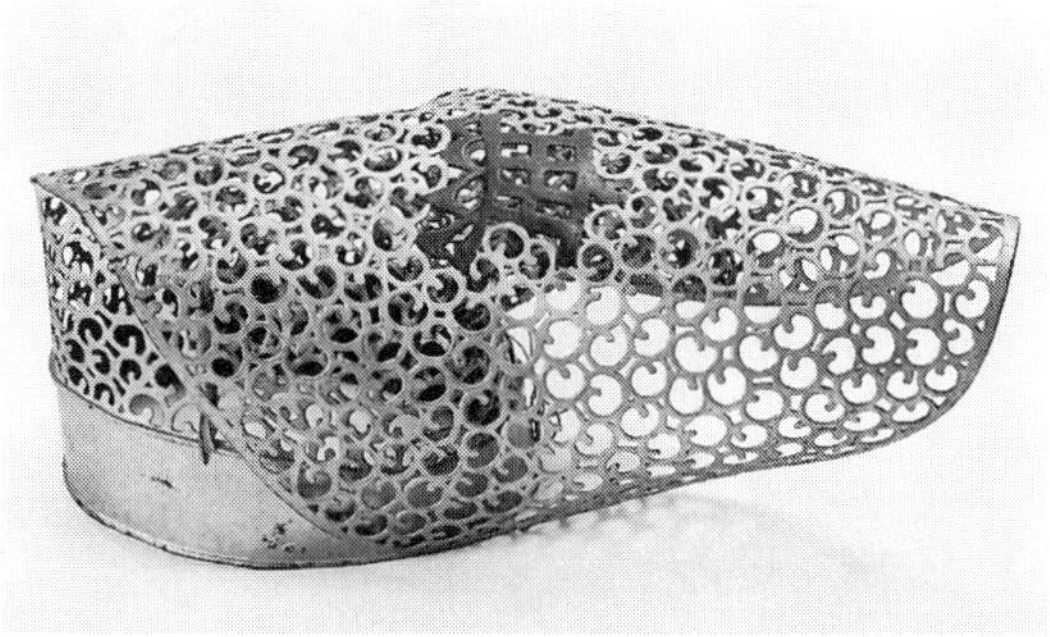

唐草透彫烏帽子形兜
（伝上杉謙信所用，米沢市上杉博物館蔵）

馬上杯
（伝上杉謙信所用，同上蔵）

始める。天正二年四月、関東に出馬していた謙信は、武蔵の羽生城を救援しようとして、佐藤筑前守という家臣の進言を受け入れて船で兵粮を送ろうとし、敵の妨害にあって失敗に終わったが、そのあと羽生城将にあてて出した書状の中で、「佐藤ばかものに候」と、無理な作戦を提案した佐藤筑前守を厳しく難詰している。同年十一月には下総関宿《せきやど》城《じょう》の救援を試みて、佐竹義重《さたけよししげ》に参陣を求めたが、なかなか佐竹が来てくれないので、荻原主膳亮と山崎専柳斎にあてた書状の中で、「そもそも敵を見懸け、如何様の謙信ばかものに候とも、いかで味方の内にて、義重と謙信、分なき公事《くじ》申すべく候や」（どんなに自分が馬鹿者でも、味方である義重と意味のない争いをするはずがない）とぼやいている。ここでは謙信自身が「馬鹿者」になっているが、普通の書状ではあまりお目にかからない「馬鹿者」という表現を、四十五歳になったころから謙信は書状の中で使うようになるのである。思いどおりにならない状況の中で自ら書状を書いているうちに、気分が高揚して、こうした言葉を書き残してしまったのだろう。

激しい文面

　家臣や国衆にあてた書状のほとんどは、相手の立場を評価しながら適切な指示を下すといった内容のものだが、ときには相手の怠慢を非難する、激しい文面の書状を送りつけることもあった。永禄六年閏十二月、輝虎は長尾景長《かげなが》（足利の出身で館林城将をつとめる）にあてて書状を書いたが、「最近口熱を煩って、舌がうまく動かないとうかがいました。

心配していますが、今度のことは、近年にない大調儀なのだから、乗物を使ってでも参陣して、いろいろ意見すべきなのに、病気だから行けないというのは、ほんとうにやる気がないのですか。困ったものです」と不満をあらわにしている。

寛容で楽天的な面

　このように激しい気性を表わすこともあったが、配下の人々に対しては基本的には優しく接し、特定の人を徹底的に排除するといった行動はほとんど起こしていない。北条高広が北条や武田と通じたときも、初めは高広の離反を信じていなかったし、情勢の転換の中で高広が再び帰順すると、以前と同じように親しく交際している。太《おお》田《た》資正《すけまさ》と仲たがいしたときにも、当初は怒りをあらわにしたが、しばらくすると和解の道を模索しだし、それなりに仲直りしている。苦境に立つと激烈な書状を書いたりするが、未来の展望に関しては基本的には楽観的で、「世上このままにてはあるまじく候」（こんな状況がいつまでも続くはずがない）と書状に書いたりする（永禄十年九月、三戸駿河守の妻室にあてた書状）。この見通しは正しかったようで、まもなく北条からの和睦交渉を受けるが、輝虎はこれを受け入れながらも、北条の要請どおりに軍勢を動かしたりはせず、自身の論理に従って独自の行動を示す（関東に出馬し佐野に陣取る）。

書状からうかがえる人柄と個性

　頭脳明晰で論理的（理屈っぽい）、真面目で心配性で、家臣たちのことを気にしながら細かな指示を出してしまう。ときには激高することもある（怒りっぽい）が、基本的には楽天的で、人を憎み続けたりしない。「正義のための戦い」だと表明しているが、決して無理をせず、状況を見据えながら、自身や家臣が損をしないように冷静に判断して行動する。数多く残された書状を分析し、その足跡を追ってみると、こんな感じの人柄や個性が浮かびあがってくるのである。

長尾景虎関係系図

- 上杉某（弾正少弼、上条入道、朴峰永淳庵主、天文四年没）＝女
  - 女（天甫喜清大姉、天文十二年没）＝
    - 女（道八、松巌妙貞大姉、天文九年没）
    - 晴景（弥六郎、華嶽光栄大禅定門、天文二十年没）
    - 某（実岑一貞禅定門、「ないし殿様」）
    - 上条某＝女（光室妙智大姉）
    - 女（仙洞院殿知三道早、慶長十四年没）＝
      - 上杉景勝（長尾顕景、喜平次）

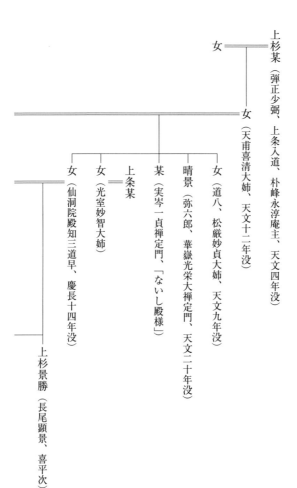

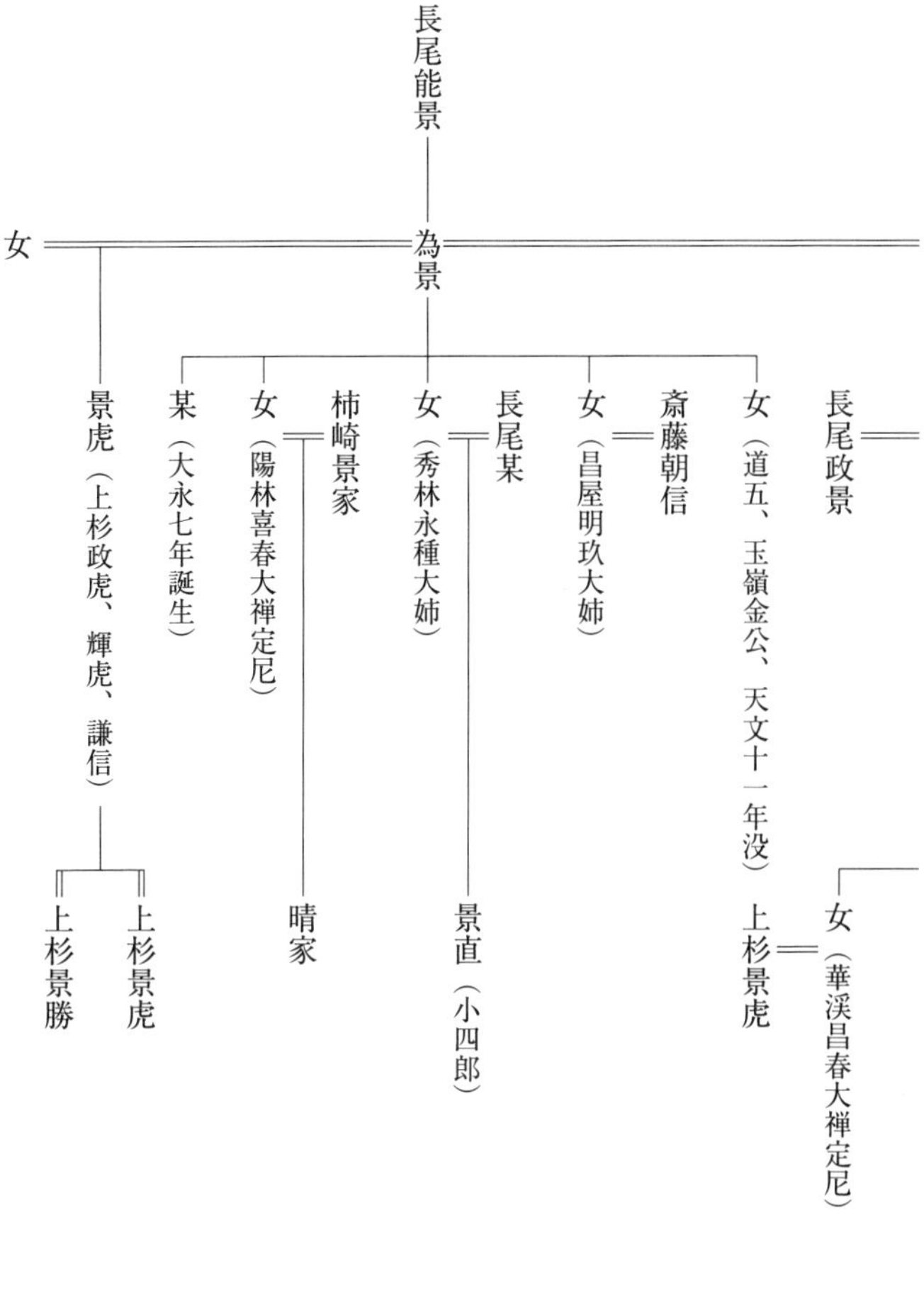
長尾能景
為景
女
長尾政景
女（華渓昌春大禅定尼）
女（道五、玉嶺金公、天文十一年没）
上杉景虎
斎藤朝信
女（昌屋明玖大姉）
長尾某
女（秀林永種大姉）
景直（小四郎）
柿崎景家
女（陽林喜春大禅定尼）
晴家
某（大永七年誕生）
景虎（上杉政虎、輝虎、謙信）
上杉景虎
上杉景勝

略年譜

年次	西暦	年齢	事蹟	参考事項
享禄三	一五三〇	一	正月二一日、長尾為景の子息として誕生○一〇月、上条定憲、長尾為景に叛き挙兵する	
四	一五三一	二	この年、上条定憲、再び挙兵する	六月八日、細川高国敗死
天文五	一五三六	七	四月一〇日、長尾為景、三分一原で敵を破る	五月、今川義元、家督を継ぐ
九	一五四〇	一一	八月三日、長尾為景、子の晴景に家督を譲る	
一〇	一五四一	一二	一二月二四日、長尾為景死去	六月、武田晴信、父信虎を追放し家督を継ぐ○七月一七日、北条氏綱死去
一二	一五四三	一四	八月ごろ、古志郡に下向○九月二〇日、三条本成寺に寺領安堵の判物を与える	
一五	一五四六	一七		四月二〇日、北条氏康、武蔵河越で上杉憲政らを破る○一二月二〇日、足利義晴、子の義藤に将軍職を譲る
一七	一五四八	一九	一二月三〇日、長尾家の家督を継ぎ、春日山城に入る	七月一九日、武田晴信、信濃塩尻峠で小笠原長時を破る
一八	一五四九	二〇	この年、上杉憲政から関東出兵を要請される	

一九	一五五〇	二一	春、足利義晴・義藤から白笠袋・毛氈鞍覆の使用を認められる○二月二六日、越後守護上杉定実死去	五月四日、足利義晴、近江穴太で死去
二〇	一五五一	二二	二月一〇日、兄の長尾晴景死去○三月二七日、益翁宗謙、林泉寺住持となる○この年、長尾政景と和睦する	
二一	一五五二	二三	正月、上杉憲政を越後に迎える○五月、弾正少弼に任じられる○七月、関東に出陣	
二二	一五五三	二四	四月、村上義清を越後に迎える○八月、信濃に出陣し、布施で武田軍と戦う○秋、上洛して後奈良天皇に謁見○冬、徹岫宗九に参禅し、宗心の号を与えられる	四月、武田信玄、信濃葛尾城を攻略し、村上義清逃亡○八月、将軍足利義藤、三好長慶に敗れ近江朽木に逃れる
二三	一五五四	二五		一二月、武田晴信の娘、北条氏政に嫁ぐ
弘治元	一五五五	二六	正月、越後刈羽郡に出陣○四月、信濃に出陣し、旭要害に布陣○閏一〇月、武田晴信と和睦し帰国○冬、天室光育に中条氏と黒川氏の争いの調停を依頼する	
二	一五五六	二七	六月二八日、引退を志し、天室光育に長文の書状を呈する○八月一七日、帰国の意思を固め、長尾政景に書状を送る	

三	一五五七	二八	正月二〇日、信濃更科郡八幡宮に願文を捧げる○二月、信濃に出陣○八月、上野原で武田晴信と戦う	
永禄 元	一五五八	二九		一一月、足利義輝、三好長慶と和睦し京都に帰る
二	一五五九	三〇	四月、越後を発ち近江坂本に至る○五月一日、上洛して正親町天皇に謁見○六月、将軍足利義輝に謁見○六月、坂本で近衛前嗣と面会○六月二六日、足利義輝から御内書を与えられる○一〇月二八日、越後の諸将の祝賀太刀進上を受ける	
三	一五六〇	三一	三月一五日、関東諸将の太刀進上を受ける○三月、越中に出陣○五月一三日、越後府内の町に関わる条目を定める○八月二九日、春日山を発ち関東に向かう○一二月、上野厩橋で越年	五月一九日、今川義元、尾張桶狭間で織田信長と戦い敗死する
四	一五六一	三二	二月二七日、武蔵松山城において、鶴岡八幡宮に願文を捧げる○三月一一日、越後上田荘・妻有荘・藪神に徳政令を出す○三月、相模小田原城に迫る○閏三月、小田原から撤退し、上杉の家督を継いで上杉政虎と名乗る○六月二八日、越後府中に帰る○八月、信濃に出陣○九月一〇日、川中島で武田信玄と戦う○一一月、関東に出陣○冬、足	

			利義輝から一字を拝領し上杉輝虎と名乗る	
五	一五六二	三三	二月一七日、上野館林城を攻略○三月、越後へ帰る○三月一五日、春日・府内・善光寺町の火の用心に関わる指令を出す○七月、越中に出陣○九月、再び越中に出陣○一二月、関東に出陣	
六	一五六三	三四	春、武蔵崎西城と下野祇園城・佐野城を攻める○五月、越後に帰る○六月二三日、天室光育示寂○一一月、府内を出て関東に向かう○閏一二月、上野厩橋城に入り、和田城に迫る	
七	一五六四	三五	正月二九日、常陸小田城を攻略○二月、下野佐野城を攻める○三月、上野和田城を攻囲する○四月二〇日、越後柏崎の町人に制札を出す○七月五日、長尾政景死去○七月、信濃に出陣	正月八日、北条氏康、下総国府台で里見義弘を破る○七月四日、三好長慶死去
八	一五六五	三六	二月、府内を出て関東に向かい布陣○冬、関東に出陣	五月一九日、足利義輝殺害される
九	一五六六	三七	二月一六日、常陸小田城を攻略○三月二三日、下総臼井城を攻め敗北○五月九日、仏神に願文を捧げる○五月一三日、越後柏崎の百姓中に朱印状を出す○閏八月、関東に出陣○九月二九日、武田軍、上野箕輪城を陥落させる○一〇月、再び関東に出陣○一一月、厩橋城将北条高広の離反を知る	

一〇	一五六七	三八	冬、関東に出陣し、佐野城を救援する	八月、織田信長、美濃岐阜城を居城とする
一一	一五六八	三九	三月、越中に出陣○三月二五日、本庄繁長の離反を知り越中から戻る○一〇月、北越後に出馬し本庄城に迫る○一〇月、自筆の手本を作成○この年、今川氏真との連携を図る	九月、織田信長、足利義昭を奉じて入京○一二月、武田信玄、駿河に攻め入り、今川氏真、遠江懸川に逃れる○一二月、徳川家康、遠江に攻め入る
一二	一五六九	四〇	正月、北条氏康から和睦を要請される○二月一〇日、益翁宗謙示寂○三月一日、新発田忠敦に人質提出を求める○四月二日、本庄繁長を赦免して府内に帰る○五月、北条氏康の使僧天用院と対面し、起請文を渡す○六月九日、使者の広泰寺昌派・進藤家清、北条氏康父子の起請文を受け取る○八月、越中に出陣○一一月、関東に出陣○一二月、下野佐野に布陣	春、北条軍と武田軍、駿河で対陣○五月、徳川家康、今川氏真と和睦し、北条氏のもとに送り届ける○一〇月一日、武田信玄、小田原城を包囲○一〇月六日、武田信玄、相模三増峠で北条軍を破る○一二月、武田信玄、駿河蒲原城を攻略
元亀元	一五七〇	四一	三月、太田資正の所行を非難する○四月一一日、上野倉内で北条三郎と対面○四月二五日、春日山城で北条三郎の祝儀を行う○八月二二日、徳川家康との連携を図り、酒井忠次らに書状を送る○一〇月、関東に出陣○このころ、謙信と号する○一二月一三日、宝前に願書を捧げ、自身の看経の次	

			第を示す	
二	一五七一	四二	二月二八日、栗林次郎左衛門尉に書状を出し、諸事を指示する○三月、越中に出陣○四月一七日、伝馬宿送に関わる朱印状を出す○冬、北条氏政と断交する	一〇月三日、北条氏康死去
三	一五七二	四三	春、関東に出陣○五月、越中に出陣○九月、栗林次郎左衛門尉らに書状を送り、進軍方法などにつき指示する	一二月二二日、武田信玄、遠江三方原で徳川家康を破る
天正元	一五七三	四四	四月二一日、越中を出て春日山城に帰る○五月一四日、河隅忠清・庄田隼人佑に書状を送り、越後・越中境目の防備につき指示する○八月、越中に出陣	四月一二日、武田信玄死去○七月、足利義昭、河内に逃れる○八月、織田信長、朝倉義景・浅井長政を滅ぼす
二	一五七四	四五	二月、関東に出陣○四月一三日、武蔵羽生城将に書状を送る○七月、再び関東に出陣○一一月二七日、荻原主膳亮・山崎専柳斎に書状を送り、佐竹氏の家中を非難する○閏一一月、佐竹義重と会見○閏一一月一六日、下総関宿の簗田晴助父子、北条氏に降る○閏一一月一九日、厩橋に戻り、ついで越後に帰る○一二月一九日、高野山無量光院の清胤を導師として伝法灌頂を行い、法印大和尚となる	

三	一五七五	四六	二月一九日、百韻連歌の会を開く○二月、家臣の軍役を定め、帳簿を作成する○六月、越中に出陣○九月、関東に出陣	五月二一日、織田信長・徳川家康、三河で武田勝頼を破る
四	一五七六	四七	夏、関東に出陣○秋、越中に出陣○冬、能登七尾城に迫る○この年、足利義昭・毛利輝元らと連携し、織田信長と断交する	二月、織田信長、近江安土城を居城とする
五	一五七七	四八	夏、関東に出陣○閏七月、越中に出陣○九月、能登七尾城を攻略○九月二三日、加賀湊川で織田軍を破る○九月二六日、七尾城に登り、風景を賞する○一二月二三日、家臣の名簿を作成する	
六	一五七八	四九	三月一三日、春日山城で死去○三月一五日、大乗寺の長海を導師として葬儀が行われる	

参考文献

一　史　料

高橋義彦編『越佐史料』巻三〜巻五（名著出版より覆刻、一九七一年）　一九二七〜三〇年
東京大学史料編纂所編『大日本古文書』家わけ第十二　上杉家文書之一〜三　一九三一〜六三年
新潟県編『新潟県史』資料編3〜5　中世一〜三　一九八二〜八四年
羽下徳彦・阿部洋輔・金子達校訂『歴代古案』巻一〜巻五　続群書類従完成会　一九九三〜二〇〇二年
『謙信公御書集』　臨川書店　一九九九年
羽下徳彦・阿部洋輔・金子達校訂『別本歴代古案』巻一〜巻三　続群書類従完成会　二〇〇八〜一一年
上越市史専門委員会中世史部会編『上杉家御書集成』Ⅰ・Ⅱ　二〇〇一〜〇二年
上越市史編さん委員会編『上越市史』別編1　上杉氏文書集一　二〇〇三年
山本隆志・皆川義孝「高野山清浄心院蔵「越後国供養帳」」（『上越市史研究』九号）　二〇〇四年
山本隆志「高野山清浄心院「越後過去名簿」（写本）」（『新潟県立歴史博物館研究紀要』九号）　二〇〇八年

二 著書・論文

羽下徳彦「越後に於る守護領国の形成―守護と国人の関係を中心に―」(『史学雑誌』六八編八号、のち阿部洋輔編『上杉氏の研究』〈『戦国大名論集』9、吉川弘文館、一九八四年〉に再録) 一九五九年

羽下徳彦「越後に於る永正～天文年間の戦乱―後上杉政権成立前史―」(『越佐研究』一七集、のち『上杉氏の研究』に再録) 一九六一年

伊東多三郎「越後上杉氏領国の成立」(藩政史研究会編『藩政成立史の綜合研究 米沢藩』〈吉川弘文館〉所収、のち『上杉氏の研究』に再録) 一九六三年

黒川光子「越後における戦国大名制の形成過程―特に国人層との関係を中心に―」(『日本史研究』六四号、のち『上杉氏の研究』に再録) 一九六三年

藤木久志「家臣団の編制」(『藩政成立史の綜合研究 米沢藩』所収、のち『上杉氏の研究』に再録) 一九六三年

井上鋭夫『謙信と信玄』(吉川弘文館より再版、二〇一二年) 至文堂 一九六四年

井上鋭夫『上杉謙信』 人物往来社 一九六六年

池田嘉一『史伝上杉謙信』 中村書店 一九七一年

佐藤博信「戦国大名制の形成過程―越後国の場合―」(『民衆史研究』一一号、のち『上杉氏の

研究』に再録）　一九七三年
小村弌「上杉氏の都市掌握過程について―特に府内を中心に―」（『頸城文化』三五号、のち『上杉氏の研究』に再録）　一九七五年
佐藤博信「越後上杉謙信と関東進出―関東戦国史の一齣―」（杉山博先生還暦記念会編『戦国の兵士と農民』〈角川書店〉所収、のち『上杉氏の研究』に再録）　一九七八年
近衛通隆「近衛前久の関東下向」（『日本歴史』三九一号、のち『上杉氏の研究』に再録）　一九八〇年
新潟県編『新潟県史』通史編2　中世　第四章第一節（池享・池上裕子・藤木久志執筆）　一九八七年
小林健彦「戦国大名上杉氏の外交について―対朝幕交渉を中心として―」（『柏崎　刈羽』一五号、のち『越後上杉氏と京都雑掌』〈岩田書院、二〇一五年〉に収録）　一九八八年
佐々木銀弥「越後上杉氏の都市法―謙信・景勝の都市法をめぐって―」（『中央大学文学部紀要史学科』三五号、のち『日本中世の都市と法』〈吉川弘文館、一九九四年〉に収録）　一九九〇年
花ケ前盛明『上杉謙信』新人物往来社　一九九一年
広井造「河田長親と中世の長岡」（『長岡市立科学博物館研究報告』三〇号）　一九九五年
長谷川伸「長尾為景の朱印状と「越後天文の乱」」（『古文書研究』四一・四一合併号）

長谷川伸　「越後天文の乱と伊達稙宗—伊達時宗丸入嗣問題をめぐる南奥羽地域の戦国期諸権力—」（『国史学』一六一号）　一九九五年

長谷川伸　「上杉謙信と揚北衆—戦国大名上杉家臣団の成立前史—」（田村裕・坂井秀弥編『中世の越後と佐渡』〈高志書院〉所収）　一九九六年

矢田俊文　「戦国期越後国政治体制の基本構造」（本多隆成編『戦国・織豊期の権力と社会』〈吉川弘文館〉所収）　一九九九年

池　享　「謙信の越後支配」（池享・矢田俊文編『定本上杉謙信』〈高志書院〉所収）　一九九九年

市村清貴　「謙信と都市」（『定本上杉謙信』所収）　二〇〇〇年

片桐昭彦　「謙信と川中島合戦—謙信の信濃支配—」（『定本上杉謙信』所収）　二〇〇〇年

木村康裕　「上杉・織田氏間の交渉について」（『駒沢史学』五五号、のち『戦国期越後上杉氏の研究』〈岩田書院、二〇一二年〉に収録）　二〇〇〇年

黒田基樹　「謙信の関東侵攻」（『定本上杉謙信』所収）　二〇〇〇年

小林健彦　「謙信と朝廷・公家衆」（『定本上杉謙信』所収）　二〇〇〇年

竹田和夫　「謙信の起請・祈願・呪法—戦国期越後における仏神への祈り—」（『定本上杉謙信』所収）　二〇〇〇年

西澤睦郎「謙信と越後の領主」（『定本上杉謙信』所収）　二〇〇〇年
長谷川伸「長尾為景と晴景—綸旨を申請する地域権力—」（『定本上杉謙信』所収）　二〇〇〇年
広井造「謙信と家臣団」（『定本上杉謙信』所収）　二〇〇〇年
廣澤康「謙信の越中・能登侵攻」（『定本上杉謙信』所収）　二〇〇〇年
福原圭一「上杉謙信の書状」（『定本上杉謙信』所収）　二〇〇〇年
水澤幸一「謙信と春日山城」（『定本上杉謙信』所収）　二〇〇〇年
矢田俊文「序論　上杉謙信をどのように理解すべきか」（『定本上杉謙信』所収）　二〇〇〇年
山田邦明「上杉謙信の地下人動員令」（『戦国史研究』四〇号）　二〇〇〇年
片桐昭彦「戦国期長尾景虎（上杉輝虎）の権力確立と発給文書」（『中央史学』二四号）（のち『戦国期発給文書の研究』〈高志書院、二〇〇五年〉に収録）　二〇〇一年
森田真一「上条上杉定憲と享禄・天文の乱」（『新潟史学』四六号）　二〇〇一年
平山優『戦史ドキュメント　川中島の戦い』上・下（学研M文庫）　学習研究社　二〇〇二年
山田邦明『戦国のコミュニケーション』　吉川弘文館　二〇〇二年
山田邦明「上杉輝虎の人質要請」（『戦国史研究』四三号）　二〇〇二年
池享・矢田俊文編『上杉氏年表』　高志書院　二〇〇三年
三池純正『真説・川中島合戦』　洋泉社　二〇〇三年

上越市史編さん委員会編　『上越市史』通史編2　中世　第三部第二章～第四章（森田真一・長谷川伸・前嶋敏・西沢睦郎・広井造・佐藤龍之執筆）　二〇〇四年
片桐昭彦　「上杉謙信の家督継承と家格秩序の創出」（『上越市史研究』一〇号）　二〇〇四年
木村康裕　「上杉謙信の願文」（『新潟県立歴史博物館研究紀要』五号、のち『戦国期越後上杉氏の研究』に収録）　二〇〇四年
馬場透　「戦国期越後国守護代長尾氏権力の画期と家格秩序」（『新潟史学』五一号）　二〇〇四年
広井造　「上杉謙信と家臣―謙信と家臣をつなぐ物―」（『新潟県立歴史博物館研究紀要』五号）　二〇〇四年
福原圭一　「上杉輝虎の文書と右筆―「富岡家文書」を素材として―」（『新潟県立歴史博物館研究紀要』五号）　二〇〇四年
山田邦明　「戦国大名の書状をめぐって―上杉謙信と栗林次郎左衛門尉―」（矢田俊文編『戦国期の権力と文書』〈高志書院〉所収）　二〇〇四年
片桐昭彦　「長尾景虎（上杉輝虎）の感状とその展開」（『戦国期発給文書の研究』所収）　二〇〇五年
矢田俊文　『上杉謙信』（ミネルヴァ日本評伝選）　ミネルヴァ書房　二〇〇五年
前嶋敏　「直江酒椿・実綱と長尾景虎政権―『越後過去名簿』の検討を中心に―」（『新潟史学』

六〇号）　二〇〇八年
柴辻俊六『信玄と謙信』　高志書院　二〇〇九年
平出真宣「上杉謙信の軍事編成の特質」（『新しい歴史学のために』二七五号）　二〇〇九年
武田氏研究会編『武田氏年表』　高志書院　二〇一〇年
今福匡『上杉景虎』　宮帯出版社　二〇一一年
木村康裕「上杉謙信発給文書の分析」（『戦国期越後上杉氏の研究』所収）　二〇一二年
今福匡『神になった戦国大名―上杉謙信の神格化と秘密祭祀―』　洋泉社　二〇一三年
長瀬光仁「上杉謙信願文と関東進攻―願文にみる主張とその実際―」（『駒澤大学大学院史学論集』四三号）　二〇一三年
黒田基樹編『北条氏年表』　高志書院　二〇一三年
森田真一『上杉顕定』　戎光祥出版　二〇一四年
前嶋敏「戦国期越後における長尾晴景の権力形成―伊達時宗丸入嗣問題を通して―」（『日本歴史』八〇八号）　二〇一五年
前嶋敏「上杉輝虎発給文書の花押とその変更」（『新潟史学』七三号）　二〇一五年
阿部哲人「謙信の揚北衆支配」（福原圭一・前嶋敏編『上杉謙信』〈高志書院〉所収）　二〇一七年
石渡洋平『上杉謙信』　戎光祥出版　二〇一七年

今福　匡「不識庵御堂と謙信の神格化―精神的支柱と可視化への過程―」（『上杉謙信』〈高志書院〉所収）　二〇一七年
片桐昭彦「春日社越後御師と上杉氏・直江氏―「大宮家文書」所収文書の紹介―」（『新潟史学』七五号）　二〇一七年
片桐昭彦「謙信の家族・一族と養子たち」（『上杉謙信』〈高志書院〉所収）　二〇一七年
田嶋悠佑「謙信と関東管領」（『上杉謙信』〈高志書院〉所収）　二〇一七年
長瀬光仁「上杉謙信願文にみる祈願の様相と戦況の変化」（戦国史研究会編『戦国期政治史論集　東国編』〈岩田書院〉所収）　二〇一七年
萩原大輔「上杉謙信の北陸出兵」（『上杉謙信』〈高志書院〉所収）　二〇一七年
福原圭一「戦国時代の戦争と「国境」」（地方史研究協議会編『信越国境の歴史像』所収）　雄山閣　二〇一七年
福原圭一「上杉謙信と城」（『上杉謙信』〈高志書院〉所収）　二〇一七年
前嶋　敏「景虎の権力形成と晴景」（『上杉謙信』〈高志書院〉所収）　二〇一七年
村石正行「「川中島合戦」と室町幕府」（『上杉謙信』〈高志書院〉所収）　二〇一七年
簗瀬大輔「上杉謙信の雪中越山」（『上杉謙信』〈高志書院〉所収）　二〇一七年
今福　匡『上杉謙信』　星海社　二〇一八年

著者略歴

一九五七年　新潟県生まれ
一九八一年　東京大学文学部国史学科卒業
一九八四年　東京大学大学院人文科学研究科博士課程中退
東京大学史料編纂所教授を経て
現在　愛知大学文学部教授

主要著書
『戦国のコミュニケーション』（吉川弘文館、二〇〇二年）
『戦国の活力』（全集日本の歴史、小学館、二〇〇八年）
『室町の平和』（日本中世の歴史、吉川弘文館、二〇〇九年）
『日本史のなかの戦国時代』（日本史リブレット、山川出版社、二〇一三年）
『享徳の乱と太田道灌』（敗者の日本史、吉川弘文館、二〇一五年）

人物叢書　新装版

上杉謙信

二〇二〇年（令和二）九月十日　第一版第一刷発行

著　者　山田邦明《やまだくにあき》
編集者　日本歴史学会
代表者　藤田　覚
発行者　吉川道郎
発行所　株式会社吉川弘文館
東京都文京区本郷七丁目二番八号
郵便番号一一三—〇〇三三
電話〇三—三八一三—九一五一〈代表〉
振替口座〇〇一〇〇—五—二四四
http://www.yoshikawa-k.co.jp/
印刷＝株式会社 平文社
製本＝ナショナル製本協同組合

ISBN978-4-642-05300-6

『人物叢書』(新装版)刊行のことば

人物叢書は、個人が埋没された歴史書が盛行した時代に、「歴史を動かすものは人間である。個人の伝記が明らかにされないで、歴史の叙述は完全であり得ない」という信念のもとに、専門学者に執筆を依頼し、日本歴史学会が編集し、吉川弘文館が刊行した一大伝記集である。

幸いに読書界の支持を得て、百冊刊行の折には菊池寛賞を授けられる栄誉に浴した。

しかし発行以来すでに四半世紀を経過し、長期品切れ本が増加し、読書界の要望にそい得ない状態にもなったので、この際既刊本の体裁を一新して再編成し、定期的に配本できるような方策をとることにした。既刊本は一八四冊であるが、まだ未刊である重要人物の伝記についても鋭意刊行を進める方針であり、その体裁も新形式をとることとした。

こうして刊行当初の精神に思いを致し、人物叢書を蘇らせようとするのが、今回の企図である。大方のご支援を得ることができれば幸せである。

昭和六十年五月

日本歴史学会
代表者 坂本太郎

日本歴史学会編集

人物叢書〈新装版〉

▽没年順に配列　▽九〇三円～二、四〇〇円（税別）
▽残部僅少の書目もございます。品切の節はご容赦ください。

日本武尊　上田正昭著
継体天皇　篠川賢著
聖徳太子　坂本太郎著
秦河勝　井上満郎著
蘇我蝦夷・入鹿　門脇禎二著
天智天皇　森公章著
額田王　直木孝次郎著
持統天皇　直木孝次郎著
柿本人麻呂　多田一臣著
藤原不比等　高島正人著
長屋王　寺崎保広著
県犬養橘三千代　義江明子著
山上憶良　稲岡耕二著
行基　井上薫著
橘諸兄　中村順昭著
光明皇后　林陸朗著
鑑真　安藤更生著
藤原仲麻呂　岸俊男著
阿倍仲麻呂　森公章著
道鏡　横田健一著
吉備真備　宮田俊彦著
早良親王　西本昌弘著
佐伯今毛人　角田文衛著
和気清麻呂　平野邦雄著

桓武天皇　村尾次郎著
坂上田村麻呂　高橋崇著
最澄　田村晃祐著
平城天皇　春名宏昭著
藤原冬嗣　虎尾達哉著
円仁　佐伯有清著
伴善男　佐伯有清著
清和天皇　神谷正昌著
円珍　佐伯有清著
菅原道真　坂本太郎著
聖宝　佐伯有清著
三善清行　所功著
藤原純友　松原弘宣著
紀貫之　目崎徳衛著
小野道風　山本信吉著
良源　平林盛得著
藤原佐理　春名好重著
紫式部　今井源衛著
慶滋保胤　小原仁著
一条天皇　倉本一宏著
大江匡衡　後藤昭雄著
源信　速水侑著
源頼光　朧谷寿著
藤原道長　山中裕著

藤原行成　黒板伸夫著
藤原彰子　服藤早苗著
源頼義　元木泰雄著
清少納言　岸上慎二著
和泉式部　山中裕著
源義家　安田元久著
大江匡房　川口久雄著
奥州藤原氏四代　高橋富雄著
藤原頼長　橋本義彦著
藤原忠実　元木泰雄著
源頼政　多賀宗隼著
平清盛　五味文彦著
源義経　渡辺保著
西行　目崎徳衛著
後白河上皇　安田元久著
千葉常胤　福田豊彦著
源通親　橋本義彦著
文覚　山田昭全著
畠山重忠　貫達人著
法然　田村圓澄著
栄西　多賀宗隼著
北条義時　安田元久著
大江広元　上杉和彦著
北条政子　渡辺保著

慈円　多賀宗隼著
明恵　田中久夫著
藤原定家　村山修一著
北条泰時　上横手雅敬著
道元　竹内道雄著
北条重時　森　幸夫著
親鸞　赤松俊秀著
北条時頼　高橋慎一朗著
日蓮　大野達之助著
阿仏尼　田渕句美子著
北条時宗　川添昭二著
一遍　大橋俊雄著
叡尊・忍性　和島芳男著
京極為兼　井上宗雄著
金沢貞顕　永井　晋著
菊池氏三代　杉本尚雄著
新田義貞　峰岸純夫著
花園天皇　岩橋小弥太著
赤松円心・満祐　高坂　好著
卜部兼好　冨倉徳次郎著
覚如　重松明久著
足利直冬　瀬野精一郎著
佐々木導誉　森　茂暁著
二条良基　小川剛生著
細川頼之　小川　信著
足利義満　臼井信義著

今川了俊　川添昭二著
足利義持　伊藤喜良著
世阿弥　今泉淑夫著
上杉憲実　田辺久子著
山名宗全　川岡　勉著
経覚　酒井紀美著
一条兼良　永島福太郎著
亀泉集証　今泉淑夫著
蓮如　笠原一男著
宗祇　奥田　勲著
万里集九　中川徳之助著
三条西実隆　芳賀幸四郎著
大内義隆　福尾猛市郎著
ザヴィエル　吉田小五郎著
三好長慶　長江正一著
今川義元　有光友學著
武田信玄　奥野高広著
朝倉義景　水藤　真著
浅井氏三代　宮島敬一著
上杉謙信　山田邦明著
織田信長　池上裕子著
明智光秀　高柳光寿著
大友宗麟　外山幹夫著
千利休　芳賀幸四郎著
松井友閑　竹本千鶴著
豊臣秀次　藤田恒春著

ルイス・フロイス　五野井隆史著
足利義昭　奥野高広著
前田利家　岩沢愿彦著
長宗我部元親　山本　大著
安国寺恵瓊　河合正治著
石田三成　今井林太郎著
真田昌幸　柴辻俊六著
最上義光　伊藤清郎著
前田利長　見瀬和雄著
高山右近　海老沢有道著
島井宗室　田中健夫著
淀君　桑田忠親著
片桐且元　曽根勇二著
徳川家康　藤井讓治著
藤原惺窩　太田青丘著
支倉常長　五野井隆史著
徳川秀忠　山本博文著
伊達政宗　小林清治著
天草時貞　岡田章雄著
立花宗茂　中野　等著
宮本武蔵　大倉隆二著
小堀遠州　森　蘊著
徳川家光　藤井讓治著
由比正雪　進士慶幹著
佐倉惣五郎　児玉幸多著
林羅山　堀　勇雄著

松平信綱　大野瑞男著
国姓爺　石原道博著
野中兼山　横川末吉著
保科正之　小池　進著
隠元　平久保章著
徳川和子　久保貴子著
酒井忠清　福田千鶴著
朱舜水　石原道博著
池田光政　谷口澄夫著
山鹿素行　堀　勇雄著
井原西鶴　森　銑三著
松尾芭蕉　阿部喜三男著
三井高利　中田易直著
河村瑞賢　古田良一著
徳川光圀　鈴木暎一著
契沖　久松潜一著
市川団十郎　西山松之助著
伊藤仁斎　石田一良著
徳川綱吉　塚本　学著
貝原益軒　井上　忠著
前田綱紀　若林喜三郎著
近松門左衛門　河竹繁俊著
新井白石　宮崎道生著
鴻池善右衛門　宮本又次著
石田梅岩　柴田　実著
太宰春台　武部善人著

徳川吉宗　辻　達也著
大岡忠相　大石　学著
賀茂真淵　三枝康高著
平賀源内　城福　勇著
与謝蕪村　田中善信著
三浦梅園　田口正治著
毛利重就　小川國治著
本居宣長　城福　勇著
山村才助　鮎沢信太郎著
木内石亭　斎藤　忠著
小石元俊　山本四郎著
山東京伝　小池藤五郎著
杉田玄白　片桐一男著
塙保己一　太田善麿著
上杉鷹山　横山昭男著
大田南畝　浜田義一郎著
只野真葛　関　民子著
小林一茶　小林計一郎著
大黒屋光太夫　亀井高孝著
松平定信　高澤憲治著
菅江真澄　菊池勇夫著
鶴屋南北　古井戸秀夫著
島津重豪　芳　即正著
狩谷棭斎　梅谷文夫著
最上徳内　島谷良吉著
渡辺崋山　佐藤昌介著

柳亭種彦　伊狩　章著
香川景樹　兼清正徳著
平田篤胤　田原嗣郎著
間宮林蔵　洞　富雄著
滝沢馬琴　麻生磯次著
調所広郷　芳　即正著
橘守部　鈴木暎一著
黒住宗忠　原　敬吾著
水野忠邦　北島正元著
帆足万里　帆足図南次著
江川坦庵　仲田正之著
藤田東湖　鈴木暎一著
二宮尊徳　大藤　修著
広瀬淡窓　井上義巳著
大原幽学　中井信彦著
島津斉彬　芳　即正著
月照　友松圓諦著
橋本左内　山口宗之著
井伊直弼　吉田常吉著
吉田東洋　平尾道雄著
緒方洪庵　梅溪　昇著
佐久間象山　大平喜間多著
真木和泉　山口宗之著
高島秋帆　有馬成甫著
シーボルト　板沢武雄著
高杉晋作　梅溪　昇著

川路聖謨　川田貞夫著
横井小楠　圭室諦成著
小松帯刀　高村直助著
山内容堂　平尾道雄著
江藤新平　杉谷　昭著
和　宮　武部敏夫著
西郷隆盛　田中惣五郎著
ハリス　坂田精一著
森　有礼　犬塚孝明著
松平春嶽　川端太平著
中村敬宇　高橋昌郎著
河竹黙阿弥　河竹繁俊著
寺島宗則　犬塚孝明著
樋口一葉　塩田良平著
ジョセフ＝ヒコ　近盛晴嘉著
勝　海舟　石井　孝著
臥雲辰致　村瀬正章著
黒田清隆　井黒弥太郎著
伊藤圭介　杉本　勲著
福沢諭吉　会田倉吉著
星　亨　中村菊男著
中江兆民　飛鳥井雅道著
西村茂樹　高橋昌郎著
正岡子規　久保田正文著
清沢満之　吉田久一著
滝　廉太郎　小長久子著
副島種臣　安岡昭男著
田口卯吉　田口　親著
福地桜痴　柳田　泉著
陸　羯南　有山輝雄著
児島惟謙　田畑　忍著
荒井郁之助　原田　朗著
幸徳秋水　西尾陽太郎著
ヘボン　高谷道男著
石川啄木　岩城之徳著
乃木希典　松下芳男著
岡倉天心　斎藤隆三著
桂　太郎　宇野俊一著
徳川慶喜　家近良樹著
加藤弘之　田畑　忍著
山路愛山　坂本多加雄著
伊沢修二　上沼八郎著
秋山真之　田中宏巳著
前島　密　山口　修著
成瀬仁蔵　中嶌　邦著
前田正名　祖田　修著
大隈重信　中村尚美著
山県有朋　藤村道生著
大井憲太郎　平野義太郎著
河野広中　長井純市著
富岡鉄斎　小高根太郎著
大正天皇　古川隆久著
津田梅子　山崎孝子著
豊田佐吉　楫西光速著
渋沢栄一　土屋喬雄著
有馬四郎助　三吉　明著
武藤山治　入交好脩著
坪内逍遙　大村弘毅著
山室軍平　三吉　明著
阪谷芳郎　西尾林太郎著
南方熊楠　笠井　清著
山本五十六　田中宏巳著
中野正剛　猪俣敬太郎著
三宅雪嶺　中野目　徹著
近衛文麿　古川隆久著
河上　肇　住谷悦治著
牧野伸顕　茶谷誠一著
御木本幸吉　大林日出雄著
尾崎行雄　伊佐秀雄著
緒方竹虎　栗田直樹著
石橋湛山　姜　克實著
八木秀次　沢井　実著

▽以下続刊